Ramona Fotiade
Françoise Schwab

Léon Chestov - Vladimir Jankélévitch

Ramona Fotiade
Françoise Schwab

Léon Chestov - Vladimir Jankélévitch

Du tragique à l'ineffable

Éditions universitaires européennes

Mentions légales/ Imprint (applicable pour l'Allemagne seulement/ only for Germany)

Information bibliographique publiée par la Deutsche Nationalbibliothek: La Deutsche Nationalbibliothek inscrit cette publication à la Deutsche Nationalbibliografie; des données bibliographiques détaillées sont disponibles sur internet à l'adresse http://dnb.d-nb.de.
 Toutes marques et noms de produits mentionnés dans ce livre demeurent sous la protection des marques, des marques déposées et des brevets, et sont des marques ou des marques déposées de leurs détenteurs respectifs. L'utilisation des marques, noms de produits, noms communs, noms commerciaux, descriptions de produits, etc, même sans qu'ils soient mentionnés de façon particulière dans ce livre ne signifie en aucune façon que ces noms peuvent être utilisés sans restriction à l'égard de la législation pour la protection des marques et des marques déposées et pourraient donc être utilisés par quiconque.

Photo de la couverture: www.ingimage.com

Editeur: Éditions universitaires européennes est une marque déposée de
Südwestdeutscher Verlag für Hochschulschriften GmbH & Co. KG
Dudweiler Landstr. 99, 66123 Sarrebruck, Allemagne
Téléphone +49 681 37 20 271-1, Fax +49 681 37 20 271-0
Email: info@editions-ue.com

Produit en Allemagne:
Schaltungsdienst Lange o.H.G., Berlin
Books on Demand GmbH, Norderstedt
Reha GmbH, Saarbrücken
Amazon Distribution GmbH, Leipzig
ISBN: 978-613-1-56480-2

Imprint (only for USA, GB)

Bibliographic information published by the Deutsche Nationalbibliothek: The Deutsche Nationalbibliothek lists this publication in the Deutsche Nationalbibliografie; detailed bibliographic data are available in the Internet at http://dnb.d-nb.de.
 Any brand names and product names mentioned in this book are subject to trademark, brand or patent protection and are trademarks or registered trademarks of their respective holders. The use of brand names, product names, common names, trade names, product descriptions etc. even without a particular marking in this works is in no way to be construed to mean that such names may be regarded as unrestricted in respect of trademark and brand protection legislation and could thus be used by anyone.

Cover image: www.ingimage.com

Publisher: Éditions universitaires européennes is an imprint of the publishing house
Südwestdeutscher Verlag für Hochschulschriften GmbH & Co. KG
Dudweiler Landstr. 99, 66123 Saarbrücken, Germany
Phone +49 681 37 20 271-1, Fax +49 681 37 20 271-0
Email: info@editions-ue.com

Printed in the U.S.A.
Printed in the U.K. by (see last page)
ISBN: 978-613-1-56480-2

REMERCIEMENTS

Nous remercions la *Fondation des Treilles*, et particulièrement Mme Catherine Auboyneau, d'avoir accueilli le groupe de spécialistes dont les travaux sont publiés dans ce volume. Celui-ci rassemble les communications du colloque international « Léon Chestov-Vladimir Jankélévitch – Du tragique à l'ineffable », organisé par la *Société d'Études Léon Chestov* (sous la présidence de Ramona Fotiade) et par l'*Association Vladimir Jankélévitch* (dirigée par Françoise Schwab). Nous sommes très reconnaissants à Olivier Salazar-Ferrer qui s'est chargé de la relecture et de la correction du manuscrit afin de préparer cette édition.

INTRODUCTION

« Notre science dénuée nous prive de tout point fixe, de tout système de référence, de contenus facilement déchiffrables [...]. Notre science nesciente est plutôt une visée, un horizon ; elle a donc fait son deuil de la consistance substantielle en général » déclarait Vladimir Jankélévitch dans ses entretiens avec Béatrice Berlowitz[1]. *L'idée de confronter les œuvres de Jankélévitch (1903-1985) et de Léon Chestov (1866-1938) n'est pas seulement motivée par l'admiration avouée de Jankélévitch à l'égard de son aîné, mais par une certaine façon commune de questionner les frontières de la rationalité, de l'assouplir, voire de la dépasser par le paradoxe, l'entrevision ou l'intuition. Certes, la radicalité de la remise en question des pouvoirs du logos chez Chestov est radicale, et à ce titre, unique dans le paysage philosophique du XIXe et XXe siècle. La vision tragique d'un conflit sans solution entre la raison et la foi, entre Athènes et Jérusalem, participe d'une revendication métaphysique d'essence religieuse qui s'inscrit dans l'exigence d'une possibilité infinie. Les grands existentiels qui jalonnent son œuvre : Nietzsche, Pascal, Kierkegaard, alimentent une véritable dramaturgie agonistique, un combat avec une part de soi-même dont l'issue est toujours la restitution de la toute puissance divine. C'est de cette perspective vertigineuse que les thèmes de la mort, de la tragédie, de la vérité, de l'irréversibilité sont abordés par le philosophe russe qui, de ce point de vue, surplombe toujours la morale, en renversant les sages compromis que la tradition occidentale avait cru bon d'instaurer entre le logos grec et le message biblique.*

Cette radicalité, Vladimir Jankélévitch en est fort éloigné, car son œuvre cherche plutôt à assouplir la rationalité en fonction de ses objets propres : le temps,

---

1   Vladimir Jankélévich et Béatrice Berlowitz, *Quelque part dans l'inachevé*, Paris, « Folio essais », 1978, p.23.

l'éthique, l'occasion, le charme, la nostalgie, le pardon. Loin de surplomber la morale en s'offrant le point de vue de l'absolu, il va chercher à décrire les subtilités de la conscience morale, tout en appuyant cette démarche sur une révision de la philosophie première qui puise dans Bergson et Plotin. À ce titre, les textes où Jankélévitch parle de Dieu l'éloignent de toute « théologie chosiste » ainsi que le remarque Lucien Jerphagnon[2]. On voit qu'entre la démarche déconstructrice des évidences de Chestov et la dialectique de la subtilité de Jankélévitch les itinéraires de pensée possèdent une certaine parenté qui tient peut-être à cette nescience, à ce non-savoir de toute réflexion qui éprouve pleinement les obstacles qui se dressent devant toute pensée de l'identité des essences. À vrai dire, au début du siècle, en réaction au positivisme d'Auguste de Comte, toute une pensée en marge du bergsonisme ou parallèle à lui explore l'univers de l'esthétique, de la vie morale, de la vie religieuse ou de l'intuition de la durée. Les philosophies de Georg Simmel, de Bergson, de Jankélévitch se répondent d'une certaine façon pour modifier l'approche fondatrice platonicienne ou cartésienne et pour développer d'une certaine façon, une approche de la singularité pure, là où le genre et le concept s'avouent incapable de définition. Une telle approche suppose une réhabilitation de l'empirie. C'est de ce point de vue qu'il s'agissait de questionner les deux œuvres de Jankélévitch et de Chestov, sans réduire leurs singularités respectives.

Les essais présentés ici questionnent les deux œuvres soit à partir de l'une d'entre elle pour interroger la seconde, soit à partir de leurs réponses parallèles sur une thématique donnée, par exemple le thème de la mort et de l'irréversibilité, ou encore l'opposition d'Athènes et de Jérusalem. Les études qui cheminent à l'intérieur d'une œuvre n'ont pas vocation à une systématicité, mais cherchent plutôt à faire revivre des réflexions, à les revitaliser dans une nouvelle effectivité. C'est ainsi que les questions du nocturne et du silence, de la conception du pardon, du dépassement de la finitude sont traitées avec toute la vigilance nécessaire. Néanmoins, ces deux œuvres sont loin de s'être développées indépendamment de l'histoire philosophique, et plusieurs travaux visent à restituer le dialogue dont elles procèdent, par exemple le

---

2   Lucien Jerphagnon, *Jankélévitch*, Paris, Seghers, 1969, p. 34.

rapport problématique de l'œuvre de Chestov à Kierkegaard et à celle de Heidegger, ou encore les passages qui se sont créés entre les œuvres de Jean Grenier, de Chestov et de Jankélévitch.

La radicalité de la philosophie de la tragédie d'un côté, et les subtilités infinies de la philosophie du je-ne-sais-quoi et du presque-rien de l'autre ne se croisent que momentanément et peut-être principalement que par leur exercice de la philosophie. La réflexion revient à son questionnement socratique, avant même qu'elle soit traduite et systématisée par les dialogues platoniciens. « Le philosophe doit vivre de sarcasmes, de railleries, d'inquiétudes et de luttes, de perplexités, de désespoir et de grands espoirs, et on ne peut se permettre la contemplation et le repos que de temps en temps, pour reprendre son souffle » déclare Jankélévitch dans Les Grandes Veilles[3]. Et de son côté, Chestov ne cesse de rappeler que la mise en question philosophique est un exercice d'intranquillité : « la philosophie doit troubler les hommes et non pas les tranquilliser. »[4]

Ramona Fotiade

Olivier Salazar-Ferrer

---

3   Léon Chestov, *Les Grandes Veilles*, Lausanne, L'Âge d'Homme, 1998, p. 28.
4   Léon Chestov, *Sur les confins de la vie*, Paris, Flammarion, 1967, p. 209.

FRANÇOISE SCHWAB

Jankélévitch et Chestov : Ressembler – Dissembler

> « Quelle que soit la quantité d'énergie spirituelle
> qu'un homme mette dans son œuvre, il reste
> toujours « à la veille » de la vérité, il ne trouve pas
> le mot de l'énigme. Telle est la loi humaine. »
>
> Léon Chestov [1]

La présence d'une indéniable affinité spirituelle permet d'associer la pensée du philosophe Léon Chestov à celle de son cadet, Vladimir Jankélévitch, qui lui vouait une très grande admiration si on se réfère à ces paroles :

> J'ai lu beaucoup de penseurs russes. [...]. Chestov [...] je l'ai vu chez Paul Boyer, rue de Lille, avec sa barbe de prophète. [...] je l'admire beaucoup. C'est peut-être celui de tous les philosophes qui m'a le plus influencé. Je dois le dire. Je l'imite quoi ! Bien longtemps je me suis pris pour Chestov ! J'étais Chestov réincarné ![2]

Jankélévitch fut aussi un philosophe des confins comme celui dont il se réclamait dans sa jeunesse. Penseur des limites, des chemins discrets et détournés car pourquoi, ironisait-il, faudrait-il toujours suivre les itinéraires insipides du tourisme philosophique ou musical ? Ces deux philosophes déclarent la guerre aux évidences et cultivent avec complaisance le paradoxe et même le professent. Ils pensent à contre-courant et à l'encontre de nos habitudes et de nos préjugés d'une manière naturelle et non systématique. Ils s'attachent à démonter les idoles, à voir ce qu'il y à derrière les images, à casser les châteaux de cartes. Leur seul ennemi est la ligne

---

1   Léon Chestov, *Les commencements et les fins*, Paris, L'Âge d'Homme, 1987, p. 53.
2   Guy Suarès, *Vladimir Jankélévitch*, « Qui suis-je », Paris, La Manufacture, 1986, p. 80. (texte cité d'après l'entretien diffusé par France-Culture le 8 juin 1985 sous le titre « V. Jankélévitch et la vie », document I.N.A).

droite. Originalité de l'angle d'attaque ! Penser aux frontières ultimes, tel est leur objet puisque « l'exercice philosophique à pour enjeu l'insaisissable nous privant du délai qui assure la sécurité de la pensée et du discours (....), philosopher revient donc, en somme, à ceci : se comporter à l'égard de l'univers et de la vie comme si rien n'allait de soi.. »[3] Cette démarche implique une rupture avec les philosophies d'embrigadement, ces prêts à penser qui sécurisent car ils enveloppent le tout dans une vision globalisante et close !

Leurs œuvres n'ont pas connu le bruit d'une publicité équivoque, elles se sont poursuivies sans bruit, dans une méditation solitaire, dans une pure tradition socratique, sans se replier sur elles-mêmes mais comme une aventure qui veut être un affrontement courageux de l'homme et de son époque. « Je ne peux être démodé puisque je n'ai jamais été à la mode ! » avouait Jankélévitch.

Il est impossible de résumer ou de donner un aperçu rapide des œuvres de Chestov ou de Jankélévitch. Il peut même paraître présomptueux de s'engager dans ces pensées qui offrent de si grandes résistances à toute tentative d'en rendre compte ! Quiconque a lu un seul de leurs livres ne saurait s'en étonner. Les choses qu'ils jugent les plus importantes sont les plus impalpables, les moins exprimables. Toute schématisation, toute formalisation abrupte, irait à l'encontre de la subtilité et de la fugacité de leurs intuitions.

Une grande philosophie est toujours « stylée » et la force de cohérence qu'elle engendre, la musique de sa persuasion, sont nécessairement afférentes aux moyens performatifs de la langue. Chestov et Jankélévitch furent des artisans prosateurs ingénieux non dénués d'un certain lyrisme. Leurs paroles tangentes au silence révèlent une dimension désespérée, au plus beau sens du terme : celui qui relève de la lucidité et qui consiste à refuser à la fois planche de salut et avenir fictif pour consentir à la contradiction, à l'impur et à l'inachevé. Leurs visées touchent à la poésie puisqu'elles s'attachent à ce qui n'existe pas ou à peine. Elles restent toujours

---

3 Vladimir Jankélévitch, *La Mauvaise conscience*, Paris, Aubier Montaigne, 1966, repris dans *Philosophie morale*, Paris, Flammarion, 1998, p. 43.

inquiètes, en raison même de la nature de leur objet, le plus mystérieux qui soit : elles demeurent « passantes ».

Hommes du *pneuma*, du « souffle », hommes de l'intermède – et par là médiateurs – ces deux penseurs frayent le passage subtil de l'existence à l'être et le désigne aux autres. Dans une pensée en mouvement, perpétuellement en avant sur elle-même qui ne se résout jamais à ce qu'elle affirme, mais cherche toujours un au-delà, ils se tiennent à la limite des abîmes et des impondérables pour en scruter sans relâche le mystère.

Le survol de quelques aspects de la pensée de Jankélévitch nous permet de mieux comprendre de quelle manière s'est élaborée, dans la familiarité de ses admirations et de ses maîtres, une pensée essentiellement neuve et autonome. Dans le corps de ses textes, nous avons retrouvé de nombreuses allusions et références à la philosophie de Chestov et celles-ci forment la trame d'un chemin de pensée à la fois proche et lointain.

En observant la problématique du paradoxe de la morale qui se trouve au cœur même de la pensée de Jankélévitch, nous observons qu'au sein de la temporalité où tout se joue, la seule attitude d'acceptation de l'obstacle est le sérieux, même si, dans son approche éthique paradoxale, il eut également affaire avec le mystérieux instant où « l'homme crève le plafond de l'absolu. »

La pensée chestovienne, continûment striée de paradoxes, elle aussi, se situe dans le monde de l'intériorité spirituelle et de l'implication réciproque où prend place l'impressionnisme métalogique, et cela pour répudier toute limite, tout cloisonnement discursif, toute généralité quantitative et stéréotypée. Chestov indique une voie : regarder en avant et faire un effort de « conversion », bref tout oser. La pensée, fille de la peur, nous empêche de créer une nouvelle logique. Il faut se lever et apprendre à marcher. Il s'agit alors de miner l'entreprise que la « nécessité » exerce sur les faits en visant une autre logique, celle de la création. Jankélévitch, penseur de l'effectivité surgissante, ne peut que s'accorder sur ce point avec son aîné même si, héros d'une philosophie du sérieux, il prend appui sur une éthique raisonnée alors que Chestov, penseur du tragique, combat vigoureusement la puissance de la raison qui, à ses yeux, limite la liberté humaine.

« Tout ce qui est bon et grand est paradoxal, » écrivait Frédéric Schlegel ».[4] Dans le dernier ouvrage de Vladimir Jankélévitch, *Le Paradoxe de la morale,* paru en 1981, la morale apparaît comme le préalable de l'interrogation philosophique. L'homme est condamné à la morale. Il n'accède à sa dignité et ne se réalise qu'après avoir assumé son paradoxe. Ce qui est toujours le fait d'un combat difficile et douteux. Mais l'expérience morale n'est pas réservée à l'élite de ceux qui savent pour celui qui à toujours refusé de fournir à la morale, quelle qu'ait pu être la demande sociale, de s'installer à une place confortable. Dans ce livre, qu'il dit avoir écrit avec peine, apparaît la nécessité pour le sujet méditant de mettre inlassablement à jour les propres conditions de possibilité de son interrogation.

Il ne s'agit pas d'exposer à quelles conditions s'impose l'impératif catégorique comme chez Kant ni d'analyser les mœurs comme La Rochefoucauld ou La Bruyère. L'objectif est plus modeste : parcourir les apories, les interrogations de tout choix moral, s'immerger dans l'impossibilité de penser la morale alors que toute pensée en procède et y retourne. Penser la morale est aussi impensable que penser l'être, c'est-à-dire ce qui est nécessaire à toute pensée et qui, pourtant, ne peut se concevoir puisque c'est à partir de lui que tout est concevable : « Peut-on concevoir une éthique qui ne soit pas paradoxale, et dont la seule vocation serait de justifier les idées reçues et les préjugés et la routine de l'éthique 'doxale' » [5]

À quelle déconcertante « paradoxologie » ouvre cette expérience ? Jankélévitch engage sa pensée dans une voie originale en constatant que la forme éminente du faire, cause de notre admission en ce monde, consiste aussi à faire le contraire. Il établit dès lors les conditions d'une structure de l'action qui peut faire le contraire de ce qu'elle veut dire et dire le contraire de ce qu'elle veut affirmer , ce « chiasme métempirique » rend compte de toute la complexité de la volonté humaine.

---

4   Vladimir Jankélévitch, *L'Ironie*, Paris, Alcan, 1938, p. 76. Rééd. Paris, Flammarion, coll. Champs, 1979.
5   Vladimir Jankélévitch, *Le Paradoxe de la morale,* Paris, Le Seuil, 1981, p. 35.

Avec finesse, il examine la discontinuité entre les êtres et leurs pensées et décrit la vie morale à la fois comme une contradiction explosive et une réfutation des prétentions de l'idéalisme. Le monde, tel qu'il le conçoit, est un monde profondément déchiré, c'est pourquoi il s'efforce de cerner ce que l'exigence morale comporte à la fois d'imprescriptible et d'invivable en écartant les théories selon lesquelles il s'agirait là d'un faux problème. Or le choix n'est jamais simple; il n'est même jamais pur. Telle est l'ambiguïté fondamentale de l'exigence morale; elle n'aspire à être déterminée par aucune contingence matérielle et néanmoins elle s'enracine toujours dans l'être d'une subjectivité, dans une réalité psychologique voire physiologique car c'est le corps qui nous dicte parfois nos plus graves décisions. Jankélévitch décrit cette subtile dialectique en faisant l'économie du concept d'inconscient et de la lourde artillerie psychanalytique. Il disait en riant : « le goût de la psychanalyse n'est pas héréditaire ! » faisant référence à l'œuvre de son père, introducteur et premier traducteur de Freud en France.

Pour faire advenir « cette impalpable réalité morale », il est bon de la saisir dans son intimité, dans cette âme de l'âme qu'est la conscience. Dès les années trente, Jankélévitch souligne le tragique de la conscience humaine en porte-à-faux par rapport au fini et à l'infini, (en cela ses lectures sur Schelling sont aussi significatifs que ses affinités bergsoniennes) et qui se trouve devant l'alternative générale qu'on peut formuler ainsi : « il faut se décider soit pour l'infini qui est inexistant, soit pour l'existence qui est finie. »[6] La conscience est toujours inquiète car « la conscience ne saurait être que la mauvaise conscience dès lors qu'elle n'est pas Dieu » dit Saint Augustin. Il n'y à pas à sortir de là. La conscience est à mi-chemin, toujours demi-conscience, avec les conséquences suivantes : dédoublement à l'infini, emballement extrémiste, fascination paralysante. Toujours nous cheminerons, encombrés de conscience, et « nous serons quelquefois sincères par surprise. »

Le devenir humain est l'organe-obstacle et seule la mort donne à la vie sa densité ontologique : qu'en serait-il de la vie, sans participant ? « La vie, toute semblable à l'œuvre d'art, est une construction animée et limitée qui se découpe dans

---

6   Vladimir Jankélévitch, *L'Alternative*, Paris, Alcan, 1938, p. 5.

l'infini de la mort.»[7] La mort étant le paradoxe du devenant. Dans la progression continue du devenir, la discontinuité des fulgurations, des visions, des sauts, prend en compte le fait que « l'obstacle est le moyen paradoxal dont la volonté se sert pour arriver à ses fins [...] finalement c'est la médiation tout entière qui est l'obstacle ».[8] L'homme, certes, ne peut créer qu'au péril de la régression ; néanmoins Jankélévitch affirme fortement la positivité du devenir. À un temps non fécond, stationnaire ou circulaire, il oppose la vocation de ce devenir qui repousse les sombres promesses car « notre vocation est d'affecter un contenu au temps nu et silencieux, et, contrairement à l'attente pure qui n'a rien d'humain, de meubler la temporalité liée à notre destin. »[9]

Dans l'oscillation du pour au contre, chaque identité renvoie à son contradictoire. Ce qui fait tourner ou obliquer l'identité qui se brise en un *dedans-dehors* pour aller vers l'altérité. L'expérience amoureuse devient le centre où la pensée se heurte à ses propres limites car le secret de l'amour, écrit Jankélévitch, n'est pas la différence infinitésimale mais le paradoxe d'ambiguïté. Deux en un... une manière de résoudre l'alternative de l'un et du pluriel qui fut l'aporie platonicienne par excellence. Tout ce parcours devient un exercice modifié du rapport à l'autre, du rapport *Je-Tu* qui n'est pas une relation avec un objet qui serait devant nous, mais qui est fondée sur une sympathie unitive. Sympathie qui nous conduit à abandonner « les apparats conceptuels fossilisés » et qui réside dans l'intuition fragile et fugitive du « tout ou rien » ; en effet :

> […] l'homme d'après la tangence n'est pas détenteur d'un message secret, mais il est lui-même et personnellement ce message : ce message, ce je-ne-sais-quoi qui n'est rien, [...] c'est un certain cœfficient impalpable d'étrangeté qui frappe toutes nos

7   Vladimir Jankélévitch, *La musique et l'ineffable*, Paris, A. Colin, 1961, p. 163-164. Rééd. Paris, Le Seuil, 1983.
8   Vladimir Jankélévitch, *Traité des vertus*, éd. complète, t. 3 : *L'innocence et la méchanceté*, Paris, Bordas, p. 1291.
9   Vladimir Jankélévitch, *L'Austérité et la vie morale*, Paris, Flammarion, 1956, repris dans *Philosophie morale*, Paris, Flammarion, 1998, p. 172.

expériences et que renouvelle l'aptitude proprement philosophique à prendre sans cesse conscience de la gratuité du tout-ou-rien. [10]

Le paradoxe est cette tâche sans répit de concilier les exigences de l'être et de l'amour car ils s'appellent. Il essaie de penser la façon de vivre avec l'Autre et sans médiation aucune, même pas celle de Dieu. Jankélévitch prend alors le parti de l'éphémère « ipséité ». La « survérité » que Jankélévitch remet en question : il faut préférer autrui à soi-même, en effet « pourquoi ton existence serait-elle *a priori* plus précieuse que la mienne ? Ou la mienne *a priori* moins précieuse que la tienne ? Pourquoi la deuxième personne serait-elle plus importante que la première ? Et surtout, pourquoi l'existence, qui est bonne quand elle est l'existence d'un autre deviendrait-elle mauvaise dès qu'il s'agit de la mienne ? »[11]

L'amour constitue l'un des instants discontinus de la pureté humaine. Les autres époques, les autres moments de l'intervalle de l'histoire humaine, sont de nature esthétique ou scientifique, mais ne ravivent pas l'incandescence de l'amour : « Seul l'amour trouve la surnature, qui décidément et d'un seul coup, avec la simplicité souveraine et la soudaineté du génie, place l'homme dans le tout autre ordre de l'oubli de soi et l'absout par la grâce en le soustrayant à la loi. »[12] L'amour est ce qui fait vivre alors qu'il est également l'expérience de l'épreuve librement assumée de sa mort. Le contact avec le tout autre n'engendre aucun ordre ni rien qui se parcourt en prenant son temps. De là, le philosophe repart les mains vides. Seul lui reste cette intuition.

En ce sens l'amour se révèle dans la vie de chacun, quand il est compris et vécu à fond, le messager d'un exercice de la pensée. L'homme possède le don divin du dépassement de sa propre identité. Pour Chestov, la philosophie relève de la curiosité amoureuse. C'est une passion qui ne laisse ni répit ni repos ; une passion

---

10   Vladimir Jankélévitch, *Philosophie première, introduction à une philosophie du presque*, Paris, P.U.F, 2ᵉ édition, 1968, p. 87.
11   Vladimir Jankélévitch, *Traité des vertus*, t. 1 : *Le sérieux de l'intention*, Paris, Bordas, 1968, p. 9.
12   Vladimir Jankélévitch, *L'Austérité et la vie morale*, Paris, Aubier, 1956, *op. cit.* in *Philosophie morale*, p. 581.

mystérieuse qui n'appartient plus au désir de comprendre mais au plaisir sans nom d'entrer dans un ordre qui est au-delà de la compréhension, de se trouver là où se joue notre vie. Loin d'être un philosophe créateur de pensées conceptuelles structurées il est plutôt un ironiste et un démolisseur de principes. Chestov et Jankélévitch nous livrent le travail d'une pensée en train de se faire. Ce ne sont pas des plaidoyers *pro domo,* mais davantage des pensées animées par le désir de soulever un doute sur les capacités de l'homme à remettre en question son cheminement.

Les chemins de traverse sont leurs royaumes incontestés ; ils se meuvent avec aisance dans des espaces où l'analyse trébuche, y font de belles rencontres et poursuivent leur propre chemin, tout en laissant à ceux qui viennent après le désir de ne jamais trahir leur bonne foi. Ils professent le paradoxe car selon Chestov : « il faut bouleverser les champs trop damés de la pensée moderne. C'est pour ça que toujours et à chaque pas, à tout propos et hors de propos, en toute occasion et même quand l'occasion ne s'en présente pas, il est bon de railler tout ce qui est admis et d'émettre des paradoxes. Après, on verra bien »[13]. Faisant référence à ces mots, Jankélévitch note que « l'absurdité est une sorte d'hommage que la déraison tend à la raison. Celui qui est libre de professer la contradiction, serait-il par hasard, libre de la penser ? »[14]

Contradictoires Jankélévitch et Chestov ? Oui, bien sûr comme la philosophie elle-même. Ils nous font partager ses contradictions théoriques, renvoient dos à dos les concepts et concluent qu'ils sont peu adéquats. Seule est convaincante et révélatrice d'une intention sincère l'aptitude de l'homme à s'engager dans l'action réelle (Jankélévitch) ou dans l'aporie féconde (Chestov). Ils épuisent tout ce qu'il y a de pensable dans la question qu'ils se posent. Ils ne s'arrêtent pas là, ils conduisent la pensée jusqu'au point insaisissable de l'avènement d'un moment où les incompatibles qui bloquent la pensée conceptuelle font surgir une présence fulgurante qui fait voler en éclat les certitudes d'un « ceci » ou d'un « cela » qu'elle croyait atteindre. C'est alors que quelque chose du mystérieux se réverbère en elle. Le point

---

13   Léon Chestov, *Sur les confins de la vie,* Paris, Flammarion, *op. cit.,* 1967, p. 210.
14   Léon Chestov, *Les Grandes veilles,* Saint Petersbourg, Chipovnik, 1910, p. 28.

de tangence avec l'inaccessible définit l'instant philosophique par excellence, où la pensée devient lucide. Cet éclair est la grâce.

Qu'y a-t-il à penser dans l'impensable qui ne soit pas dénué de sens? La philosophie vaut-elle une heure de peine ? Chestov répond ceci :

Le philosophe doit vivre de sarcasmes, de railleries, d'inquiétudes et de luttes, de perplexités, de désespoir et de grands espoirs, et on ne peut se permettre la contemplation et le repos que de temps en temps, pour reprendre son souffle».[14] « Bref la philosophie doit troubler les hommes et non pas les tranquilliser.[15]

Chestov accueille donc les contradictions comme autant d'indices de sa réflexion dans l'optique du sacré. Il emprunte des concepts dogmatiques à la confession orthodoxe. Mais alors nous découvrons la faille de la pensée chestovienne : sa logique l'autorise certes à des paradoxes mais nullement à une élaboration systématique. Penser selon lui signifie dire adieu à la logique. Il rêve de franchir le seuil du logos hors de l'autorité de l'esprit pour atteindre la liberté. Comme l'a souligné Heidegger, pour commencer à penser après Nietzsche, il nous faut apprendre que « cette chose tant magnifiée depuis des siècles, la Raison, est la contradiction la plus acharnée de la pensée »[16] et cet aveu d'irrationalisme est fortement illustré par l'œuvre de Chestov. « J'espère que tôt ou tard la philosophie, contrairement à la science, sera définie de la façon suivante : la philosophie est l'enseignement de vérités qui n'obligent personne. »[17] Cet antirationalisme peut surplomber par le langage les limites du rationalisme. En tant qu'ennemi de la pensée systématisée, sa recherche se fonde sur le désespoir : le tonnerre, non la raison !

À ce point, faisons une halte au cœur de la notion d'irréversible qui tient une si grande place chez Chestov comme chez Jankélévitch. Le temps qui voue l'existence au presque rien lui confère aussi une qualité dont Jankélévitch reprend sans cesse l'analyse en son caractère irrémédiable. « C'est temporellement que je médite sur le

---

15   Léon Chestov, *Sur les confins de la vie, op. cit.*, p. 209.
16   Martin Heidegger, *Les Chemins qui ne mènent nulle part*, Paris, Gallimard, 1986, p. 219.
17   Léon Chestov, *Les Commencements et les fins*, Paris, L'Âge d'Homme, 1987, p. 73.

temps. Le travail philosophique est un cercle où l'on tourne sans fin, courant derrière le temps qui fuit. » [18] Puisque l'homme est toute temporalité de l'orteil aux cheveux et toute liberté de même, la pensée philosophique et son discours ont libre champ pour se mouvoir dans l'intervalle où nous vivons, étant donné que « le fait de la futurition en général, le fait qu'en général et dans tous les cas un avenir adviendra, ce fait ne dépend de nous en aucune manière : ce fait, pour reprendre un mot d'Aristote que Léon Chestov aime à rappeler est *ametapéistov ti*, un inflexible destin. [...] Non, l'incompressible temporalité ne se laisse pas fléchir ». [19] Comme en écho, Chestov écrit :

> [...] en dépit de sa raison, l'homme est un être soumis au pouvoir de l'instant. Et lors même qu'il s'efforce de tout considérer *sub specie aeternitatis*, sa philosophie est d'ordinaire une philosophie *sub specie temporis*, une philosophie de l'heure présente. Et c'est pourquoi les hommes tiennent si peu compte de la mort, comme si elle n'existait pas. Quand l'homme pense à l'heure de sa mort, à quel point changent ses échelles de mesure, de valeur ! [20]

L'impossibilité d'abolir le passé semble absolu et même les théologiens admettent que même Dieu ne peut modifier rétrospectivement ce qui à eu lieu tout comme Dieu ne peut faire que Socrate n'ait été exécuté car « le passé ne peut pas ne pas avoir été » dit Aristote citant Agathon : « car il y à une seule chose qui est refusée à Dieu lui-même, c'est de faire que ce qui à été fait n'ait pas été fait »[21]. Or Chestov s'inscrit en faux contre cette évidence métaphysique qui n'est telle que pour la raison mais non pour la foi puisqu'il est scandaleux de brider la toute puissance de Dieu. Sous prétexte d'argument lié à la logique, la raison humaine fait montre d'orgueil. Les vérités qui sauvent, les vérités religieuses ne sont pas soumises à la logique des hommes :

---

18   Vladimir Jankélévitch, *Quelque part dans l'inachevé*, Paris, Gallimard, 1978, p. 26.
19   Vladimir Jankélévitch, *Le pur et* l'impur, Paris, Flammarion, 1960. Repris dans *Philosophie morale*, Paris, Flammarion, 1998, p. 616.
20   Léon Chestov, *Sur la balance de Job*, Paris, Flammarion, 1971, p. 152.
21   Aristote, *Éthique à Nicomaque* VI. 2, 1139b 7-12, Paris, Édition G. Budé, 1990.

On reconnaît les vérités de la foi à cet indice que, contrairement aux vérités de la connaissance, elles ne sont ni universelles ni nécessaires et ne disposent pas, par conséquent, du pouvoir de contraindre les humains[22]

Cette position paradoxale de Chestov, qui plaide contre le principe de non-contradiction, fonde son discours violemment antirationaliste et accrédite l'idée que Dieu pourrait, s'il le souhaite, démentir l'irréversibilité de nos actes au nom de la liberté infinie qui est la sienne. Penser Dieu, c'est penser la liberté radicale, et, dans la cohérence interne de cette analyse, se permettre de soustraire les actions humaines et divines à la logique de la raison.

Souvent Jankélévitch reprend les paroles de Chestov mais en inversant leur dessein : citant ainsi le mot que la *Métaphysique* d'Aristote applique à la nécessité, (que Léon Chestov cite inlassablement dans son *Parménide enchaîné*), Jankélévitch le redit de l'irréversible :

[…] certes les principes éternels de la raison, et les vérités de la logique et des mathématiques l'emportent à leur tour sur la puissance du temps. Et d'autre part l'*a priori* rationnel est pour la volonté une nécessité supplémentaire, plus inflexible encore que le temps auquel il échappe : car cette nécessité-là n'est pas, comme dirait Chestov, dissuadable[23].

La réversion de l'irréversible ne peut être que rêvée, car « *le revenir est à la lettre un non sens* » et le souvenir, en son irrémédiable pauvreté, ne peut être que la confirmation de l'irréversibilité du temps. L'irréversibilité, l'unicité de nos actions, sont notre lot personnel. « Condamné à n'être qu'un seul présent à la fois. »[24] Oui, cette vision du monde nous plonge dans l'urgence et dans la captation du divin

---

22   Léon Chestov, *Athènes et Jérusalem*, Paris, Flammarion, 1967, p. 331.
23   Vladimir Jankélévitch, *L'irréversible et la nostalgie*, Paris, Flammarion, 1974, p. 9.
24   Vladimir Jankélévitch, *Le pur et l'impur*, *op. cit.*, p. 217.

instant, de l'occasion à saisir puisque « chaque instant est aussi lourd que toute l'histoire du monde. »[25]

Selon Jankélévitch il n'est pas question d'attendre que l'histoire rachète les péchés des hommes mais d'être sérieux en comprenant qu'entre ce monde et l'autre, il n'y à aucune coupure car il est Autre, absolument autre et aucun *crescendo* ne peut nous en faire franchir les étapes puisque :

> L'homme est en résidence forcée dans le devenir, l'homme est le forçat des travaux forcés de la temporalité [...], et, « s'il n'y pas d'autre manière d'être pour l'homme que de devenir ; devenir, c'est-à-dire être en n'étant pas ou n'être pas en étant [...] alors l'homme cessant de loucher vers le mirage de l'intemporel, s'enracine dans la réjouissante plénitude.[26]

Nous rejoignons là un des traits les plus bibliques de cette réflexion qui, par son attitude affirmative à l'égard de la tâche des hommes, se rattache à la loi des Prophètes et s'éloigne de la pensée hellénique où l'action est moindre perfection puisqu'on s'amoindrit en devenant. Le temps « créaturel » est revalorisé dans la Bible comme il le sera chez Bergson.

Le temps est le lieu de notre impuissance, qu'en est-il de l'espace ? L'espace peut-il être la marque de notre puissance et le lieu de notre liberté ? Non, puisque l'espace est affecté par le sens unique de la temporalité et qu' « un temps irréversible est nécessaire pour parcourir une distance réversible ». Nous reviendrons, mais pas dans le même état : le retour annule l'aller mais chronologiquement il le prolonge et prend sa suite.

On note une curieuse différence entre la durée bergsonienne qui apparaît comme chronicité et la ponctualité jankélévitchienne. Celle-ci recherche une durée sans durée dans laquelle « l'intuition philosophique est cette pensée infinitésimale

---

25   Vladimir Jankélévitch, *L'aventure, l'ennui et le sérieux*, Paris, Aubier Montaigne, 1963, repris dans *Philosophie morale*, Paris, Flammarion, 1998, p. 177.
26   Vladimir Jankélévitch, *Henri Bergson, op.cit.*, p. 269.

ponctualisée, instantanéisée à la ressemblance du Fiat radical »[27] Par son culte du vécu, Jankélévitch reste profondément bergsonien. Mais, selon lui, l'instant devient une spécificité vécue. L'instant « à réalisé ce tour de force d'être vécu sans être intelligible ».[28]

Ainsi notre nature amphibie nous limite : nous n'avons qu'un instant là où une éternité eût été nécessaire : un instant pour entrevoir et un temps infini ensuite. Le régime hasardeux de l'instant et de l'intervalle exprime la mitoyenneté de l'homme métaphysique et physique, ni ange ni bête, mais les deux à la fois. C'est bien du réel qu'il s'agit dans cette ténuité de l'instant, la quête est sérieuse. Le sérieux est la prose quotidienne. Il est le résultat positif d'un effort. Il est plus proche du tragique que du comique. C'est le centre inaperçu de la destinée dont le fond tragique est la mort et la surface le divertissement. Dès lors au sein de la temporalité, la seule attitude d'acceptation de l'obstacle est *le sérieux* :

> Le sérieux parce qu'il est assomption de l'obstacle, et non pas la volonté angélique ou machiavélique en des fins sans les moyens, mais la volonté globale des moyens et des fins, parce qu'il est le refus du purisme, parce qu'il est la vertu de l'homme modeste, sincère, courageux ; c'est le sérieux qui fonde la véritable insouciance, celle qui est philosophique et non pas, comme la charlatanerie philosophale. Il ne faut prendre l'absurdité ni au tragique ni à la légère mais tout simplement au sérieux.[29]

La notion fondamentale de l'anthropologie de Jankélévitch est l'intermédiarité. Intermédiaire est la condition humaine sise entre le tragique et le frivole, située au niveau du sérieux comme le sourire est un intermédiaire entre le rire et les larmes. L'aventure, c'est le futur passionnant (elle est un mot au futur puisqu'elle se rapporte à l'avenir). L'ennui et le sérieux ont aussi un accent temporel. Redevenir sérieux, n'est-ce pas quitter pour la prose amorphe de la vie quotidienne ces épisodes intenses,

---

27 Vladimir Jankélévitch, *Philosophie première*, *op. cit.*, p. 265.
28 *Ibidem*, p. 249.
29 Vladimir Jankélévitch, « Le mal », *Cahiers du Collège philosophique*, Paris, Arthaud, 1947, repris dans *Philosophie* morale, Paris, Flammarion, 1998, p. 315.

ces condensations de durée qui forment le temps aventureux ? L'aventure, l'ennui et le sérieux, correspondent à trois états de la temporalité, qui sont trois modes et trois dimensions psychiques qui scandent le temps. L'aventure se trouve en équilibre entre le jeu et le sérieux dans une fusion de jeu et de tragique. L'élément cryptique de l'aventure est son fascinant vertige vers le non-être, l'objet sans nom et mystérieux de notre intense curiosité et de notre horreur. L'homme se révèle maître du jeu pour faire naître l'aventure, mais non des conséquences qui en découlent.

Si l'aventureux vit le présent comme une promesse d'avenir, celui qui s'ennuie croit entrer dans un avenir en tout identique au présent de son ennui. Jankélévitch nous parle de l'ennui russe et de ses longs hivers avec leurs mille nuances mélancoliques. Le sentiment que tout est consommé, que la mémoire est trop lourde, que tout chavire du côté du passé et qu'il n'y à plus le moindre élan vers l'avenir, c'est ce qu'avouent les hommes de l'ennui :

> Ils gémissent de déception, parce qu'ils attendent du présent un « je ne sais quoi » nouveau qu'ils ne trouvent pas (....) la métaphysique de l'ennui serait donc pessimiste ; il n'est pas nécessité de gratter longtemps pour retrouver, sous le riant badigeonnage des sensations, ce que Léon Chestov considère comme notre tragédie, et qui n'est peut-être que l'ennui fondamental d'exister. [...] De cette métaphysique de l'ennui retenons seulement ceci : la conscience qui s'est déchargée de tout fardeau, ce n'est pas précisément la vie qui lui pèse, ni la réflexion ni même l'ensemble du monde. Non, le plus lourd à porter, pour une conscience trop insouciante, c'est la charge de son ipséité et de sa propre destinée... les soucis en somme nous lestent plus qu'ils nous alourdissent . [30]

Le sérieux nous engage à ne pas nous éterniser dans le présent, à ne pas nous attarder dans nos souvenirs, à ne pas nous élancer vers le futur, mais à nous ancrer fortement sur notre conscience de nous-mêmes et de notre situation au monde et dans le temps. « Tout est sérieux, par conséquent rien n'est sérieux. Nos agendas de

---

30   Vladimir Jankélévitch, *L'Aventure, l'ennui et le sérieux, op. cit.*, repris dans *Philosophie Morale, op. cit.*, pp. 905-906.

l'année dernière avec leurs défunts rendez-vous et toutes les grandissimes occupations qui nous agitèrent, témoignent mélancoliquement de cette insignifiance générale ».[31] Le théoricien du pur amour fénélonien, retrouve aussi, par moments, le langage du *Deutéronome* : l'homme sérieux est celui qui désire avec toute son âme. Isaïe, dit-il, saluant avant Platon la renaissance de l'humain, est celui qui abonde dans le sens du devenir, qui prend le temps à l'endroit !

Le sérieux suppose également le courage de s'engager dans le « mal nécessaire » avec les concessions et les compromissions qu'impose tout engagement véritable. À l'immobilisme, il oppose le choix du refus résistant et les paroles de Chestov font écho à celles de Jankélévitch :

> Il me semble qu'Alexandre la Grand lui-même eût craint de trancher le nœud gordien s'il avait cru à la prophétie, et s'il avait su qu'il serait entièrement responsable de l'avenir. Du fait que les philosophes tranchent chacun à sa façon les nœuds gordiens des problèmes métaphysiques, on pourrait donc conclure soit qu'ils ne se rendent pas compte de la responsabilité qu'ils assument, soit qu'ils devinent par une sorte d'instinct que leurs décisions ne jouent qu'un rôle insignifiant dans l'économie de l'activité spirituelle.[32]

La vie morale est le lieu de l'arrachement, du sacrifice, de la douleur, du dévouement à la fois ancrée sur l'être indispensable support et tournée vers ce « presque » insaisissable, indicible, irrationnel, instant créateur et entre'ouverture, dynamisme de l'intention, bond décisif dans l'effectivité, accession courageuse à l'acte. Refusant la complaisance de la contemplation et des solutions consolantes religieuses, elle nous renvoie au « faire » laborieux, à « l'exercice sur terre », comme le dirait Pascal.

Le sérieux de la vie remplace le tragique grec. La matière est bénédiction et non obstacle ; elle, seule, permet l'enracinement dans nos tâches d'homme. L'idée d'une béatitude terrestre ou intramondaine fut commune à Tolstoï et à Bergson ;

---

31   *Ibidem*, p. 983.
32   Léon Chestov, *Sur la balance de Job, op. cit.*, p. 183.

Jankélévitch y souscrit de même. On pourrait déceler, dans cette pensée, une nostalgie du platonisme, une amertume devant l'absence d'une « cité intelligible » des valeurs ; mais très vite Jankélévitch précise qu'il faut s'en garder et nous exhorte à délaisser la pente paresseuse des inconsolables du mal, pour faire ce qu'il faut faire, ce que nul ne peut faire à ma place. Lucide et sachant que :

> [...] résoudre le conflit ce n'est ni pétrifier ni immobilier le sporadisme, autrement dit, y élire domicile et adopter avec lui un modus vivendi, ni en rester à l'invivable antithèse ; et si nous comptions trouver une synthèse conciliatrice ou une solution moyenne, Chestov et Unamuno, les philosophes de l'antagonisme agonique, nous invitent à en perdre l'espoir. Or c'est le propre du mal que d'être insoluble : le mal est un problème qui ne peut être résolu. [33]

Ainsi instruit, il nous incombe un devoir-faire qui est l'avènement du bien. Jankélévitch aborde le problème de l'être avec une conscience de démiurge. Il faut délaisser la philosophie de la chose au profit de l'action, conscient « qu'entre l'être et le néant, il y à le Faire qui n'est ni être ni non-être ».[34] L'homme sérieux à le sentiment de la totalité par laquelle il assure le vrai sens de la liberté, de l'autonomie et c'est l'action qui permet ce sens de la totalité puisque « en profondeur, le sérieux est l'attitude d'un homme qui cherche à se totaliser lui-même dans chaque expérience ; il ratifie en cela la vocation du devenir, car le devenir à chaque instant ramasse le passé et le futur dans le présent : telle est du moins l'immanence de la succession ».[35]

Ce sérieux étant la compréhension de notre existence, jetée entre la mort et le geste. C'est-à-dire que Jankélévitch nous invite à ne pas nous prendre trop au sérieux dans les choses quotidiennes de notre vie. Il s'agira donc pour nous d'éviter les poses. Notre vérité se cache dans une intention pure et à cet effet le philosophe nous met en

---

33   Vladimir Jankélévitch, *Traité des vertus,* t. 3, *op. cit.* , p. 1045.
34   Vladimir Jankélévitch, *Philosophie première, op. cit.* p. 179.
35   Vladimir Jankélévitch, *L'Austérité et la vie morale, op. cit.*, p. 970. Repris dans *Philosophie Morale, op. cit.*, p. 1011.

garde contre les *champions de la vérité* ou les docteurs de la loi qui paradent et montrent ce qu'ils font comme si leurs gesticulations imitatives portaient en elles la signification de leurs intentions. Entre le bariolage du frivole et le noir étendard de la mélancolie, il y à en effet place pour le drapeau gris du sérieux.

Il existe des pensées qui se recommandent d'une vision tragique sans approbation inconditionnelle comme celle de Chestov. Comment se prétendre tragique et penser qu'il y à dans l'homme, la vie, le monde, l'action et l'histoire, des « contradictions » dont la solution n'appartient pas au pouvoir intellectuel ou pratique de l'homme ? À ce point, au-delà d'évidentes convergences, plusieurs points de désaccord peuvent être retenus au regard de la pensée de Jankélévitch.

Chestov à en vue le caractère libérateur de la « docte ignorance » qui induit à renverser les rôles, il s'agit d'une voie libératrice pour s'évader d'une réalité trop prégnante. Ne faudrait-il pas alors s'attacher à montrer que cela même qui paraît aux hommes clair et compréhensible, est étrangement énigmatique et mystérieux ? Ne faudrait-il pas s'efforcer de se délivrer et de délivrer les autres du pouvoir des concepts dont la netteté tue le mystère ? L'affirmation de Dieu est évidente dans la lecture chestovienne : elle pose son existence par le sujet qui l'affirme. Cette affirmation est très vite confrontée à la philosophie sur un mode polémique. Chestov affirme que « rien n'est impossible à Dieu » et se heurte aux concepts élaborés par la raison. Il revendique à cet égard son appartenance non à la tribu des philosophes mais à celle des écrivains religieux. Son maître livre, *Athènes et Jérusalem*, qui porte en sous-titre : « *un essai de philosophie religieuse* », le place néanmoins dans la caste qu'il combat par son affirmation d'irrationalité de la pensée de Dieu. À l'instar de Kierkegaard, pour Chestov, Abraham est le « chevalier de la foi » qui assume le paradoxe de la foi en Dieu. Le paradoxe se vit dans l'affirmation de l'existence de Dieu et dans son impossibilité à la prouver par la raison. Chestov fonde son exposé sur l'affirmation que les principes de la logique ne s'appliquent pas Dieu. Selon lui, la nécessité de limiter la puissance divine conduit certaines pensées philosophiques à nier la liberté de Dieu. Chestov entend, lui, en philosophe, penser cette liberté absolue.

Dès lors, le principe de non-contradiction ne s'applique pas à Dieu auquel rien n'est impossible et qui peut abolir ce qui à été ou, ce qui revient au même, faire que ce qui à été n'a pas été. Il met en place cette idée avec force. Il s'insurge contre les vérités de la raison, *veritates aeternae*, que l'homme veut étendre à Dieu, mais qui ne sont contraignantes que pour l'homme. Les vérités religieuses ne sont pas assujetties au régime raisonnable et échappent au principe de non-contradiction. C'est pourquoi il s'insurge contre le principe de nécessité. Chestov établit une liaison entre ces principes logiques et l'injustice du monde et désire les dépasser en vue d'une liberté absolue et toute puissante :

> Est-il possible qu'il y ait une réalité où les principes d'identité et de contradiction restent indifférents et inactifs lorsque les idées deviennent pesantes mais se cabrent quand on tue les justes [...] on vous répondra qu'elle est impossible, que les principes d'identité et de contradiction ont toujours régné automatiquement et régneront sur le monde [...] ».[36]

La peur de la liberté et l'amour de la nécessité renforcent la volonté dominatrice des hommes soumis au pouvoir d'une raison contraignante. C'est à la Bible et aux textes de la foi que Chestov se réfère pour contester la puissance de la raison et la violence qu'elle engendre. Les paroles de Dieu adressées à Adam concernant l'arbre de la connaissance « constituent la seule véritable critique de la raison pure qui ait jamais été formulée ici-bas »[37] Chestov oppose la radicalité de cette parole aux limites de la raison cependant sans prouver la validité de cette parole. Certes il en convient : il ne suffit pas de dire Dieu pour affirmer Dieu. Le nom de Dieu n'est pas une garantie suffisante, néanmoins il faut l'affirmer contre les principes de la raison.

La critique de la connaissance chestovienne pourrait se résumer très brièvement en cela : puisque la foi ne connaît pas ce qui est, elle affirme l'existence de ce quelle veut qui soit. Il rejette dès lors les consolations de la morale car l'éthique

---

36   Léon Chestov, *Athènes et* Jérusalem, *op. cit.* p. 318.
37   *Ibidem*, p. 189.

est au service de la raison. Bouleversé par l'emprise de la nécessité sur la vie humaine, l'homme à cessé de se nourrir à l'arbre de vie pour préférer celui de la connaissance. Il répète sans le savoir la maxime de Feuerbach : « là où les conditions de la vie ne sont pas réunies, celles de la morale ne le sont pas non plus. »[38]

Jankélévitch, au contraire, affirme que croire contre la raison est un martyre car le discours sérieux veut être pris à la lettre, comme l'esprit de sérieux se présente dans sa solidité prosaïque, exclusive de toute équivoque. S'agissant de la pensée de Chestov, il remarque que « dans le monde de l'intériorité spirituelle et de l'implication réciproque se place l'impressionnisme métalogique de Chestov et cela pour répudier toute limite, tout cloisonnement discursif, toute généralité quantitative et stéréotypée. [...] L'impressionnisme de M. Chestov », écrit Jankélévitch, « se meut donc en quelque sorte sur une corde tendue à travers le vide, mais il y circule avec tant d'aisance, tant d'agilité qu'il donne bien cette sensation de profondeur vertigineuse qui empoigne l'esprit lorsqu'il se penche sur le chaos irrationnel »[39]. Et de préciser encore : « le tort ou le mérite de M. Chestov est d'être fidèle jusqu'au bout aux exigences redoutables de l'impressionnisme pur. (....) L'impressionnisme de M. Chestov se meut donc en quelque sorte sur une corde tendue à travers le vide [...] ».[40]

Pour Jankélévitch la source de toute effectivité est Dieu qui est un pur *faire-être*. Il est, à ce titre, le donneur de sens par excellence. Seule une coïncidence avec l'impalpable fait de nous des inspirés. Un inspiré est celui qui est transfiguré car son ego est dépassé. Il est tourné vers l'autre dans l'immédiateté de l'instant et non par un retour qui est reflux sur soi. L'homme en action est le vecteur d'une vérité pneumatique qui lui à été offerte dans l'éclair de l'intuition.

À l'opposé de cela, il s'est trouvé des penseurs qui se sont assigné une tâche inverse. Ils cherchent à retrouver le désordre enterré pour affirmer le malheur. Il s'agissait

38   Ludwig Feuerbach, *L'Essence du christianisme* (1841), traduction de J.-P. Osier, Paris, éditions Maspero, 1982.
39   Vladimir Jankélévitch, *Premières et dernières pages*, Paris, Le Seuil, 1994, p. 127.
40   *Ibidem*, p. 127 et 128.

alors de passer de l'ordre apparent à l'impossibilité de tout bonheur, au hasard, au silence et à la négation des choses » : le présent éléatique du « cela est » écarte jusqu'à la possibilité d'une catastrophe. Il n'était ni ne sera [...] dit Parménide de son universel Etant, *to éon*, l'être-au-présent, sans futur, sans prétérit... Et par conséquent : incorruptible et inengendré... tel est cet Etant pur et simple (*aplôs on*) qui ne saurait surgir du néant et dont il importe avant tout, qu'on ne se demande pas d'où il vient.[41]

La pensée tragique n'a guère trouvé depuis Nietzsche d'interprète philosophe si ce n'est chez Chestov dans la philosophie de la tragédie et chez Unamuno dans le sentiment tragique de la vie ; ils confirment tous deux que la pensée tragique ne peut jamais constituer une philosophie.

Le discours nécessaire est le seul possible. Rappelons que la nécessité est ce qui, par définition, exclut tout *aliter*, et ceci non pas relativement, mais absolument et analytiquement. L'absurde se commet honteusement, en contrebande et comme par mégarde, et la pensée qui l'a commis rend implicitement hommage à l'instance souveraine des axiomes et des conditions *a priori* : l'absurdissime, lui, est l'impensable hyperboliquement professé.

Pour conclure, nous dirions que chez Jankélévitch, « viser le divin » selon la parole de Jean-Louis Chrétien, ne peut s'effectuer que dans la pratique morale, la sincérité du cœur et le sérieux de l'intention. Alors que selon Chestov :

La philosophie est l'enseignement de vérités qui n'obligent personne.. (..) et toute recherche sérieuse conduit l'homme sur les chemins solitaires... et les chemins solitaires, comme on sait, aboutissaient à une muraille de Chine qui fatalement met un terme à la curiosité humaine. Alors se présente un nouvel objectif : s'opposer au destin et d'une manière ou d'une autre, franchir ce mur, après avoir surmonté ou bien la loi d'impénétrabilité ou bien la loi tout aussi invincible de la pesanteur [...] Tout aboutit aux limites du solipsisme .[42]

---

41   Vladimir Jankélévitch, *Philosophie première, op. cit.*, p. 35.
42   Léon Chestov, *Les Commencements et les fins, op. cit.*, p. 75 et 80.

L'événement dont chacun garde un « demi-savoir », une entrevision, est la mort. Selon Jankélévitch, cette apparition sur terre, dans le temps, pour une durée déterminée d'une conscience, est le seul point positif de la vie. Seul ce passage, cet « avoir-été » est irremplaçable et sérieux. Le scandale de la mort dénude notre destin. Elle est le sérieux de la vie, le sérieux de notre liberté. L'aventure n'est aventureuse que parce que la mort peut advenir sinon elle ne fait pas battre le cœur. Est précisé aussi que « l'inintelligibilité du néant est notre chance, notre mystérieuse chance ». Il n'en est pas de même pour Chestov qui à une vision cathartique de la mort, ainsi que le souligne Jankélévitch : « L. Chestov aimait à répéter ce vers d'Euripide, que cite le Gorgias : *ti d'oidév, ei to zen mén esti kathanein to katthanein de zèn.* [43] Seulement l'interversion paradoxale du positif et du négatif peut expliquer la fonction cathartique de la mort : c'est la vie qui est la mort, et c'est la mort qui est la vraie naissance. [...] N'est-ce pas à la fois méconnaître le sérieux de la mort et déprécier le sérieux de la vie ? »[44]

Jankélévitch ajoute que « Chestov était suffisamment extrémiste pour faire du miracle négatif de la mort le principe de la souveraineté inconditionnelle de l'homme »[45]. Autrement dit : l'homme comme « monstre inhumain » doit vivre « en présence de la mort », dans la nuit de la contradiction en acte. Dans cet usage de la mort, on peut voir le risque d'un anarchisme épistémologique et moral que court inévitablement Chestov car la position de Chestov est la suivante : au fond du cœur de l'homme la justice est une réalité expérimentale parce que l'homme, dans sa singularité radicale, ne se définit pas sur la base d'une relation être-totalité, mais comme « présence à la mort », comme une relation sans rapport avec le Tout autre. Par voie expérimentale, l'homme, persuadé de sa finitude radicale, c'est-à-dire de l'impossibilité pour lui qu'il à d'être, de devoir être, il lui reste toutefois la réalisation

---

43   Cf. Léon Chestov, « Le dépassement des évidences », dans *Sur la balance de Job,* passage cité dans le *Gorgias 492ᵉ, Le Phédon, 67d* et *Rom. 7. 24.*
44   Vladimir Jankélévitch, *Le pur et l'impur, op. cit.,* p. 650.
45   *Idem.*

impensable et impossible. Il doit alors dans cette angoisse féconde, dans cette nuit de terreur, trouver un fondement inébranlable à sa demande de justice.

La transfiguration du tragique en contradiction à pour bénéfice (non tragique) d'affirmer la nécessité, au moins le besoin, d'une solution ; même si celle-ci est radicalement hors de question, il restera toujours que le donné brut de ce qu'a à connaître l'homme « manque » d'un quelque chose dont l'absence interdit l'approbation. Cette pensée ne réussit jamais à penser la solution, sauf à la placer en situation religieuse ou métaphysique. Si l'homme à besoin de solution c'est qu'il manque quelque chose. Or ce manque nie le tragique.

Telle est cette lecture de Jankélévitch à son propos :

> Voyez quel soin Parménide apporte à ne pas même poser le problème du commencement et de la cessation, ce problème où Léon Chestov pressentait la tragédie métaphysique par excellence [...] le philosophe médusé par la tête de Gorgone du « what is » est aussi enchaîné selon Chestov que les prisonniers du septième livre de la République : ceux-ci sont captifs dans la caverne de l'empirie et celui-là est captif sur le rocher du Caucase des essences.»[46]

Selon Chestov, Platon avait, à sa façon, découvert le pouvoir médusant que la « nécessité » et les faits exercent sur les esprits et les empêchent de « se réveiller ». Est tragique dès lors ce qui laisse muet tout discours, ce qui se dérobe à toute tentative d'interprétation et particulièrement à l'interprétation rationnelle, religieuse ou morale ; ce qui n'offre aucune fondation qui rassure. La philosophie est un risque inutile. Chestov nous enjoint de nous oppose aux simplificateurs. Vivre comprend un affrontement qui peut nous briser : il faut aller au-delà ! Notre pensée, fille de la peur, nous empêche de créer une nouvelle logique. Il faut se lever et apprendre à marcher. Jankélévitch désire miner l'entreprise que la « nécessité » exerce sur les faits en visant une autre logique, celle de la création ; il oppose le miracle de la création à l'impérialisme du savoir. Les philosophies du tout ne sont que des philosophies du

---

46   Vladimir Jankélévitch, *Philosophie première, op. cit.*, p. 35 et 36.

presque-tout qui laissent à côté d'elle le je ne sais quoi tout à la fois évident et fuyant qui fait toute la saveur, toute la perfection d'un mouvement de charité... Jankélévitch et Chestov, tous deux adeptes de l'alliance du nécessaire et de l'impossible, sont des penseurs de l'occasion et du fragmentaire.

Le premier malentendu serait de prendre l'occasion pour la cause. Le deuxième serait d'attacher trop d'importance à cette cause lointaine. Elle est une grâce puisqu'elle n'est pas l'effet inéluctable d'un phénomène. Il y a ainsi chez Aristote une déontologie qui n'est pas un devoir moral mais qui est la manière de faire avec les choses impalpables et qui sont plus légères qu'une plume et qu'un duvet ; il s'agit de se mettre dans les conditions favorables pour la reconnaître.

L'intellect est construit pour prévoir les choses avant qu'elles ne se produisent ; attendre cela veut dire avant... or l'occasion ne frappe pas à la porte, elle entre sans crier gare, et la précaution est inutile est bien le statut de la vie occasionnelle. Loin d'une pensée ponctuelle, circonscrite, localisée elle est le contraire d'une pensée systématique. Or, la philosophie aphoristique est le langage et le discours de l'occasion ; en effet l'occasion trouve sa forme et son langage dans un discours fragmentaire, expression d'une pensée éclatée qui, à l'image du décousu de l'occasion qui va, qui vient, est toujours éphémère, c'est pourquoi :

> [...] pour capter l'idée au vol, pour guetter l'occasion opportune et surveiller l'urgence de l'instant, il faut un mélange de vigilance et de souplesse, de décision et d'abandon [...] Il faudrait être aussi vif que la fortune elle-même. [...] « Il faut traverser la vaste carrière du temps pour arriver au centre de l'occasion » écrit Balthasar Gracian [47]

Le philosophe doit se tenir prêt à saisir l'occurrence au bout de sa ligne qui n'est autre que la conscience agile s'emparant de son objet. Jankélévitch et Chestov connaissent tous deux la portée et la valeur de l'occasion, du *kaïros*, essentiel à la conscience humaine, étant donné que « tout peut devenir occasion pour une

---

47   Vladimir Jankélévitch, *Quelque part dans l'inachevé, op. cit.*, p. 37.

conscience en verve » précise Jankélévitch et que « l'occasion est une grâce qu'il faut parfois aider sournoisement ». « Dans la nature mixte du temps, souligne Gianfranco Gabetta, se fondent et se confondent le régime de la trouvaille et de la perte, le flou d'une silhouette opalescente et le heurt d'une inflexibilité spécifique de là le rappel répété chez Jankélévitch, de la définition aristotélicienne d'*ananké* chère à Léon Chestov comme 'ce qui ne se laisse pas dissuader' ».[48]

Entre l'apparence kairologique de l'instant et la continuité de l'intervalle, « épaisseur de la médiation agogique », se situe la dimension de l'organe-obstacle. L'œuvre de Chestov déroule également les fils de la mémoire, liens devant l'éparpillement des occasions, en répétant inlassablement les mêmes thèmes qui frisent souvent l'obsession, cette diffluence aphoristique est l'emblème même d'un régime du continu et du discontinu. Dans ce régime discontinu et décousu, constate Jankélévitch, je lis quelque chose de tragique.

Dans le fait que la vérité n'est pas d'accord avec elle-même, qu'elle n'est pas systématique mais se contredit, qu'elle est enveloppée par la nuit se cache une pensée tragique. C'est une des raisons pour lesquelles quelques uns des plus grands tragiques du XXe siècle, dont Léon Chestov, ont écrit des aphorismes pas pour singer Nietzsche mais parce que le philosophe est dans la nuit et qu'on ne peut que tâtonner en reconnaissant les objets les uns après les autres dans le décousu le plus complet. Dans cette nuit et ce décousu, le seul lien c'est l'obsession, c'est de revenir à un seul thème....[49]

Le philosophe s'interroge alors sur la « causalité de l'apparaître ». L'être se révèle et disparaît, il clignote en équilibre sur le seuil vers l'absolument autre, vers le métempirique, ce « qui est hors de toute expérience possible. » L'alternative de l'être et du non-être est donc éludée dans l'instant, ce presque-rien que Jankélévitch nomme un je-ne-sais-quoi, un « nescioquid » qui abolit à la fois le temps et l'espace.

---

48   Gianfranco Gabetta, « Le temps et la mort dans la philosophie de Jankélévitch » in *Critique* (Paris), 1989, vol. 45, n° 500-501, p. 28.

49   Vladimir Jankélévitch, « L'Occasion et l'aphoristique », in *Bulletin de la Société philosophique de Bordeaux*, 1975, p. 99.

Tout peut être occasion pour une conscience en alerte. La capture des occurrences est l'art de rendre simultanés deux instants. L'occasion est une faveur, une grâce qui nécessite une conscience en état de grâce. Si elle suppose une réceptivité, elle est aussi quelque chose que notre libre-arbitre met en route. Jankélévitch souligne qu'il faut devenir point soi-même pour capter le point occasion. Pour saisir la divine occasion, il faut et la divine chance et un miracle pour tomber juste, ainsi seulement nous pourrons découvrir « les très fragiles chefs d'œuvre du presque-rien».[53] Le presque-rien est cependant facile à manquer et « il s'en faut d'un souffle que cette intuition ne s'annihile dans le silence... ». [50]

Parvenu à ce point, Jankélévitch pose la question : cela en vaut-il la peine ? « Peut-on asseoir une sagesse sur cette pointe délicate de l'occurrence ? » et répond par l'affirmative car « ce divin instant nous comble plus que des années de bonheur tranquille. (..) Béni le presque-rien qui fait quelque chose de rien; et béni enfin le charme sans lequel les choses ne seraient que ce qu'elles sont ».[51]

Cependant si l'infini dépasse toute synthèse existentielle, la conscience manque son but ; c'est alors qu'en elle surgit l'idée d'ironie, le premier doute sur ses possibilités. Ce principe évasif de l'ironie tient l'esprit en mouvement, il est l'ennemi de toute inaltérabilité de l'esprit. L'ironie provoque les ressources de l'impossible et donne au tragique une puissance paradoxale. C'est une pensée rieuse face à la tragédie qui convie l'homme de la légèreté à la profondeur. Comme le tragique, l'humour aussi est inscrit dans l'aphoristique. L'humour est la revanche de l'homme sur le mystère du destin, sur la mort, sur l'injustice révoltante et sur les problèmes insolubles. Humoriser, conclut-il, c'est tout ce qu'on peut faire dans une société d'injustice qu'on ne peut ni guérir ni quitter car « l'humour est un viatique qui nous aide à vivre ».[52]

Chestov, entrevoyant aussi une ironie inquiète de l'inconnu, écrit :

50   Vladimir Jankélévitch, *Le Je-ne-sais-quoi et le Presque-rien*, Paris, Flammarion, 1979, p. 98.
51   *Ibidem*, p. 144.
52   Vladimir Jankélévitch, *Le Je-ne-sais-quoi et le Presque-rien, op. cit.*, p. 111.

[...] mais pour que nous soyons capables d'entrevoir ne fut-ce que vaguement la possibilité de cette nouvelle dimension de la pensée, il faut que nous ayons le courage de chasser nos terreurs habituelles et que nous cessions de prêter l'oreille aux *a priori* de tout genre que nous souffle la raison. Et alors il n'y aura rien d'impossible pour nous.[53]

En conclusion nous pourrions dire que la philosophie de Chestov comme celle de Jankélévitch exigent l'adhésion totale du cœur et de l'esprit, elles ne peuvent être captées « que dans le sens de la futurition, c'est-à-dire à l'endroit ». Certes, on ne revendique pas d'appartenance avec ces pensées qui, sans jamais se solidifier, sont fluentes, en marche comme l'Eros du Banquet ou comme l'Hermès voyageur, mais il nous est permis de les vivre dans leurs écrits par des liens conceptuels ou familiers. La figure de ces passeurs toujours nous accompagne. Ils sont vivants, ceux qui ont fait jaillir l'étincelle et nous ont transmis une philosophie de la vie.

---

53   Léon Chestov, *Athènes et Jérusalem*, *op. cit.*, p. 86.

RAMONA FOTIADE

La connaissance et la mort
dans l'œuvre de Chestov et de Jankélévitch

Parmi les premiers livres de Chestov à paraître en traduction française, peu de temps après son arrivée à Paris, *Les Révélations de la mort* (publiées chez Plon en 1923) ont eu la plus considérable, et dans un certain sens, la plus durable influence sur les milieux intellectuels de l'entre-deux-guerres. Or quel meilleur moyen de reprendre le modèle du questionnement chestovien à son propre compte que d'écrire un livre sur la mort ? Pourtant, le contexte historique sans précédent dans lequel Jankélévitch conçoit ce projet rend à ses réflexions une intensité autobiographique qu'il serait difficile d'ignorer, en rattachant trop aisément son entreprise à un simple « exercice d'admiration ».

Ce n'est pas par hasard en effet que l'exégète de Bergson et de Schelling se décide à aborder un thème limite de la spéculation philosophique à un moment précis de son parcours philosophique. Déchu de la nationalité française et du droit d'enseigner pendant l'Occupation, Jankélévitch commence une série de cours sur la mort dans un café, place du Capitole à Toulouse, la ville d'où il est désormais officiellement exclu.[1] Ces cours aboutiront à la publication d'un livre, *La Mort*, en 1966, quarante ans après la parution des *Révélations de la mort* de Chestov, une différence à peine plus importante que l'écart d'âge qui séparait effectivement ces deux penseurs juifs d'origine russe, l'un étant né en 1866, l'autre en 1904.

S'il faut tenir compte des circonstances apparemment aléatoires qui situent l'œuvre des deux philosophes à une certaine distance dans le temps, c'est pour éviter de conclure à une identification trop rapide de leurs méthodes et de leurs intentions. On ne saurait pas ignorer de toute façon l'éclairage particulier que l'expérience vécue

---

1   Pour des renseignements sur cette période de la vie de Jankélévitch, je renvoie à l'article de Françoise Schwab, « Penser la mort », *Magazine littéraire* (« Vladimir Jankélévitch : Philosophie - Histoire – Musique ») n° 333, 1995, pp. 42-45.

de la guerre et de l'Holocauste peut jeter sur les écrits de Jankélévitch, même en cherchant à souligner les affinités indubitables qui relient sa pensée à celle de Chestov. Partis des mêmes prémisses, ils arrivent à des conceptions très différentes, sinon contradictoires, de la finitude humaine et du rapport entre l'immanence et la transcendance. Malgré la complicité déclarée avec la problématique chestovienne, il sera indispensable de faire la part des engagements spéculatifs indéfectibles qui définissent la philosophie de Jankélévitch en ce qu'elle à de plus personnel et d'irréductible. À partir des points de convergences entre deux façons d'aborder la limite de l'existence, nous nous proposons de déceler ce qui constitue l'individualité de chaque penseur.

Objet de méditation philosophique par excellence, la mort n'en est pas moins le point extrême insondable d'un devenir pourtant ouvert à l'analyse et aux discours édifiants. Jankélévitch, tout autant que Chestov, s'oppose à la rationalisation du caractère non-discursif et inintelligible de la mort, en tant que démarche qui tend à obscurcir aussi bien le sens catastrophique, l'intensité tragique de cet événement, que la singularité de chaque existence, du chaque vécu affectif qui se trouve ainsi anéanti. Entre « la mortalité impersonnelle » et « la mort propre »[2], il reste toujours un clivage que la pensée spéculative s'empresse de remplir en réduisant l'angoisse subjective de la fin à l'« irréalité conceptuelle » et à l'objectivation désintéressée d'un phénomène universellement valable. Là où Chestov identifiait un « éveil » à une autre réalité et à une seconde dimension de la pensée, Jankélévitch perçoit les étapes d'une difficile prise de conscience qui ramène la vérité impersonnelle de la mortalité, une vérité en « troisième personne », à l'imminence d'un arrêt de mort qui me concerne personnellement :

> Si la troisième personne est principe de sérénité, la PREMIERE PERSONNE est assurément source d'angoisse. Je suis traqué. En première personne, la mort est un mystère qui me concerne intimement. [...] Celui qui va mourir meurt seul, affronte seul cette mort personnelle que chacun doit mourir pour son propre compte,

---

2   Vladimir Jankélévitch, *La Mort*, Paris, Flammarion, 1977, p. 22.

accomplit seul le pas solitaire que personne ne peut faire à notre place et que chacun, le moment venu, fera pour soi singulièrement.[3]

Selon Chestov, le constat de la solitude de chacun devant la mort n'est pas contemporaine de l'affirmation d'une limite infranchissable et d'« un mal métaphysique que nul ne peut prétendre surmonter ».[4] Il y à là un premier décalage par rapport à la démarche spéculative de Jankélévitch qu'il faut révéler, car il ne s'agit pas d'une simple nuance d'interprétation mais d'un désaccord fondamental. Si tous les deux s'accordent à considérer la mort en tant que « grande Frontière de toutes les frontières » et « limitation générale » où « toutes nos limites particulières se rassemblent et se résument »,[5] pour Chestov il ne va pas de soi que « la finitude ne peut en aucun cas être surmontée ».[6] Le passage solitaire de l'existence au non-être de la mort, selon Chestov, n'invite pas à une sage célébration de la limite et des vertus de la modération, mais ouvre sur l'horizon d'une liberté infinie qui incite au dépassement. Tous les efforts du penseur existentiel se concentrent en effet sur la pointe extrême d'une transgression que la sagesse déconseille et que les raisonnements logiques interdisent formellement. De ce point de vue, ainsi que Benjamin Fondane le remarque à propos de Kierkegaard, « une limite c'est, précisément, pour la passion sa torture et son aiguillon ».[7] Loin de se sentir pacifié par le mur des arguments rationnels, « l'homme souterrain », que Chestov oppose au philosophe systématique, n'aspire qu'à franchir la limite qui se dresse devant lui. Et c'est grâce à un éveil soudain et inexplicable pour le commun des mortels, que l'homme trouve la force de lutter contre les évidences de la raison et contre « la grande Frontière de toutes les frontières » : la loi inébranlable du passage entre la création et la mort (γένεσις et φθορά).

Comment se produit donc cet éveil et de quelle façon peut-on communiquer ce

3   *Ibidem*, p. 28.
4   *Ibidem*, p. 117.
5   *Ibidem*, p. 75.
6   *Ibidem*, p. 117.
7   Benjamin Fondane, « Le lundi existentiel et le dimanche de l'Histoire », in Jean Grenier (éd.) *L'Existence*, Paris, Gallimard, 1945, p. 41.

processus interne qui paraît d'abord inintelligible à tout être raisonnable ? Jankélévitch lui aussi parle de « l'obstacle d'indicibilité » que les hommes s'efforcent de contourner de trois manières : par l'euphémisme, par « l'inversion apophatique » et par « la conversion à l'ineffable ».[8] Si la voie contournée de l'euphémisme n'aboutit qu'à « une philosophie anecdotique de la mort qui dilue le problème dans les récits édifiants et les pieux bavardages »,[9] la démarche apophatique menace de réduire l'altérité absolue de la mort à un revers ou « un duplicat fantomal » de la vie : « Il ne suffit pas de renverser les caractères positifs de la vie pour obtenir, comme dans un cliché, ceux de la mort ! [...] la contradiction ne nous fait entrevoir le tout-autre ; le verso du recto est du même ordre que le recto ! ».[10] À l'encontre de ces détournements spéculatifs, l'ineffable, catégorie à laquelle souscrit Jankélévitch, n'enlève rien à l'altérité radicale de la mort :

> L'indicible silence de la mort évoque plutôt le mutisme accablant de ces espaces noirs qui effrayèrent Pascal : ici notre interrogation demeure sans réponse ; ici notre voix clame dans le désert [...] le discours s'effile et devient un simple point, un point qui est l'extrémité d'une pointe : ce point est l'Ineffable ; le silence s'établit donc lorsque le rétrécissement du logos atteint son maximum.[11]

Même s'il fait référence à « l'intuition irrationnelle de l'Un » chez Plotin,[12] Jankélévitch n'en déduit pas le besoin d'un dépassement de la raison. La prise de conscience qui révèle le caractère angoissant et implacable de la mort-propre n'est pas la source d'une lutte sans merci entre deux types d'évidence, deux vérités contradictoires qui projettent soudain l'individu en dehors de la communauté des gens bien pensants et le condamne à errer seul dans cet entre-deux-mondes que Dostoïevski appelle « le souterrain ». Les Révélations de la mort, livre à titre énigmatique, entièrement consacré à l'exégèse de Dostoïevski et de Tolstoï, ne

---

8   Vladimir Jankélévitch, La Mort, op. cit., p. 60.
9   Ibidem, p. 61.
10   Ibidem, p. 66.
11   Ibidem, pp. 85-86.
12   Ibidem, p. 87.

constitue pas une propédeutique et ne fournit pas une synthèse érudite des manières dont la sagesse antique ou la philosophie moderne à su exprimer « 'l'inénarrable' absolu »[13] de la mort. Ce qui intéresse Chestov n'est pas la mort mais la possibilité d'un éveil à une « seconde dimension de la pensée » qui permette à l'homme de penser sa vie, ainsi que l'immortalité, en dehors des contraintes de la raison. La notion d'« éveil à soi-même », que Chestov emprunte à Plotin (ἐγειρόμενος εἰς ἐμαυτόν - se réveiller à soi-même),[14] ne correspond pas à ce que l'on pourrait appeler une révélation à l'instant de la mort, ni à une inconcevable illumination rétrospective. En ce sens, Jankélévitch justement fait remarquer que : « S'il y à des 'révélations de la mort', pour employer l'expression de Léon Chestov, elles proviennent de la vie elle-même beaucoup plus que du dernier soupir ».[15] La confrontation avec l'irréversibilité temporelle ou la conscience tragique de l'irrémissible, selon Chestov, provoque l'éveil bien avant l'instant suprême de la mort, par l'interruption brutale de la plénitude du vécu. Plus souvent, pourtant, c'est l'impromptu d'un arrêt de mort qui fait surgir la vision contradictoire d'une réalité incompatible avec l'entendement logique. Il ne s'agit pas du revers apophatique de ce monde-ci, mais d'une superposition paradoxale du dehors et du dedans, de l'en-deçà et l'au-delà de la temporalité humaine. Pour décrire le processus de l'éveil chez Dostoïevski, à la suite des années de bagne et de l'expérience limite d'un condamné à mort gracié à la dernière minute, Chestov fait appel au mythe de l'Ange de la Mort censé être « entièrement couvert d'yeux ». Cette multiplication surfétatoire de la vue d'un être éternel renvoie obliquement à l'inexplicable avènement d'une double vision chez l'être mortel :

> Pourquoi cela ? Qu'a-t-il besoin de ces yeux, lui qui voit tout au ciel et qui n'a besoin de rien distinguer sur la terre ? Je pense que ces yeux ne lui sont pas destinés. Il arrive que l'Ange de la Mort s'aperçoive qu'il est venu trop tôt, que le terme de

---

13   *Ibidem*, p. 89.
14   Cf. Léon Chestov, « Qu'est-ce que la vérité ? Ontologie et Ethique », *Revue philosophique de la France et de l'étranger*, 51/ 1-2, janvier-février 1927, pp. 36-74.
15   Vladimir Jankélévitch, *La Mort, op. cit.*, p. 51.

l'homme n'est pas encore échu ; il n'emporte pas alors son âme, il ne se montre même pas à elle ; mais il laisse à l'homme une des nombreuses paires d'yeux dont son corps est couvert. Et l'homme voit alors, en plus de ce que voient les autres hommes et de ce qu'il voit lui-même avec ses yeux naturels, des choses nouvelles et étranges ; et il les voit autrement que les anciennes, non comme voient les hommes, mais comme voient les habitants des « autres mondes », c'est-à-dire que ces choses existent pour lui non « nécessairement », mais « librement », qu'elles sont, et qu'au même instant elle ne sont pas, qu'elles apparaissent quand elles disparaissent et disparaissent quand elles apparaissent.[16]

L'éveil à soi-même renverse le règne de la nécessité et le jugement dépréciatif que la raison porte sur l'être périssable, condamné à la mort et réduit à la contemplation des entités idéales, des principes et des lois immuables de la logique et de l'éthique, seules destinées à perdurer éternellement. L'homme qui à reçu le don d'une seconde vue découvre sa présence dans le monde en tant que « résidu irrationnel de l'être »,[17] existence irréductible à la raison et infiniment précieuse : un « surplus » et non pas un « reste » insignifiant de l'analyse spéculative. Une liberté incommensurable avec les limites de l'expérience et du bon sens se révèle à l'homme dès qu'il se perçoit, par un étrange effet d'optique, semble-t-il, au centre de la création plutôt qu'en marge de l'univers incréé. Mais l'audace de cette vision absurde n'est qu'à un pas de la folie, et la vérité paradoxale de « l'éveil à soi-même » reste aussi incompréhensible qu'inacceptable aux yeux de l'être raisonnable :

Comment un mortel ose-t-il même songer à une telle destinée : se confrondre avec Dieu et s'élever au-dessus de ce qui fut créé par le νοῦς ? Et que signifie donc : 'se réveiller à soi-même' ? Cela ne revint-il pas à accorder de la valeur à ce qui est soumis à la γένεσις et condamné à la φθορά ? Cela n'équivaut-il à placer, contre toutes les traditions consacrées, cette chose destinée à périr, sous la protection d'une

---

16   Léon Chestov, *Les Révélations de la mort*, dans *Sur la balance de Job*, Paris, Flammarion, 1971, p. 31.
17   Léon Chestov, « Le 'résidu irrationnel' de l'être », dans *Sur la balance de Job, op. cit.*, pp. 219-220.

force 'essentiellement différente de la raison' ? Enfin, le 'réveil', ἐγρήγορσις : sous ce mot se cache quelque chose de tout à fait inacceptable pour la raison : une contradiction interne. L'âme donc dort toujours et toute son activité rationnelle s'écoule pour ainsi dire en rêve ; pour participer à la réalité, il faudrait, au préalable, se réveiller.[18]

La lutte que « l'homme souterrain » entreprend pour se réveiller acquiert, selon Chestov, la valeur d'une véritable critique de la raison pure, dont l'auteur méconnu serait Dostoïevski. Kant lui-même se serait si mal réveillé du « sommeil dogmatique » qu'il n'aurait jamais envisagé la possibilité d'une connaissance autre que celle fondée sur le modèle des mathématiques et des sciences naturelles.[19] C'est dans ce renversement imprévu du rapport entre l'éveil d'une pensée solidaire de l'existence et l'assoupissement rationnel qu'il faut chercher le sens de la remarque d'Euripide mise en exergue aux *Révélations de la mort* : « Comment savoir : peut-être que vivre signifie mourir, mourir, vivre ? ».[20] Jankélévitch, qui cite le même passage dans son livre sur la mort, lui prête l'interprétation de « l'optimisme surnaturaliste » dont le « sens simple et positif exclut toute pensée de désespoir : si la vie est la vraie mort, comme le dit un vers d'Euripide cité par le *Gorgias*, c'est la mort qui est la vraie naissance, et il y à donc pure et simple interversion des vivants et des morts ».[21] Mais pour Chestov, il ne s'agit pas d'une simple « inversion apophatique » de l'envers et de l'endroit, de la mort et de la vie. Son insistance sur l'« l'éveil à soi-même », qui engendre la lutte désespérée contre les évidences de la raison, renvoie à l'opposition biblique entre l'arbre de la vie et l'arbre de la connaissance du bien et du mal. Le choix du premier homme, un choix impossible à réitérer, paraît-il, dans toute l'histoire de l'humanité, impliquait l'exclusion antinomique entre une vie éternelle sans connaissance et une connaissance du bien et du mal fatalement liée à la mort :

18 Léon Chestov, « Qu'est-ce que la vérité? Ontologie et Ethique », *op. cit.*, p. 62.
19 Léon Chestov, *Les Révélations de la mort*, *op. cit.*, p. 45.
20 *Ibidem*, p. 29.
21 Vladimir Jankélévitch, *La Mort*, *op. cit.*, p. 108.

Le premier homme ne distinguait pas le bien du mal, ignorait la loi, et quand il à cueilli et goûté le fruit de l'arbre de la connaissance du bien et du mal, c'est-à-dire quand il à commencé à distinguer le bien du mal, quand il à reçu 'la loi', il a, avec la loi, reçu la mort.[22]

Contrairement à l'interprétation progressiste et optimiste du mythe biblique de l'arbre de la connaissance dans la philosophie de Hegel, Chestov ne cesse pas de rappeler le lien obscurci entre la connaissance et la mort. Aussi reprend-il à son compte le type de raisonnement paradoxal qui conduisait Kierkegaard à un désengagement radical par rapport à l'éthique : « Mon ou bien/ ou bien (écrivait le philosophe danois dans son ouvrage éponyme) ne désigne pas d'abord le choix entre le bien et le mal ; il désigne le choix à travers lequel on choisit le bien *et* le mal/ ou bien on les exclut ».[23] Le refus d'accepter l'arrêt de mort que la raison (en tant que connaissance du bien et du mal) prononce à l'égard de l'être temporel, implique, selon Chestov, un dépassement de l'éthique ainsi que des lois issues de l'enchevêtrement spéculatif de l'épistémologie et de l'éthique. Depuis l'antiquité, l'homme est persuadé que le *summum bonum* traduit la convergence entre la vérité des principes immuables de la logique et l'idée non moins atemporelle de bien. Etablies sur le même fondement scientifique, les théories de la connaissance et les normes de l'éthique consacrent non pas seulement l'infranchissable limite de l'expérience humaine, mais aussi la validité exclusive des jugements formés *sub specie aeternitatis vel necessitatis* (du point de vue de l'éternité et de la nécessité). C'est justement contre cette perspective atemporelle du bien et de la vérité, nullement accordée aux conditions de l'être vivant, que Chestov, à l'instar de Dostoïevski, décide de se révolter : « Il faut choisir : ou bien renversons le 'deux fois deux quatre'

---

22   Léon Chestov, « Les Favoris et les déshérités de l'histoire : Descartes et Spinoza », in *Le Mercure de France*, n° 600, 15 juin 1923, pp. 667-668.

23   Søren Kierkegaard, *Either/Or*, ii, translated by Walter Lowrie, Princeton, Princeton University Press, 1959, p. 173.

ou bien admettons que la mort est le dernier mot de la vie, son tribunal suprême ».[24] L'alternative plutôt que le « choix » kierkegaardien, qui dégage la possibilité d'exclure le fonctionnement binaire de la logique et de l'éthique ne vise pas à transformer la mort et le mal dans le simple revers apophatique de la vie et du bien. La nouvelle perspective proposée, cette « seconde dimension de la pensée » d'après Chestov, permet d'une part d'annuler la subordination dévalorisante de l'être temporel dans l'opposition aux principes atemporels, et d'autre part institue une simultanéité tragique, au niveau même du vécu personnel, entre l'implacable arrêt de mort et l'aspiration à l'immortalité. La mort n'est pas une libération sereinement attendue, une deuxième naissance, mais une limite à franchir tout au long de la vie.

De son côté, Jankélévitch est apparemment loin de souscrire aux philosophies de la finitude de l'être, dont le repère principal au XXe siècle serait le *Sein zum Tode* heideggérien, suivi par la théorie sartrienne du néant et, en partie, par l'apologie de la mesure dans la pensée de Camus. Maintes fois dans son livre, Jankélévitch dénonce les tentatives de fonder une ontologie sur l'évidence de la mort : « Comment la mort fonderait-elle le sens de la vie ? » ; « la fin de la vie s'inscrit en faux contre les fins de la vie. Le non-être, qui est la fin de l'être, n'en était nullement la raison d'être ! ».[25] À l'encontre d'une esthétisation héroïque de la mort, justifiant entre autres l'idée du bonheur retrouvé à la fin du *Mythe de Sisyphe*, Jankélévitch rappelle que : « L'être ne finit pas en beauté et dans l'apothéose du point d'orgue, comme une nocturne de Chopin, mais en débandade, comme le Final de la Sonate en si bémol mineur [...] (la mort) est plutôt ce à quoi tout retourne et aboutit en fait, dans la panique, le désordre, la débâcle, la désorganisation générale de l'organisme ».[26] Condamné à la répétition stérile de l'échec qu'il assume dans la sérénité et le bonheur, Sisyphe, dont on oublie désormais le triomphe inconcevable sur la mort, ne fait que renforcer l'idée du néant sartrien, logée dans la contingence de la vie, idée sur laquelle Jankélévitch ironise en passant :

---

24   Léon Chestov, *Les Révélations de la mort, op. cit.*, p. 58.
25   Vladimir Jankélévitch, *La Mort, op. cit.*, p. 69 et 71.
26   *Ibidem*, pp. 70-71.

La vie ne me parle que de la vie et des vivants. C'est la positivité obligatoire, et nous sommes en quelque sorte condamnés à l'indéchirable plénitude de cette positivité ; nous voudrions la raréfier que nous ne le pourrions pas : cette rue où s'affairent les passants, ces marroniers dont les feuillages jouent avec le soleil, ces cris d'enfants dans le jardin, tout est continuation positive et présence pure, et le néant, sauf pour un esprit mal tourné, n'est visible nulle part. Il faut sans doute une certaine dose de perversité métaphysique pour penser le contraire.[27]

Et pourtant, maintes fois de suite, Jankélévitch revient sur l'infranchissable limite de la mort en tant que partie intégrante de la vie qui détermine son sens : « car la terminaison est aussi une détermination, car l'être se trouve défini par sa limite elle-même ».[28] Pourquoi ce basculement qui conduit invariablement à une remise en droit de la frontière de l'être et de la pensée humaine, précisément là où Chestov n'hésite pas d'affirmer l'impulsion subversive de la volonté humaine qui, plongée dans l'abîme du désespoir, fait appel à la volonté omnipotente de Dieu ? Sans prétendre apporter une réponse simple à une question qui concerne de près la complexité des prises de position individuelles, ce qui retient l'attention dans le cas d'une analyse comparée de la philosophie de Jankélévitch par rapport à Chestov, c'est l'enracinement de sa conception de la mort dans un vécu personnel et dans un contexte historique sans précédent. L'inénarrable des abominations de l'Holocauste, qui à laissé une trace indélébile dans la conscience du témoin que fut Jankélévitch, constitue l'arrière-plan décisif de toutes ses réflexions sur l'existence temporelle face à « la muraille du néant ».[29]

Chaque fois que Chestov oppose à l'irrévocable l'idée du dépassement entrevu non pas seulement dans l'histoire biblique de Job, mais aussi à travers la notion de « répétition » chez Kierkegaard et à travers l' « éternel retour » de Nietzsche, Jankélévitch répond en soulignant le devoir de mémoire et la signification du fait

---

27   *Ibidem*, p. 57.
28   *Ibidem*, p. 119.
29   *Ibidem*, p. 85.

accompli : « la mort détruit le tout de l'être vivant, mais elle ne peut nihiliser le fait d'avoir vécu ».[30] Que peut signifier l'abolition des horreurs du passé par la volonté d'un Dieu tout puissant du point de vue des innombrables victimes de la terreur nazie ? Cela ne reviendrait-il pas à un oubli aussi inconcevable que criminel ? « La seule chose qui nous soit dans tous les cas refusée, – affirme Jankélévitch – c'est la réversibilité : car la réversibilité, niant le devenir, rendrait encore plus éclatante l'absurdité d'un événement à la fois advenu et inadvenu ».[31] Si ce qui fut ne peut pas ne pas avoir été, cela n'est nullement une raison de désespérer, car l'irréversibilité consacre au moins l'inébranlable vérité du « fait d'avoir vécu », même après la disparition tragique d'un être : « l'irréversibilité, qui empêche sa résurrection, empêche sa nihilisation ».[32]

Selon Chestov, la vérité éternelle du fait accompli reste, en tout état de cause, identique à l'iniquité de la mort. Garder en mémoire le parcours existentiel de Socrate (c'est-à-dire sa présence irremplaçable et emblématique pour le destin de toutes les victimes de l'histoire) ne saurait jamais s'accommoder de l'injustice de l'arrêt de mort qui mit fin à ses jours, et encore moins en déduire la rassurante certitude que la mort appose au « fait d'avoir vécu ». Le raisonnement paradoxal qui permet de renverser le jugement implacable de l'histoire, dans la pensée existentielle de Chestov et de Fondane, consiste à retourner le dard de la mort contre la vérité du fait empirique dont l'évidence se révèle ainsi limitée plutôt qu'atemporelle :

> Tout ce qui à un commencement doit nécessairement avoir une fin ; seules les vérités *a priori* – vérités indépendantes de l'expérience – ont le droit au prédicat de vérités éternelles. Par conséquent, une constatation de fait, une vérité d'expérience, celle par exemple qu'en l'an 399, Socrate fut empoisonné à Athènes, devrait mourir un jour,

---

30 *Ibidem*, p. 458.
31 *Ibidem*, p. 336.
32 *Ibidem*, p. 465.

tout comme elle est née un jour. On ne peut tout de même admettre une vérité éternelle qui n'existait pas avant l'an 399, qui est née seulement en 399.[33]

Dans l'absence de l'appel à la volonté et à la liberté illimitées de Dieu, qui seul pourrait rendre effective l'abolition des horreurs et des iniquités du passé, ce type de raisonnement, selon Jankélévitch, risque de nous ramener à la suspension arbitraire des crimes commis, en usant des décrets qui ne sont que humains, trop humains :

> En 1944 le gouvernement provisoire de notre Libération déclarait nulles et non avenues toutes les lois, ordonnances, décisions qui s'étaient succédé en France pendant ces quatre ans de cauchemar ; [...] en reprenant les choses 'da capo' on faisait *comme si* rien ne s'était passé entre temps ; mais on ne faisait pas, hélas ! *que* rien entre temps ne se fût passé [...] Les hommes peuvent décréter que la chose advenue n'est jamais advenue : quand ils en ont la force, ils font table rase des conséquences d'un événement ; mais il n'est au pouvoir de personne d'abolir ou d'exterminer le *fait* même de cet événement ! Eternellement, et jusqu'aux siècles des siècles, et même si toutes les suites matérielles en étaient aujourd'hui réparées, les crimes inexpiables de l'Allemagne auront été une fois commis ; cette chose sans nom aura été une fois possible [...] ce qui est fait est fait ; irrévocablement fait.[34]

Aussi longtemps que « l'indicible silence de la mort » ne rencontre que le silence de Dieu, dans un monde où les pires abominations sont possibles et restent parfois impunis, l'irréversibilité du passé devient le garant absolu de la mémoire qui, bien qu'impuissante de changer le cours de l'histoire et ressusciter les victimes, certifie le fait qu'elles aient tout au moins vécu : « Cet avoir-été est comme le fantôme d'une petite fille inconnue, suppliciée et anéantie à Auschwitz : un monde où le bref passage de cette enfant sur la terre à eu lieu diffère désormais irréductiblement et pour toujours d'un monde où il n'aurait pas eu lieu. Ce qui à été ne peut pas ne pas

---

33   Benjamin Fondane, « Léon Chestov et la lutte contre les évidences », *Revue philosophique de la France et de l'étranger*, juillet-août 1938, p. 31.
34   Vladimir Jankélévitch, *La Mort, op. cit.*, p. 336.

avoir été ».[35] Mais Chestov, pour qui la philosophie représente le τὸ τιμιώτατον de Plotin justement dans la mesure où l'homme aspire au dépassement des limites posées par la raison, ne peut pas se contenter du fantôme d'un être supplicié que la mémoire ressuscite de façon passagère et illusoire.

À l'instar de Job, il ne s'adresse pas au ressouvenir platonicien pour obtenir la contemplation de ce qui fut une fois pour toutes. Des profondeurs du désespoir, il réclame l'abolition des injustices et la restitution de toutes les vies anéanties. Car, en souscrivant à la nécessité et à l'irréversibilité du passé, la mémoire humaine consacre pour l'éternité aussi bien l'existence de la victime que celle de son bourreau. « Quand Hitler eut mis l'Autriche sous sa botte » – se souvient Fondane – « Chestov, très abattu me dit : 'C'est un fait. Je suis contraint de l'accepter. Mais personne, jamais, ne pourra me persuader que ce fait soit digne du prédicat de la vérité ».[36] Même si le triomphe du mal à pu, à un moment donné de l'histoire, paraître inéluctable et revêtir pour certains la forme de la nécessité, il ne saurait pas demeurer ainsi éternellement. L'homme n'arrive à se réveiller du cauchemar interminable de l'Histoire qu'au prix d'un immense effort de la volonté : une volonté qui se reconnaît soudain égale à la volonté créatrice de Dieu. Ainsi que Jankélévitch lui-même constate à l'égard de l'irrévocable de la mort : « Seule une création *ex nihilo* serait à l'échelle de cette décréation *in nihilum*, de cette annihilation... ».[37] Arrivé au bout des arguments rationnels, acculé à la loi de l'irréversibilité temporelle et de la mort, l'homme se tourne vers une autre source de vérité que la mémoire. L'éveil à soi-même libère le pouvoir illimité de la volonté créatrice, à travers un discours philosophique subversif qui retrouve sa figure de proue, selon Chestov, dans la pensée de Nietzsche :

> Et la mémoire cède : ce qui fut n'a jamais été. Dans *Zarathoustra*, Nietzsche reprend ce thème : racheter le passé et transformer tout 'cela fut' en 'je voulais que cela fût ainsi'. [...] Or c'était quelque chose d'infiniment plus important que l'éternel retour : Nietzsche découvrit qu'en dépit de la loi *quod factum est infectum esse nequit*, non

---

35   *Ibidem*, p. 465.
36   Benjamin Fondane, *Rencontres avec Léon Chestov*, Paris, Plasma, 1982, p. 29.
37   Vladimir Jankélévitch, *La Mort, op. cit.*, p. 170.

pas la mémoire qui reproduit exactement le passé mais une certaine volonté [...] avait de sa propre autorité rendu le passé inexistant ; et il découvrit que c'était cette volonté qui lui apportait la vérité. [...] Sous l'éternel retour de Nietzsche se cache, semble-t-il, une force d'une puissance infinie et qui est prête à écraser le monstre répugnant qui règne sur la vie humaine, sur l'être tout entier : *Creator omnipotens ex nihilo faciens omnia* de Luther.[38]

Aussi surprenant que cela puisse paraître, on retrouve parfois chez Jankélévitch, en dépit de sa conception de l'irréversibilité de l'histoire, une interprétation de la volonté humaine qui rejoint celle de Chestov, en affirmant la radicalité d'un choix qui n'est pas le résultat des calculs raisonnables, mais qui ressemble plutôt à un acte de foi, à un « espoir absurde » s'opposant à la force implacable du destin. La réflexion de Jankélévitch, en ce point de tension extrême entre la raison et le surgissement d'un espoir démesuré, est d'autant plus percutante qu'elle est située dans le contexte historique vécu de l'Occupation (qui surdétermine autrement ses considérations sur l'irréversibilité) :

Il y à parfois dans une volonté drastique quelque chose de massif et d'approximatif qui semble exclure les subtilités de l'analyse ; c'est bien souvent dans la nuit de la nescience que notre libre pouvoir modifie le destin. [...] Les Résistants de 1940 n'auraient sans doute jamais rien entrepris s'ils avaient évalué leurs chances uniquement en fonction de la situation générale et du rapport des forces en présence [...] Ceux qui espéraient d'un espoir absurde, et contre tout bon sens, choisissaient, eux aussi, dans la nuit. Là où la lumière tragique de l'évidence, là où les accablantes certitudes nous conseilleraient la démission et la capitulation, le fol espoir qui dit non au destin rend possible l'impossible et raisonnable l'irrationnel : la déraisonnable chimère s'avère ici plus vraie que l'absurde vérité ![39]

---

38   Léon Chestov, *Athènes et Jérusalem*, *op. cit.*, pp. 156-157.
39   Vladimir Jankélévitch, *La Mort*, *op. cit.*, p. 157.

Et Jankélévitch reprend, au cours du même ouvrage, mais de façon plus générale, la critique de la démarche spéculative qui s'arrête devant la limite des « accablantes certitudes », par manque de volonté et par la crainte d'un dépassement non pas seulement « sacrilège » du point de vue de la sagesse grecque, mais aussi apparemment voué d'avance à l'échec. Il ne s'agit dorénavant que du choix des résistants de 1940, mais de la situation de tout être pensant confronté à la frontière où la volonté humaine ou bien se plie à l'impuissance des raisonnements logiques ou bien décide de s'en reconnaître distincte et d'aller, à ses frais et périls, plus loin, à l'encontre d'un pouvoir illimité :

> [...] tel le dogmatisme, renonçant à poursuivre l'ascension dialectique, arrête les frais et décrète autoritairement : ἀνάγκη στῆναι ; faute d'un élan suffisant pour vouloir à fond, pour vouloir passionément et avec l'âme entière, d'une volonté sincère et sérieuse, cette volonté aboulique s'arrête arbitrairement en cours de route, elle cesse de vouloir quand elle pourrait encore pouvoir ! Or elle « pourrait pouvoir », si justement elle le voulait ! Il n'y a à l'intérieur de notre pouvoir aucune indication sur la limite à partir de laquelle la mesure deviendrait démesure et l'usage abus ; rien ne signale le seuil au-delà duquel le sacrilège commencerait : ce n'est pas le pouvoir lui-même qui nous dit de nous arrêter, ou qui implique le critère de son propre maximum. Le vrai sacrilège, en ces matières, serait plutôt de ne pas user jusqu'à l'extrême limite des pouvoirs qui nous sont donnés ![40]

On dirait que la rencontre ou l'identification empathique avec la pensée de Chestov est imminente, si elle ne s'est pas déjà produite. Rien ne nous empêche, paraît-il, de rapprocher ce passage du livre sur la mort de Jankélévitch de la remarque paradoxale de Chestov selon laquelle la perte de foi chez Nietzsche ne serait pas, l'effet d'un « devoir négligé » mais la suite d'un « droit perdu », le fléchissement d'une volonté qui « pourrait pouvoir » mais qui renonce à son droit absolu. Pourtant, Jankélévitch lui-même s'arrête en cours de route et ne s'engage pas dans la voie d'une revendication du pouvoir et de la liberté absolus de Dieu qui justement pourrait

---

40   *Ibidem*, p. 173.

porter l'acte de révolte, le choix humain d'un dépassement possible au-delà des limites de l'irréversibilité et de l'irrévocable :

> Dieu est libre de sa propre liberté ; ce qui veut dire : le Créateur absolument créateur est libre avec exposant, libre à la deuxième puissance, libre à l'infini. [...] La créature est libre de vouloir, et même de dévouloir les suites de sa volonté, mais elle n'est pas libre, après la décision, de ne pas avoir une fois voulu ce qu'elle à voulu ; l'homme n'est pas libre de faire que ce qui, par son fait, à eu lieu n'ait pas eu lieu.[41]

L'espoir absurde de franchir le seuil de la finitude et de l'irréversibilité s'éloigne infiniment dès qu'intervient le mouvement spéculatif qui affirme la séparation absolue entre la liberté et la volonté de Dieu, d'une part, et la liberté et la volonté de l'homme, d'autre part. Aucun « rachat du passé », aucune rédemption, et aucun pardon ne sont plus possibles dès que l'on postule un écart ontologique entre le Créateur et la créature, ainsi qu'entre les deux régimes de pouvoir créateur.

Selon Chestov, cette position rappelle la manière dont Spinoza concevait le rapport entre Dieu et l'homme quand il affirmait que « la raison et la volonté de Dieu [...] diffèrent de toute l'étendue du ciel de notre raison et volonté », et qu'elles ne ressemblent pas plus que ne se ressemblent la constellation du Chien et le chien, animal aboyant ».[42] Mais, ainsi que le remarque Chestov : « L'homme ne parle de cette façon que lorsqu'il sent que ses paroles contiennent non pas un jugement, mais un arrêt – *un arrêt de mort, arrêt fatal et final* ».[43] Et dès lors, ce ne sera pas simplement l'implacable loi de la finitude de l'homme qui sera consacrée, mais la mort du Dieu vivant, du Dieu personnel lui-même. Car Spinoza, à l'instar du prophète Isaïe, répond à l'appel de Dieu, et porte le message terrible qui aveugle « les peuples de la terre » et leur fait croire qu'une distance infinie sépare la volonté et l'intelligence de Dieu de la volonté et de l'intelligence de l'homme : « Ce n'est pas Dieu qui a créé l'homme, mais c'est l'homme lui-même qui, d'une manière

---

41   *Ibidem*, pp. 337-338.
42   Spinoza, *Ethique* I, Prop. 17, cité par Chestov dans *Sur la balance de Job*, p. 251.
43   Léon Chestov, *idem*.

criminelle et impie, s'échappa vers l'existence. Un Dieu créateur de la terre et du ciel, qui aurait créé librement l'homme ne doit pas exister. Un pareil Dieu est un mythe. Il faut tuer un tel Dieu».[44] La mort serait donc non pas le fruit de la connaissance du bien et du mal (ainsi que l'entend Chestov), mais la punition méritée pour l'audace impie dont l'homme à fait preuve en s'échappant du règne idéal de l'Un éternel et incréé. Si Chestov souligne la signification de la Chute de l'homme, signification obscurcie tout au long de l'histoire de la philosophie spéculative, c'est pour retrouver la source d'une vérité créée, et par la même de restituer la liberté créatrice et la volonté du Dieu vivant, le « Dieu d'Abraham, d'Isaac et de Job ». L'avènement incompréhensible de l'incarnation de Dieu s'oppose ainsi à toute ontologie postulant l'immuable séparation entre le principe éternel, le *primum movens* universel et l'être temporel :

> À un certain moment de l'histoire Dieu s'incarna, se fit homme, et prit sur Lui toutes les souffrances, toutes les difficultés qui écrasent dans cette vie les plus misérables des hommes. Pourquoi ? *cur Deus homo* ? Dans quel but Dieu est-Il devenu homme, s'est soumis aux outrages, à une mort ignominieuse sur la croix ? [...] Nous ne sommes nullement obligés de croire, pour satisfaire aux idées mal comprises des penseurs hellénistiques, que Dieu s'est fait homme afin que l'homme cesse d'être lui-même et devienne une parcelle idéale du monde intelligible. Cela pourrait être obtenu d'une façon toute « naturelle », quoi qu'en disent les théologiens médiévaux. Si une intervention « surnaturelle » fut nécessaire, c'est qu'il s'agissait de soutenir l'homme dans sa folle entreprise, dans l'affirmation absurde de son « moi ». Dieu devint homme pour que l'homme, surmontant ses hésitations (qu'avait exprimées la philosophie hellénistique), maintînt sa décision première.[45]

La possibilité du salut, la possibilité de vaincre la finitude réside donc non pas dans l'effort spéculatif de rejoindre l'ordre éternel des idées incréées, mais dans la transgression « impie » par laquelle l'homme persiste en son être, se réveille à soi, et

---

44   *Ibidem*, p. 254.
45   *Ibidem*, pp. 179-180.

en même temps affirme son immortalité et son lien indestructible avec le Dieu vivant. L'acte suprême de volonté par lequel la foi s'oppose à la raison est un « droit perdu » que l'homme déchu ne peut reconquérir qu'au prix d'une lutte contre ce que Chestov appelle « le monstre répugnant qui règne sur la vie humaine, sur l'être tout entier »,[46] ou selon l'expression de Luther : « *bellua qua non occisa homo non potest vivere* » (sans que la bête soit tuée, l'homme ne peut vivre). Ce n'est pas en tuant Dieu mais en écrasant le monstre répugnant de la raison humaine et son arrêt de mort définitif que l'homme retrouve sa liberté et la source de la vie.

Selon Jankélévitch, la coïncidence parfaite du savoir et du pouvoir, « c'est-à-dire non seulement le pouvoir de retarder la mort prévue, mais la vaincre en général », reste « au-delà de toute alternative créaturelle ».[47] Et ce sera, à nouveau, le témoignage de l'inénarrable horreur de l'Holocauste qui déterminera son affirmation d'une finitude qui « est infiniment précieuse »[48] en ce qu'elle garantit la vérité d'un « avoir-vécu », même si elle doit, ou justement puisqu'elle doit rendre impossible le pardon des crimes commis :

> Puisse la mortalité de la mort rester inguérissable, pour que la quoddité de l'avoir vécu soit indestructible ! [...] Si la mort consacre l'éternité de l'avoir-vécu, ce n'est donc pas en sauvant ceci ou cela, par exemple, en sacrifiant l'individu pour épargner la pensée de cet individu, en oubliant d'anéantir l'œuvre du grand homme, en préservant, parmi tant de choses périssables, l'impérissable souvenir de son nom [...] ; non ! si l'irrévocable de la mort doit rendre irrévocable la vie de quelqu'un, c'est en sauvant tout ; en sauvant l'être qu'elle perd et dans l'acte même de le perdre. Tel serait peut-être le sauvetage que les religions, d'un accord unanime, appellent le Salut.[49]

Il y a dans cette conception du Salut qui s'appuie sur l'irrévocable de la mort la pierre de touche du partage entre la pensée existentielle de Chestov et la philosophie

---

46   Léon Chestov, *Athènes et Jérusalem*, op. cit., p. 157.
47   Vladimir Jankélévitch, *La Mort*, op. cit., p. 155.
48   *Ibidem*, p. 463.
49   *Ibidem.*, p. 461.

de Jankélévitch. En même temps, la rédemption par l'appel à l'omnipotence divine n'a pas le sens de l'oubli ou du pardon inconditionné que laisse entrevoir, selon Jankélévitch, toute tentative de dépasser le règne de la finitude et de renverser l'évidence du fait accompli. Le scandale de la foi consiste à croire non pas seulement contre la raison, mais aussi contre l'évidence de l'Histoire. Témoigner de la souffrance et de la mort des victimes de l'Holocauste est tout aussi insoutenable que de témoigner de la mort du Fils de Dieu sur la Croix. Mais, dans le deuxième cas, c'est le renversement de la logique implacable de la mort qui ouvre la possibilité de se réveiller du cauchemar de l'Histoire :

> Le fils de Dieu a été crucifié ; cela n'est pas honteux, parce que honteux. Et le fils de Dieu est mort ; cela mérite d'être cru parce que inepte. Et ayant été enterré, il ressuscita ; cela est certain parce que impossible.[50]

Selon Chestov et selon Fondane, l'une des victimes de l'Holocauste qui affirmait qu'« il faut traverser la mort, le désespoir pour en ressortir vivant »,[51] le témoignage existentiel n'est pas la mémoire inébranlable des faits accomplis : cela correspond à une lutte insensée pour la possibilité d'abolir la « réalité » des horreurs, de l'innommable devenu «nécessaire » par sa simple inscription dans la chronologie irréversible de l'Histoire. Une telle abolition du mal absolu et de la temporalité implacable qui le confirme n'est pas à la portée de l'homme, et c'est ce qui fait toute la différence avec les théories révisionnistes ou l'arbitraire « calculé » d'un oubli qui serait imposé aux survivants sans que la trace indélébile des événements « bannis » soit par là même complètement annulée. La rationalité, quoi qu'on en dise, n'est pas un gage de justice et de liberté. Elle a – sans doute – cause liée avec la temporalité irréversible et l'Histoire (en tant que logos du temps, ou « chrono-logie »), mais en tant qu'elle a aussi cause liée avec la mort. Seulement Dieu, le « Dieu d'Abraham, d'Isaac et de Job », peut mettre fin au cauchemar de l'Histoire et abolir l'« évidence »

---

50   Tertullien, *De Carne Cristi*, V, cité par Chestov dans *Sur la balance de Job, op. cit.*, p. 279.
51   Benjamin Fondane, « Léon Chestov et la lutte contre les évidences », *Revue philosophique de la France et de l'étranger*, juillet-août 1938, p. 38.

du mal absolu qui afflige l'homme. Si Fondane donc appelle à « la fin du fini », à la fin du déroulement téléologique du destin de l'homme sous le signe de la mort, il entend engager la volonté et la liberté divine dans l'acte humain de révolte contre la rationalité, qui permettrait de sortir du règne de l'Histoire et de vaincre la mort.

On aborde ici, à travers la pensée existentielle, une dimension eschatologique de la temporalité en rapport avec la conception catastrophique de l'Histoire dans la tradition juive classique, où la rédemption n'est pas le résultat d'un processus historique mais une délivrance qui advient sous la forme d'« une destruction », d'« un effondrement titanesque », d'« une calamité ».[52] D'une part, il n'y a aucune commune mesure avec l'approche hégélienne de l'Histoire ; et d'autre part, l'idée même de châtiment et d'expiation implicite dans l'affirmation d'un événement catastrophique qui mettrait subitement fin à l'Histoire, selon certains courants de mystique juive, ne se retrouve pas dans l'interprétation du mal et de la finitude humaine chez Chestov. Ce que l'on devrait plutôt retenir dans la mise en relation de l'eschatologie juive et d'une pensée qui oppose Athènes à Jérusalem (le rationalisme à la foi), c'est le caractère inattendu, le « soudain » du renversement par lequel on accède à une autre dimension de la réalité et de la vie. Il s'agit d'une « rédemption individuelle, mystique », en parfait accord avec la conception de l'« éveil » chez Plotin, que Chestov reprend à son compte, et qui « se solde par une fuite de l'individu en dehors de l'histoire ou vers ce qui précède l'histoire ; elle n'est pas le bouleversement des fondements du monde lors du grand châtiment messianique ; mais elle est l'annulation des valeurs de ce monde par l'ascension de l'échelle qui ouvre l'accès au sein de Dieu ».[53] Dans ce mouvement ascensionnel, il n'y a pas de « fuite de l'un vers l'Un » qui expierait l'audace impie de l'individu brisant l'unité du monde intelligible, mais le retour à la mémoire de Dieu, source de vie et instance suprême qui abolit le temps, seule en mesure à confirmer ou annuler les êtres et les faits, car la mort

---

52   Voir le chapitre consacré à « l'idée de rédemption dans la Kabbale », in Gershom G. Scholem, *Le Messianisme juif. Essais sur la spiritualité du judaïsme*, traduction de Bernard Dupuy, Paris, Calmann-Lévy, 1974, p. 79.
53   Gershom G. Scholem, *ibidem*, p. 76.

absolue n'est que l'oubli de Dieu, tandis que la vraie vie surgit de son éternel ressouvenir.[54]

---

54   Voir l'interprétation du chant funéraire orthodoxe, *Vechnaya Pamyat* (« mémoire éternelle »), par rapport au roman de Dostoïevski, *Les Frères Karamazov*, et à la conception du salut chez le Père Florensky, dans Donald Sheehan, « Dostœvsky and Memory Eternal. An Eastern Orthodox Approach to *The Brothers Karamazov* », http://www.dartmouth.edu/~karamazo/sheehan.html

JEAN-FRANÇOIS REY

Athènes et Jérusalem : Vivre et penser dans la tension

Léon Chestov a consacré un ouvrage à la défense d'une « philosophie judéo-chrétienne ». Cette qualification problématique est exprimée par le titre même de son ouvrage : Athènes et Jérusalem. Expliciter cette tension entre deux pôles, interroger l'étayage de l'un par l'autre, tels sont le propos et l'objectif exposés ici. Il s'agit de montrer en quoi Athènes et Jérusalem aimantent la culture européenne dont Levinas disait qu'elle est structurée par la Bible et les Grecs. Ainsi tous les penseurs du 20e siècle qui ont repris cette formule en ont donné une interprétation que Chestov ne pouvait pas connaître, mais dont l'éclairage permet d'évaluer l'apport de Chestov, sa position originale, mais aussi les questions soulevées par ce projet de philosophie judéo-chrétienne.

D'où provient cette mise en tension d'Athènes et de Jérusalem ? Explicitement Chestov se réfère à Tertullien[1]. Si l'on désamorce la charge polémique anti-païenne et anti-hérétique, reste l'énigme léguée par cette formule. Deux lieux séparés dans l'espace. Deux petits peuples « pratiquement imperceptibles sur la carte » (Maurice Blanchot). L'histoire de l'Europe, c'est peut être l'inégalité de traitement que recouvre la conjonction « et ». Mais c'est aussi la persistance de cette tension : Athènes, mais aussi Rome, l'Ancien Testament et le Nouveau. C'est également, chez Léo Strauss en particulier et, à sa suite, pour Rémi Brague, Athènes, Jérusalem, Rome et La Mecque[2]. Rémi Brague souligne toutefois que, dans l'histoire philosophique et théologique, sur la longue durée « toute propension à radicaliser ce dilemme est restée une exception dans le christianisme[3]. Il s'agit, bien sûr, du dilemme entre la philosophie et la religion, mais c'est une question qui déborde, précisément, le

---

1   Tertullien, *De praesciptionibus ad Haereticos*, chapitre 7 : « *Quid ergo Athenis et Hierosolymis ? Quid Acadaemiae et Ecclesiae ? Quid hereticis et christianis ?* ».
2   R. Brague, « Athènes, Jérusalem, La Mecque », *Revue de Métaphysique et de Morale*, n° 3, 1989, pp. 309-336.
3   *Ibidem*, p. 313.

christianisme. Léo Strauss, par exemple, a étudié de très près le terrain de rencontre entre Maïmonide, Al Farabi et Platon : ce terrain, c'est l'idée de Loi. Telle n'est pas l'orientation de Léon Chestov. Celui-ci reprend en revanche le combat de la religion, non pas tant contre la philosophie que contre la Raison, son empire, ses limites, sa faiblesse. La philosophie parle Grec et Latin et les citations abondent chez Chestov, non traduites la plupart du temps comme chez Jankélévitch. En caricaturant un peu, nous pourrions distribuer notre héritage entre les Grecs et la Bible : aux premiers, le Logos, la philosophie, la démocratie, aux Hébreux le monothéisme. Aux uns, la raison, le concept, l'argumentation, aux autres la révélation, la foi, la tradition, les préceptes. Aux uns les livres, aux autres Le Livre. Aux uns la sagesse, aux autres la sainteté. On peut d'ailleurs continuer : immanence d'un côté, transcendance de l'autre. Dieu lui-même n'échappe pas au partage, et c'est sans doute le plus important quand on veut situer Chestov : le Dieu des philosophes et le Dieu d'Abraham, d'Isaac et de Jacob.

Avant d'étudier ce dernier point, il convient en quelque sorte de planter le décor, avec une représentation naïve et enfantine : le jardin d'Eden. Chestov reprend et radicalise la tension entre « l'arbre de la vie » et « l'arbre de la connaissance du bien et du mal ». Dans le jardin survient la tentation portée par le tiers ophitique : le serpent. Que dit le serpent ? « *eritis sicut dei* », « *eritis scientes* » C'est bien dans l'élucidation de cette scène, pour ainsi dire « primitive », que s'enracinent les rapports complexes entre philosophie et religion. Les deux héritages peuvent-ils, doivent-ils même, être réconciliés dans une synthèse supérieure, ou doit-on tenter de vivre et de penser dans leur tension ?

On peut citer pour commencer deux textes de Léo Strauss consacrés à la « tentation » : « Sur l'interprétation de la Genèse »[4] et « Jérusalem et Athènes, réflexions préliminaires »[5]. Il est clair que, hormis la formule, rien ne rapproche Strauss et Chestov. Il est hors de notre propos d'épauler, d'étayer ou d'infléchir l'un

---

4   Léo Strauss, « Sur l'interprétation de la Genèse » in *Pourquoi nous restons juifs ? Révélation biblique et philosophie*, trad. Olivier Sedeyn, Paris, La Table Ronde, 2001.

5   Léo Strauss, « Jérusalem et Athènes, réflexions préliminaires » in *Etudes de philosophie politique platonicienne*, trad. Olivier Sedeyn, Paris, Belin, 1992.

par l'autre. Toutefois un accord peut être trouvé sur la notion de « tentation », et en particulier de la tentation philosophique, version de l'homme vers le Savoir, pour parler comme Chestov. De Strauss, on lira ces lignes : « La Bible nous confronte plus clairement que n'importe quel autre livre à cette alternative fondamentale : la vie en obéissance à la révélation, la vie dans l'obéissance, et la vie dans la liberté humaine, celle-ci étant représentée par les philosophes Grecs. » Bien entendu, Chestov n'aurait pas pu souscrire à cette alternative classique et consacrée. Pour lui, au contraire, c'est la philosophie qui obéit et c'est la religion qui libère. En d'autres termes le savoir émancipateur que la modernité défend (*Sapere aude)* serait moins autonome pour Chestov que la révélation qui m'affranchit de la nécessité et de la contrainte. En d'autres termes la philosophie serait, pour l'essentiel, du côté de la tentation. Classiquement, et pour autant que nous ayons compris la *Genèse*, la connaissance, la science du bien et du mal, le Savoir pour Chestov, est interdite à l'homme. La connaissance est donc initialement frappée du signe de la désobéissance, transgression en toute connaissance de cause, même si elle survient un peu comme par accident. Tout se passe comme si l'homme avait choisi un principe de désobéissance, affirmation humaine d'une connaissance du bien et du mal. C'est l'homme qui possède par lui-même cette connaissance. Elle ne peut lui venir que de son propre fonds. Or qu'est-ce qu'affirme la philosophie, sinon que, sinon que, dans son intention, elle est une telle connaissance ? Tout le propos du scripteur biblique – mais connaissait il la philosophie ? – est de mettre en question cette intention et de la déprécier. Toute la Bible ne dirait dès lors qu'une seule chose : la vraie science du Bien et du Mal n'est fournie que par la Révélation. Et Chestov lui-même approfondit l'antinomie, le fossé qui sépare la vérité spéculative de la vérité révélée.

Mais la révélation se dit dans un livre, le Livre par excellence, et non dans un livre parmi les livres, même si, pour parler comme Levinas, toute bonne littérature participe du Livre. Levinas formule ainsi la lecture biblique : « le prophétisme du texte s'offrant à l'herméneutique. »[6] Or il n'y a de prophétisme que dans les livres qui

---

6   Emmanuel Levinas, « Ecrit et Sacré » in Francis Kaplan et Jean-Louis Vieillard-Baron, *Introduction à la philosophie de la religion,* Paris, Éditions du Cerf, 1989, p. 36.

disent la parole de Dieu. La condition de l'homme est tendue, voire déchirée, entre deux attachements simultanés aux prophètes et aux philosophes, qualifiée par Levinas d' « hypocrisie ». Pour échapper à celle-ci, il faut prendre un parti entier, comme en témoignent maintes anecdotes, dont celle de Rabbi Akiba répondant à ses jeunes disciples venus lui demander quelle place accorder à la philosophie grecque : « tu étudieras la philosophie quand il ne fera ni jour ni nuit. » Il est vrai qu'une telle réponse n'est intelligible que dans le cadre de l'étude talmudique. Si Levinas s'y inscrit, ce n'est vrai ni de Strauss ni de Chestov. Pour ce dernier, il est clair que la religion déborde le judaïsme. La religion est une « affaire de famille » avant de devenir une « affaire d'Etat ». C'est dans la famille qu'on console les enfants. Longtemps on présenta la religion comme une entreprise de consolation. Tout comme Levinas, Chestov fait entendre la voix d'une religion d'adulte. De Levinas, ces mots qui conviendraient aussi bien à Chestov : « n'est peut être digne de ces consolations qu'une humanité qui peut s'en passer. » Ou encore : « la philosophie n'apporte pas nécessairement les consolations que sait donner la religion. »

Plus profondément, dans la structure des rapports entre philosophie et religion du livre, la relation religion/philosophie recoupe la relation qui s'établit entre prophétie et éthique. Loin de toute consolation, de toute volonté d'édification morale, Léo Strauss, de son côté, rapporte sa lecture de la *Genèse* à ce qu'il appelle la « pensée occidentale en général ». Pour lui la *Genèse* et la philosophie grecque traitent de la même question liminaire : la science du bien et du mal est basée sur la compréhension de la nature des choses et ces termes sont aussi bien bibliques que cosmologiques (le ciel et la terre). Sommes-nous en présence des formes primitives de la philosophie : l'acquisition de la sagesse dans les conduites humaines par et grâce à la contemplation du ciel pour Strauss (*theoria*) ? Tandis que pour Levinas, c'est la sécularisation du regard théorique qui permet de voir réellement les besoins terrestres des hommes. Enfin pour Strauss la conclusion s'impose : « l'idée fondamentale est la même que celle de la philosophie au sens original. » Le moins que l'on puisse dire, c'est que Chestov bouscule toutes ces positions d'accord très subtiles, quoique différentes, entre philosophie et religion. Il occupe une position de « trublion » dans le jeu de la philosophie et de la religion.

Il est difficile d'établir un inventaire complet des rapports entre Athènes et Jérusalem. Un tel exercice serait un peu vain. Toutefois dans ce que nous venons d'évoquer, on peut retenir trois positions : premièrement, celle de Rabbi Akiba : on n'a pas besoin de la philosophie, même si on sait qu'elle est là, mais comme tentation. Deuxièmement, la situation où la philosophie est *ancilla theologiae*. Cette question concerne plus particulièrement la philosophie médiévale. Troisièmement, la situation où la théologie reconnaît les mêmes limites que la philosophie, dans la mesure où Dieu lui-même obéit aux vérités éternelles. C'est la position moderne de Descartes et de Leibniz.

Et c'est bien cette dernière situation qui concentre le maximum de contestation de la part de Chestov. Dans l'ouvrage *Athènes et Jérusalem*, la philosophie grecque (« Parménide enchaîné », « Dans le taureau de Phalaris »), et la philosophie médiévale sont fixées au même horizon : celui de la nécessité (*anankhé*), laquelle est tout à la fois un terme, une limite (*anankhé stenai*), une contrainte épistémologique (le principe de contradiction, les lois nécessaires et universelles), et même une contrainte éthique : l'impératif catégorique kantien, le « tu dois » de la nécessité morale. L'attribut essentiel de la nécessité est la contrainte. Face à cette contrainte une seule attitude est recevable et justifiée : l'obéissance. Autrement dit, pour Chestov, la situation où Dieu, comme tous les intellects, reconnaît les vérités éternelles, est bien celle d'un Dieu des philosophes, situation où la vérité spéculative éclipse la vérité révélée. Le Dieu d'Aristote ou de Descartes n'est qu'obéissance : *semper paret*. C'est tout ce qu'on attend du Dieu des philosophes *sub specie necessitatis*. Mais l'Ecriture dit : « *semper paret, semel jussit* ». Il obéit toujours, il a ordonné une fois. Pour Chestov, c'est l'oubli du « *semel jussit* » qui laisse à la philosophie, ou, dans les termes de Chestov, au Savoir le premier et le dernier mot. C'est l'oubli du « *semel jussit* » qui consacre le triomphe du serpent et, à travers lui, d'Athènes, sur Jérusalem. Autrement dit, la liberté, au sens de la liberté qui décide, du libre arbitre, est du côté de la vérité révélée, de la religion et non de la vérité spéculative, du savoir, de la philosophie.

La tentation philosophique n'est pas une manifestation de la liberté de l'homme, comme le croit, par exemple, Léo Strauss. La tentation philosophique, c'est l'abandon aux pieds de la nécessité. Le sage manifeste son amour du destin (*amor fati*) et sa liberté intérieure (*autarchéia*) jusque dans les flammes allumées par le tyran dans le taureau de Phalaris. Où nous verrions liberté, transcendance, Chestov ne veut voir que capitulation, obstination, illusion. Le sage est enchaîné : il s'est lui-même enfermé dans le taureau. Pire, le taureau n'est pas une fiction, c'est la réalité même[7]. Le réel rationnel de Hegel englobe le taureau et finit par l'idolâtrer. La béatitude promise par la sagesse rejoint les pires malheurs qui frappent les mortels. Dans la modernité, il n'est pas jusqu'à la formule de Spinoza qui ne soit rattachée au culte de la nécessité : « *non ridere, non lugere, neque detestari, sed intelligere.* » Comprendre est le dernier mot de la sagesse et la connaissance du troisième genre est bien un amour intellectuel de Dieu. Mais Chestov ne se résout pas à ce rejet des affects et des sentiments. *Intelligere* n'est pas la réponse de Job au scandale qui l'accable. Par conséquent la voie spinoziste vers le salut n'est pour Chestov qu'une impasse au fond de laquelle on retrouve la nécessité, celle-là même que Socrate incarnait puisqu'il ne peut pas se faire que la mort de Socrate n'ait pas eu lieu sous la forme d'un empoisonnement. Chestov, on le voit, se mesure aux grandes figures de l'émancipation philosophique. Il renverse en quelque sorte la hiérarchie des références : la religion n'est la consolation des ignorants et le sage du troisième genre de connaissance n'est pas mieux loti que les fidèles « ignorants ». Les savants (*scientes*) n'ont aucun privilège sur les ignorants. *Scientes*, c'est le mot du serpent, le cœur de la tentation. « Le serpent dit à l'homme : « Vous serez comme Dieu ». Mais Dieu ne connaît pas le bien et le mal. Dieu ne *connaît* rien. Dieu *crée* tout. Et Adam avant sa chute participait à la toute-puissance divine ; ce n'est qu'après la chute qu'il tomba sous le pouvoir du savoir, et au moment même il perdit le plus précieux des

---

7   Léon Chestov, *Athènes et Jérusalem, un essai de philosophie religieuse*, trad. Boris de Schlœzer, Paris, Vrin, 1938, p.137.

dons de Dieu, la liberté. Car la liberté ne consiste pas dans la possibilité de choisir entre le bien et le mal ainsi que nous sommes forcé de le penser maintenant. La liberté consiste dans la force et le pouvoir de ne pas admettre le mal dans le monde. Dieu, l'être libre, ne choisit pas entre le bien et le mal. »[8] Dieu n'est au nombre des savants : il n'est pas le Savoir Absolu. Les termes les plus courants qui abondent chez Chestov sont associés à la création, non au savoir : *semel jussit, fiat lux, valde bonum.* On voit bien où se situe le renversement chestovien. Néanmoins Chestov persiste à se dire philosophe. Il s'engage en faveur d'une philosophie judéo-chrétienne. Ce faisant ne rompt il pas sans retour avec l'ambition de la philosophie ?

« La philosophie religieuse est la lutte dernière, suprême pour recouvrer la liberté originelle et le *valde bonum* divin que recèlent la liberté, ce *valde bonum* qui, après la chute, s'est divisé en notre bien impuissant et notre mal destructeur. »[9] Il y a bien là une liaison entre la liberté originelle (*semel jussit*) et le bien (*valde bonum*) qui était l'élément de l'homme avant la chute, élément qui était aussi celui de Dieu. En privilégiant le savoir, l'homme perd à la fois sa liberté et le bien. C'est la raison qui a ruiné la foi, nous dit Chestov. La raison est mutilante. Pour Chestov, là est la vraie « critique de la raison », celle de Kant étant restée pour lui, sur son versant théorique comme sur son versant pratique, enfermée dans le cercle de la nécessité et de l'universalité. Dans la préface à *Athènes et Jérusalem*, Chestov énonce son projet :

> La philosophie religieuse, ce n'est pas la recherche de la structure et de l'ordre de l'être immuable et qui existent de toute éternité [...] La philosophie religieuse, c'est se détourner du savoir et dans une *tension* démesurée de toutes ses forces surmonter par la foi la peur mensongère de la volonté que rien ne limite du Créateur, cette peur que le Tentateur a suggérée à Adam et que celui-ci nous a transmise. [10]

---

8   *Ibidem*, p. 237-238.
9   *Ibidem*, p. XXXIV.
10   *Idem.*

Pourquoi faudrait il se détourner du savoir ? Le *eritis scientes* est une illusion, voire un fantasme. Le réel, ce n'est pas le tout limité des Grecs, le fini, le réel, c'est l'illimité, l'*apeiron*. Si l'on tourne aussi radicalement le dos aux Grecs, où va-t-on trouver des alliés ? Cet « autrement que savoir » que recherche Chestov, cette alternative à la course éperdue au savoir, il les trouve dans la foi : « La foi est une nouvelle dimension de la pensée. »[11] Le chevalier de la foi, pour Chestov comme pour Kierkegaard, c'est Abraham. Non pas Abraham lu avec les yeux de Rachi, mais Abraham lu par un philosophe chrétien que Chestov a découvert tard et auquel il associe toujours le nom de Dostoïevski, l'un étant pour lui le double spirituel de l'autre. Kierkegaard d'abord, dont il cite, à partir d'une traduction allemande, ces mots : « le contraire du péché n'est pas la vertu, mais la liberté. », ou encore : « le contraire du péché, c'est la foi. » La foi exprime une lutte pour la possibilité, une lutte « folle », dit Chestov, pour le « tout est possible » divin. On pourrait dire, à s'en tenir aux dires de Chestov, que Dostoïevski lui fournit l'expression dont Kierkegaard lui donne la signification. L'expression, c'est la colère (affect négatif ou passion triste) de Dostoïevski contre le Mur de la raison et la tyrannie du 2+2=4. Dostoïevski, nous dit Chestov, « refuse de prendre la raison pour guide, » Abraham ne prend pas la raison pour guide, il rompt les amarres, part droit devant lui, animé par une promesse même pas localisée. Si Abraham n'écoute pas la raison, peut on faire une relance philosophique avec le geste abrahamique ? Peut on fonder une pensée à partir d'un phénomène non fondé, la foi ? Le croyant ne calcule pas, ne se pose pas la question de savoir où il va. « Est il possible, demande Chestov, que cette philosophie devienne celle de l'avenir ? » Chestov a trouvé en Kierkegaard un nouveau départ : non plus l'étonnement d'Aristote, mais le désespoir, non plus Socrate, mais Abraham. Quant au procès fait à la raison, on est en droit de se demander si l'on peut continuer à philosopher en se défiant à ce point de la raison. Il y a bien une misologie chestovienne, mais son plus grand paradoxe demeure qu'elle n'interdit pas de penser.

---

11   Léon Chestov, *Kierkegaard et la philosophie existentielle*, Paris, Vrin, 2006, p. 3.

Chestov pense radicalement et, ce faisant, il est injuste à l'égard de la philosophie. Injuste le jugement sur Philon d'Alexandrie, injuste le mépris jeté sur Spinoza. Partiale et partielle son histoire de la philosophie médiévale lue à partir de Gilson et qu'on ne peut plus recevoir aujourd'hui comme telle. Il faut se demander si son appel à une philosophie judéo-chrétienne peut être entendu et poursuivi. Jérusalem n'est-elle pas négligée, en dépit de l'effort pour se déprendre d'Athènes ? Il n'est pas question de reprocher à Chestov de se borner à la double figure d'Abraham et de Job. D'ailleurs la dimension juive de la philosophie est-elle mieux prise en compte aujourd'hui ? Rien n'est moins sûr. Au moins se pose-t-on la question du sens de l'adjectif « judéo-chrétien ». Penseur chrétien, Chestov est avant tout un philosophe de l'existence. Que la liberté de décider, l'arrachement à la terre natale, la révolte devant le mal soient à ce point valorisés en 1938, annonce la reprise d'une pensée de l'existence qu'on aurait tort de croire homogène, même si elle a imprégné la littérature d'après-guerre, nourrie aussi de la lecture de Heidegger, centrée sur l'angoisse. C'est l'image que laissait Chestov à ceux qui étaient sensibles au procès fait à la raison, souvent mélangé bien à tort avec la rhétorique anti-technicienne de Heidegger. Chestov a choisi de vivre la tension entre Athènes et Jérusalem, de ne pas l'éluder. Il n'a pas cédé à la tentation d'opérer une synthèse mutilante, ou un compromis, il ne s'est pas laissé intimider par le tribunal de la Raison ou le jugement de l'Histoire. En cela, il se rapproche de Rosenzweig et, plus près de nous, de Levinas qui n'en dit rien, mais nous rapproche un peu plus de la voix de Jérusalem dans sa tradition qui heurte et féconde la nôtre qui, comme disait Maurice Blanchot, « s'épuise en se conservant. »

ISABELLE DE MONTMOLLIN

Jankélévitch face à l'« absurde » chestovien

Entre Chestov et Jankélévitch se dessinent les liens les plus étroits, qui sont d'esprit. Ces deux philosophes ne pêchent ni l'un ni l'autre par manque d'originalité, tant s'en faut, mais leur message converge. La combativité de Chestov – car Chestov est un lutteur – fait place chez Jankélévitch a quelque chose de plus apaisé, de plus harmonieux, ce philosophe du je ne sais quoi étant un esprit musical, mais je dirais qu'il y a, dans la pensée de Chestov, une vertu, au sens où l'on parle de la vertu active d'un médicament, que Jankélévitch a assimilée, et qui renvoie à la question de l' « absurde », qui tarauda le XXe siècle ; en ajoutant qu'il y a absurde et absurde – petite distinction qui va nous retenir ici. Voici ce que Jankélévitch dit de Chestov dans un entretien :

> Chestov, qu'en un sens j'admire davantage parce qu'il est peut-être plus absurde [il vient de parler de Berdiaev], plus génial […] est peut-être celui de tous les philosophes qui m'a le plus influencé. Je dois le dire. Je l'imite quoi ! Bien longtemps je me suis pris pour Chestov ! J'étais Chestov réincarné ! J'essaie d'obtenir de mes étudiants des travaux sur Chestov, mais j'ai beau faire, ils se transforment toujours en travaux sur Berdiaev […]. Enfin c'est aussi un grand penseur. Mais moins caractéristique tout de même de l'absurdité slave dans ce qu'elle a d'attachant, de génial, de fulgurant et d'aphoristique.[1]

Jankélévitch fait ici état de l'admiration qu'il nourrit à l'endroit de Chestov, au point de l'imiter. Cela n'est pas exact. Il n'a pas imité Chestov mais il a fait sien son esprit, et cet esprit vient de plus loin. Jankélévitch avance l'idée d'une absurdité *slave*, en l'espèce russe, qu'il dit *attachante*. La philosophie de Chestov n'est pas une philosophie cérébrale, elle touche cette part mystérieuse de notre être qu'on appelle le

---

1   Guy Suarès, *Vladimir Jankélévitch, Qui suis-je ?*, Lyon, La Manufacture, 1986, p. 80.

cœur, que Chestov *persuade* grâce à des raisons qui ne sont pas des raisons ordinaires. On connaît la célèbre phrase de Pascal : « le cœur a ses raisons que la raison ne connaît point » ; ajoutons que c'est pourquoi il aime l'absurde, ce pied de nez à l'*ordre*. Le cœur, en ceci, a quelque chose d'*enfantin* qui rejoint l'esprit russe, au nom duquel Chestov de même que Jankélévitch s'expriment volontiers. Ainsi, dans ses premiers livres Chestov revient souvent sur le viol que signifia l'« éducation » occidentale, c'est-à-dire l'imposition de notre savoir conceptuel et scientifique, administré au monde russe, qui tendit à le dépouiller de ce qu'il a de plus précieux, sa foi dans le merveilleux, dans le miracle, bref dans l'absurde, puisque le miracle prend des libertés avec toutes les « raisons ». Or à l'encontre de ce qui advint en Occident, où l'évolution se fit au rythme des lentes maturations, ce qui eut pour effet d'incorporer intimement le savoir théorique à notre être, l'éducation en question fut si précipitée, qu'elle ne pouvait pas ne pas occasionner des phénomènes d'indigestion et de rejet, la Russie demeurant encore proche d'une enfance essentielle et en elle – semble-t-il – de ce que Platon appellerait *anamnèse, réminiscence*.

Jankélévitch se plaît à souligner, à propos de l'absurdité chestovienne son côté *génial, fulgurant* et *aphoristique*. « Génial » ne doit pas être entendu ici selon notre idée du génie, mettons Léonard de Vinci ou Einstein, il ne s'agit pas d'œuvres faisant date et, comprises ou non, tombant dans le domaine commun. Berdiaev, l'ami de Chestov cité plus haut, a bien montré que le génie à la russe est de *savoir remonter jusqu'à ses propres sources* et retrouver une *incandescence première*, origine des vraies évaluations, au lieu d'évoluer dans le « réfracté »[2] ; c'est de voir avec ses propres yeux, d'entendre avec ses oreilles, mais à une puissance que le mental ordinaire ignore, quoique accessible à tous; peut-être se résume-t-il en cette *ouïe de l'âme* que l'Occident veut éviter, et à ce titre, on ne saurait passer sous silence l'étymologie du mot « absurde » : ce qui provient d'une *surdité*, sens qui en sa vraie résonance échappe à nos modernes oreilles. Loin de se conformer à une loi, à un ordre, le génie, qui vient d'une liberté, se manifeste selon une temporalité *fulgurante*

---

2   Nicolas Berdiaev, *De la destination de l'homme. Essai d'éthique paradoxale*, Lausanne, L'Âge d'homme, 1979, pp. 187-188.

(il a quelque chose de l'*éclair*) qui se traduit assez naturellement par un style *aphoristique*. D'où son intrusion dérangeante, voire inconvenante, dans un monde où il est avant tout question d'organiser la cité terrestre, et souvent aussi, il faut le dire, de construire la tour de Babel – lui qui n'est pas sans rappeler l'impertinent habitant du « souterrain » de Dostoïevski, qui entend tirer la langue au mur du « deux fois deux égalent quatre », et boire sa tasse de thé, dût cette sacro-sainte organisation en périr.

Inutile de le dissimuler, la pensée de Chestov tourne, comme le papillon jouant avec la flamme[3], autour d'une *limite* dont la simple idée ne peut qu'indisposer nos esprits scientifiquement calibrés. Il dit par exemple que la philosophie ne commence pas lorsqu'on trouve le critère de la vérité mais lorsque tous les critères tombent[4], c'est-à-dire *lorsqu'il n'y a plus de critères du tout, plus de preuves*, car tant que la logique règne, l'accès à la métaphysique nous demeure interdit – et par « métaphysique » il ne faut pas entendre des élucubrations cérébrales, mais l'espace de sens et de vie où se joue notre destinée. Ainsi, selon lui, « il existe une certaine limite, au-delà de laquelle il faut se guider non d'après les règles générales de la logique mais d'après autre chose, qui n'a pas encore et qui n'aura jamais probablement de nom dans le langage de hommes. Il n'y a donc pas lieu de trop avoir confiance en nos vérités *a priori* ; il faut parfois savoir y renoncer, à l'encontre de toutes les traditions philosophiques. »[5]. On ne saurait trop méditer cette limite, frôlée par la plupart des hommes de loin en loin, mais écartée de leur champ de vision pour des raisons de confort car il y a là, certes, un danger… mais aussi l'inconnu annonciateur, peut-être, d'une nouvelle beauté comme Chestov le donne à entendre[6], pensant que l'essentiel de notre philosophie, telle qu'historiquement constituée, traduit une fuite du réel née de la peur, quoique le vrai tropisme de cette même

---

3   Léon Chestov, *Le Pouvoir des clefs*, Paris, Flammarion, 1967, p. 135.
4   *Ibidem*, p. 167.
5   Léon Chestov, *Le Pouvoir des clefs, op. cit.*, p. 277.
6   Léon Chestov, *Les Grandes veilles*, Lausanne, L'Âge d'homme, 1985, p. 29 ; *Le Pouvoir des clefs, op. cit.*, p. 272.

philosophie, en sa dialectique secrète, aille vers la liberté entrevue[7] – et aujourd'hui les murs, les barrières semblent se renforcer, dans tous les domaines, en proportion de cet élan qui veut jaillir.

Mais de même que le sabbat est fait pour l'homme et non l'homme pour le sabbat, la philosophie se joue en des intériorités concrètes, avec des enjeux existentiels bien réels, et c'est pourquoi, dans *Athènes et Jérusalem*, il n'hésite pas à voir en ces confins l'origine d'une alternative qu'il déclare constituer *la question philosophique majeure* : s'arrêter devant notre savoir, s'inféoder à la raison – ou continuer, par-delà... telle est en effet à ses yeux *la question philosophique capitale, la seule qui vaille d'être résolue, la seule aussi qu'on esquive avec une constance telle qu'on peut y percevoir une passion qui n'annonce pas l' « objectivité » au nom de laquelle s'avance la raison[8]*. Or il y a là des *enjeux* que de grands mythes laissent deviner, car il se pourrait que l'affaire de l'homme ressemblât à la *quête d'un trésor ou d'une terre promise[9]* et, dans le même mouvement, à celle de vraies *forces* aussi, vocation que le geste de se « retourner » oblitère en nous transformant en pierres douées de conscience[10], selon le pouvoir littéralement *médusant* qui appartient à la raison. Car c'est vers ce qu'on sait – ou croit savoir – que l'on se retourne, plus généralement vers les données sécurisantes du mental ordinaire.

Telle est en effet *la critique majeure que Chestov adresse à notre philosophie*, savante et commune, car en un certain milieu[11] – la raison conceptuelle – le philosophe et l'homme ordinaire se retrouvent, selon lui : elle *nous prive de façon dramatique de nos forces*, qui s'atrophient en proportion de la foi que nous mettons en notre savoir, qui alors s'interpose, comme définitivement, entre l'homme et lui-même, entre lui est ses sources, lieu des évaluations authentiques et du *génie* dont il a été question, qui est un pouvoir de création. Ainsi, malgré de considérables

7   Léon Chestov, *Sur la balance de Job*, Paris, Flammarion, 1971, pp. 313-347.
8   Léon Chestov, *Athènes et Jérusalem*, Paris, Flammarion, 1967, p. 43.
9   *Ibidem*, pp. 307-308 ; pp. 312-313.
10   *Ibidem*, pp. 53-54 ; 342-343.
11   *Ibidem*, p. 53.

connaissances théoriques, Salieri n'arrive pas à la cheville de Mozart[12]. Certes, c'est d'un génie plus humble que nous parlons ici, mais une même question demeure, lancinante, celle de l'homme, de *ce qu'il est vraiment*. « Animal rationnel » ? Peut-être mais, plus profondément, autre chose, encore, commandé par une certaine *image*[13] enfouie au fond de lui à laquelle répond l'esprit de quête que je disais, aimanté par la prescience d'une *terre promise* que les conquêtes de cette même raison *veulent* faire oublier – et à cet égard il importe de souligner que pour Chestov la raison n'a rien d'une instance neutre et innocente ; au contraire c'est une force puissante et pas forcément amie[14], et si j'ai laissé entendre plus haut qu'elle s'avance masquée, ses déclarations d'objectivité n'étant qu'une façade, il faut ici ajouter que ce qu'elle insinue, c'est notre assujettissement, elle qui en promettant une fausse liberté entend régner comme une *idole* : « La raison a mené l'homme jusqu'à la cime d'une haute montagne et lui faisant admirer l'univers entier, elle lui a dit : Tout cela, je te le donnerai si, tombant à mes pieds, tu m'adores. L'homme adora et obtint ce qui lui avait été promis ; pas tout, cependant. »[15]. Ce « pas tout, cependant » est admirable… ! Loin de s'élever en « faible » contre la raison, Chestov sait avec une remarquable habileté en pointer le talon d'Achille, la foncière faiblesse, inséparable de cette passion de se faire adorer qui marque notre histoire philosophique et humaine. Voilà qui sent le soufre, la paraphrase, ci-dessus, de l'épisode des tentations dans les Evangiles[16] l'indique, *car un manque s'y dissimule* : « presque-rien » dans le langage de Jankélévitch mais qui, sur tant de conquêtes positives, n'en étend pas moins une inquiétante ombre de néant. On sait combien le XXe siècle rumina ce thème et à quel point l'atmosphère de nihilisme y devint prégnante. Pourtant Chestov pas plus que Jankélévitch ne sont de ce côté, car tous deux tiennent cet état *pour l'esquive de notre vocation*, qui est de se faire flèche vers une étoile lointaine (j'emprunte cette expression à Nietzsche), clignotante au fond de notre nuit, dans

12   Léon Chestov, *Athènes et Jérusalem, op. cit.*, pp. 330-331.
13   Léon Chestov, *Spéculation et révélation*, Lausanne, L'Age d'homme, 1982, p. 65; 114 ; *Athènes et Jérusalem, op. cit.*, p. 77.
14   Léon Chestov, *Sur la balance de Job, op. cit.*, p. 24.
15   *Ibidem*, p. 55.
16   *Matthieu*, IV, pp. 1-11 ; *Marc*, I, pp. 12-13 ; *Luc*, IV, pp. 1-13.

l'affrontement de la *limite* suggérée, au-delà de laquelle les critères tombent – *ce qui annonce la vraie philosophie.*

Dans le champ du mental ordinaire, cette position présente un côté surréaliste, car de même que selon Aristote tout corps est attiré par son lieu naturel, de même, philosophes ou pas, nous sommes aspirés par l'ordre et solidement maintenus dans son champ d'attraction, ce qui permet du reste à Chestov d'affirmer que *l'homme ressemble à un coq autour duquel on aurait tracé un cercle de craie et qui n'en peut sortir, le tenant pour définitif*[17]. Impossible de s'extraire de la logique par des arguments logiques, et Jankélévitch surenchérira en montrant qu'on peut tant qu'on veut multiplier les concepts par les concepts… jamais on ne trouve que des concepts : toujours le cercle – *il faut autre chose.*

La question de l'« absurde » résume cette ambiguïté qui, au fond, n'a été abordée au XXe siècle qu'à partir de la raison ordinaire dont Chestov et Jankélévitch laissent entrevoir un au-delà. Mais ne nous y méprenons point, aucun des deux n'entend mépriser la raison, c'est d'un basculement qu'il s'agit, au centre de l'intériorité, d'une conversion, dans le tremblé des apparences quand, soudain autre chose se fait jour. Alors la raison devient seconde par rapport à un autre ordre de réalité, « premier », sur lequel nous reviendrons, mais dont on peut noter ici qu'on en retrouve l'indication dans le titre même du grand livre de métaphysique de Jankélévitch : *Philosophie première.*

À l'intérieur du cercle, on se fait donc de l'absurde une certaine idée dont l'impact dépend du niveau auquel la question *prend.* Car s'il apparaît superficiellement sans conséquences, comme ce qui contrevient aux lois, au bon sens (le cercle carré, etc.), à un niveau plus profond il devient ce qui outrepasse les possibilités de la raison, dont la majesté demeure souvent inentamée, dans l'esprit des lumières, quoique alors le divorce entre l'homme et un monde dont il ne comprend plus le « sens », puissent conduire au suicide. Ainsi Camus, qui par ailleurs entend justifier une position stoïcienne d'acceptation de notre état de contradiction, écrit : « Ce monde lui-même n'est pas raisonnable, c'est tout ce qu'on en peut dire. Mais ce

---

17   Léon Chestov, *Sur la balance de Job, op. cit.*, p. 56.

qui est absurde, c'est la confrontation de cet irrationnel et de ce désir éperdu de clarté dont l'appel résonne au plus profond de l'homme.[18]» Un « désir éperdu de clarté » : tout est là, car pas plus que celle de l'absurde, la question de la lumière n'est univoque, une chose étant la clarté selon le concept, dans une perspective de maîtrise bien occidentale, une autre la lumière dont Plotin dit qu'il faut être lumière soi-même pour voir la lumière, ce qui cette fois appelle un devenir-lumière, une évolution et un abandon de nos certitudes, dans le sillage d'une expérience plus essentielle. Or la position de Camus s'avère caractéristique du tropisme majeur de notre temps, dont se distancient Chestov et Jankélévitch, qui est de s'agripper à ce que Chestov appelle le « pouvoir des clefs ». Camus, esprit fin et sensible, n'est pas en effet sans appréhender le côté « ombre » de l'existence et ses dangers, c'est alors l'homme total qui parle en lui, qui se sent des affinités avec Chestov ; il a par ailleurs bien vu que l'absurde naît d'un rapport, peut conduire au désespoir et son propos est d'éviter l'impasse du Kirilov de Dostoïevski, dans *Les Possédés*. Mais ne tenant plus alors compte que de son moi rationnel, s'y projetant en quelque sorte, ce rapport il en vient à le situer entre les *exigences* de la raison (non celles de l'homme plénier) – et le monde, irrationnel en son fond. Or Chestov dont il ne peut comprendre le « saut », n'a cessé de suspecter ces prétentions, y subodorant *tout autre chose qu'une volonté d'approfondir ce qui est* en s'ancrant en une vraie expérience d'où naîtrait notre savoir. Non le savoir est quelque chose de tout différent, chez Kant comme chez les autres :

Chez Kant nous lisons cet aveu d'une franchise unique en son genre : l'expérience qui se contente de nous dire de ce qui est qu'il est, mais ne nous dit pas que ce qui est l'est nécessairement, cette expérience ne nous donne pas le savoir ; non seulement elle ne satisfait pas mais elle irrite même la raison qui aspire avidement aux jugements généraux et nécessaires. Il est difficile d'exagérer l'importance d'un tel aveu, venant surtout de l'auteur de la *Critique de la Raison Pure*. L'expérience, le fait nous irrite, car il ne nous donne pas le savoir ; ce n'est pas le savoir que nous apporte

---

18   Albert Camus, *Le Mythe de Sisyphe*, in *Essais*, Paris, Coll. Pléiade, Gallimard, 1981, p. 113.

le fait ou l'expérience ; le savoir est quelque chose de tout différent de l'expérience ou du fait, et seul le savoir que nous ne parviendrons jamais à trouver ni dans les faits, ni dans l'expérience, seul ce savoir est celui que recherche en tendant toutes ses forces la raison, *pars melior nostra.*[19]

À n'en pas douter, le texte de Camus, net en ce qui concerne cet appétit rationnel de même qu'en ce fond de stoïcisme que l'auteur du *Mythe de Sisyphe* ne cache pas et qui lui est lié, puisque une fois que la raison a dit son mot, il ne reste plus qu'à s'y *adapter* – et Camus se campe, non sans une certaine fierté, en sa position de lucidité par rapport à l'« absurde » condition de l'homme, qui le conduit à mettre en exergue la figure de Sisyphe, remontant à chaque fois son rocher, bien que cela n'ait aucun sens – fournirait à Chestov une matière d'analyse toute semblable à celles que représentèrent pour lui les philosophies d'Aristote, de Spinoza, de Kant, de Hegel, car si Camus est de son siècle quant à la conscience qu'il prend des limites de la raison, il s'en tient au sol rationaliste, loin de s'avancer, comme Chestov, vers une terre promise, en un abandon du pouvoir des clefs mais dans la prescience d'une autre musique née du silence de la raison. La rose ne murmure « je suis absurde » qu'à celui qui est déjà secrètement décidé à voir le monde à travers des lunettes, superposées à ses yeux de chair. Parce qu'en de certains instants ils ont vu autre chose, Chestov et Jankélévitch donnent à entrevoir de nouvelles dimensions, d'où peut naître une guérison de notre moderne schizophrénie, qu'accuse à sa manière Camus.

Ainsi Chestov, qui envisage lui aussi l'absurde, le fait dans une optique diamétralement opposée à celle de Camus, puisque à ses yeux *il émane précisément de cet esprit des lumières dont on attend le salut*, avec sa *surdité* à des voix plus profondes, venues du monde concret. Dans les premières pages d'*Athènes et Jérusalem,* il montre ainsi que tant que le tropisme cartésien de « clarté » et de « distinction » surdétermine notre quête de vérité, dans le domaine métaphysique, s'entend, « ce que nous appelons la vérité, ce que nous obtenons par la pensée, se

---

trouve être, dans un certain sens, incommensurable, non seulement avec le monde extérieur [...] mais aussi avec notre propre expérience intime »[20].

Ce ciel d'automne, est-il clair et distinct ? Et ce parfum de forêt sous la pluie ? L'amour est-il clair et distinct ? Quant à la question de la vérité, Chestov fut toujours attentif à ce phénomène étrange, qui fait que, dressés selon l'ordre du concept, les hommes en viennent à *ne plus voir que ce que cet ordre leur suggère de voir, tout se passant comme s'ils évitaient ainsi d'autres expériences, ou les oubliaient instantanément dès qu'elles surgissent*[21]. De telles « lumières » suscitent en nous une *dissociation*, une *aliénation*, avec d'un côté la vérité tel que le savoir la construit – en adéquation avec le cerveau gauche – et de l'autre *l'homme total qui y sent un manque,* sans pouvoir mettre le doigt dessus, d'où la faille qui se creuse entre ces conquêtes progressistes et autre chose, vers quoi son être se tend, comme vers l'issue et qui, dans l'occultation dont cette dimension fait l'objet, vire en poison et en esprit de néant. C'est en ce point que l'auteur d'*Athènes et Jérusalem* entend significativement se rattacher à la famille platonicienne, mais de façon non orthodoxe, car il s'agit d'un platonisme inversé, et dans une dynamique de libération et de lutte face à ce monde prison dans lequel les hommes s'enferment, loin du réel concret :

Mais la brume du mystère primordial ne s'est pas dissipée. Elle s'est plutôt épaissie. Platon aurait à peine besoin de changer un mot au mythe de la caverne. Notre science ne pourrait fournir de réponse à son angoisse, à son inquiétude. À la lumière de nos sciences positives le monde serait toujours pour lui un souterrain noir et lugubre, et nous lui semblerions toujours des prisonniers enchaînés.[22]

Nos sciences ont de quoi enchanter les descendants d'Aristote, mais pour l'essentiel, qui touche aux grandes questions liées à la destinée, elles n'éclairent pas, d'où l'actualité du mythe platonicien, qui nous parle d'une caverne où les images,

---

20   Léon Chestov, *Athènes et Jérusalem*, *op. cit.*, p. 43.
21   Léon Chestov, *Les Grandes veilles*, *op. cit.*, pp. 30-32 ; *Le Pouvoir des clefs*, *op. cit.*, p. 116.
22   Léon Chestov, *Les Grandes veilles*, *op. cit.*, pp. 30-32 ; *Le Pouvoir des clefs*, *op. cit.*, p. 116.

prises pour la réalité, oblitèrent cette réalité dont le sens de notre existence et donc de la philosophie – *lorsqu'elle est au service de l'homme*– serait de s'approcher, de grands mythes le laissent entendre. Ainsi en va-t-il du mythe biblique, selon lequel repose au fond de nous une certaine « image » qu'il faut apprivoiser, jusqu'à la « ressemblance » ; ainsi en va-t-il de l'esprit de quête que traduisent des mythes qui, tels celui du Graal ou de la Toison d'or, font implicitement acception de niveaux hétérogènes de connaissance, dans une perspective en ceci quelque peu platonicienne mais qui n'a rien du platonisme scolaire, car il ne s'agit pas de rejoindre par la pensée un « monde » séparé, mais tout au contraire de se défaire de notre mental « séparé » pour rejoindre *l'incarnation*, dont nous ne savons encore presque rien.

Quelle que soit son *absurdité* si *attachante* – et l'on commence à entrevoir la charge ironique qui se cache dans ce mot, « absurdité », prononcé par Jankélévitch – Chestov n'en est pas moins un penseur très conséquent, mais dans une logique nouvelle, celle de la *vie spirituelle*, et il y a là un tournant dans l'histoire philosophique, car la « connaissance » n'est plus « autonome » mais fonction de stades d'évolution, ce qui implique que le niveau où la plupart des hommes évoluent puisse être mesuré par un niveau supérieur. C'est là un flambeau que ressaisit Jankélévitch dans son *Traité des Vertus*, qui y fait état de différents *âges*, sur le plan de la *connaissance* aussi bien, ce qui n'est pas sans conséquences pour l'« épistémologie »[23]. Le « caprice » chestovien répond donc à des voix qui conduisent à *mûrir*, avec l'acception de différents niveaux de connaissance, ce philosophe envisageant l'homme actuel comme *une chenille ayant fait son temps dans son cocon et dont maintenant la tâche est celle d'une lutte pour devenir papillon*, en un travail d'approfondissement de l'expérience et de rejet des béquilles traditionnelles[24], toutes connaissances et certitudes utiles en leur temps, mais mensongères au-delà. On ne saurait trop insister sur le fait que, loin de se « révolter » comme d'autres, en s'enracinant par ailleurs dans des certitudes rationnelles, ce qui ne fait qu'aggraver une schizophrénie latente, *Chestov parle toujours au nom de voix*

---

23   Vladimir Jankélévitch, *Le Traité des Vertus*, tome 3, Paris, Bordas, 1972, pp. 1405-1422.
24   Léon Chestov, *La Philosophie de la tragédie*, Paris, Flammarion, 1967, pp. 232-233.

venues des profondeurs de la vie qui, du plus lointain de notre « philosophie »,
annoncent une sortie de la caverne – *que l'enfermement dans les limites d'antan
préparait,* en une mystérieuse dialectique de la vie. C'est pourquoi l'un de ses
premiers livres fut consacré au *déracinement,* une chose étant la « connaissance »
ordinaire, cette réduction, en tout, de l'inconnu au connu[25] – une autre la sorte de
savoir auquel aspire la philosophie. Voici ce qu'il dit ailleurs des deux tendances
majeures de notre philosophie, l'idéalisme et le matérialisme :

> Dans les deux cas on s'efforce, et avec tout aussi peu de succès, d'enfermer la vie
> sous une clôture, dans une cave, dans un souterrain. Mais la vie fait sauter les murs
> les plus épais, les voûtes les plus solides. Tôt ou tard la philosophie deviendra la
> philosophie « en plein air », quoi que fassent les esprits attachés aux traditions et aux
> vieilles idées. Les hommes finiront par comprendre que dans le verbe, dans l'idée
> générale, on peut enfermer pour la nuit, pour qu'elles y dorment et s'y reposent, les
> âmes humaines harassées de fatigue, mais que, quand le jour vient, il faut leur rendre
> leur liberté : Dieu a créé le soleil et le ciel, la mer et les montagnes, non pas pour que
> l'homme en détourne ses regards[26].

Le message de Chestov est du côté de ce *plein air* qui polarise l'élan
philosophique, porté sur les ailes d'une force briseuse de murs, qui traduit notre
aspiration à la *liberté* et exprime un sens retrouvé de l'*incarnation,* dont notre monde
est loin. Il ne s'agit plus alors d'une liberté *à partir de la raison* et *au sein des
produits de celle-ci* (le souterrain), mais d'une liberté au *plein air,* ayant pour mesure
les êtres concrets et en coalescence avec l'*ouvert* dont parle Rilke dans ses *Elégies.* Il
n'est pourtant question que du ciel, de la mer, des montagnes… c'est-à-dire de mille
et une choses concrètes et uniques, auxquelles nous demeurons aveugles en dépit de
la connaissance que nous croyons en avoir, et à propos desquelles Chestov prononce,
à peine plus loin, le mot *gloire,* qui rappelle la *splendeur* de Rilke. Il y a là une

---

25 Léon Chestov, *Sur les confins de la vie,* in *La Philosophie de la tragédie,* Paris,
    Flammarion, 1967, pp. 189-200.
26 Léon Chestov, *Le Pouvoir des clefs, op. cit.,* p. 223.

expérience spirituelle dont s'est approché notre temps, avec des philosophes tels que Bergson, qui parle de l'intuition comme d'une « coïncidence avec ce que la chose a d'unique et par conséquent d'inimitable » ou Buber qui, visant aussi cette lumière unique du réel, mais conscient de ce qui nous en sépare, dégage dans son *Je et Tu*, nos deux structures existentielles et leurs enjeux. Pour qui accède à la modalité-présence de l'existence, le monde s'illumine, quand par le centre, par son acte, l'homme retrouve la clé du *sens*, et c'est ce qui nous est caché par l'écran du mental ordinaire, ce sommeil dont Chestov n'a cessé de dire qu'il faut se réveiller, car c'est un *voile de Maya*.

Pour ne point être confondue avec un ésotérisme, la direction induite appelle un détour poétique, et ce n'est pas Chestov qui me contredirait[27]. Nous solliciterons la pensée d'Yves Bonnefoy, autre grand héritier de Chestov, qui lui aussi part du constat de l'inadéquation entre la raison et *ce qui pour l'homme importe vraiment* : « Pourquoi des lignes sont-elles belles ? Pourquoi la vue d'une pierre apaise-t-elle le cœur ? À peine si le concept parvient à formuler ces questions qui sont les plus importantes. Il n'y a jamais répondu[28]. » Mais cette constatation, loin de reporter le poète aux *exigences* de sa raison et dans l'impasse de l'« absurde », l'induit au contraire à faire taire celles-ci pour se mettre à l'écoute des voix émanées du monde, qui annoncent un réel auparavant trop vite pris pour acquis et, en lui, une lucidité quant à l'*enchantement* qui nous tient : « Il y a dans l'homme conceptuel un délaissement, une apostasie sans fin de ce qui est. Cet abandon est ennui, angoisse, désespoir. Mais parfois le monde se dresse, quelque sortilège est rompu, voici que comme par grâce tout le vif et le pur de l'être dans un instant est donné. De telles joies sont une percée que l'esprit a faite vers le difficile réel[29]. » À travers ces échappées, Yves Bonnefoy aperçoit lui aussi cette *lumière* du réel et décide de s'y *convertir*… ce qui appelle un travail sur soi dont il parle ailleurs, car le réel est *difficile* pour les enchaînés que nous sommes, comme l'indique le mythe de la

---

27   Léon Chestov, *Le Pouvoir des clefs*, op. cit., p. 186 ; *Sur la balance de Job*, op. cit., p. 54.
28   Yves Bonnefoy, « Les tombeaux de Ravenne », in *L'improbable et autres essais*, Paris, Gallimard, « Idées », 1983, p. 23.
29   *Ibidem*, p. 21.

Caverne selon Chestov, et comme le rappelle le poète : « Nous éprouvons pour l'unité, pour le 'positif', l'attrait qu'a le corps plus léger que l'eau pour sa surface ; mais nous sommes retenus à d'autres niveaux par des chaînes, nous nous sentons mourir à un monde de l'origine, encore perçu pourtant dans des courants, des reflets : et cela nous rend comme fous[30]. » Ce *monde de l'origine*, qui nous rend fous car nous en sommes si près, si loin… ; cette *unité*… ; ce *positif*… ce n'est rien d'autre que *le monde autour de nous et en nous*, mais *en deçà* de la fragmentation qu'y introduit notre raison, qui rejaillit sur le langage, aujourd'hui de plus en plus oublieux des choses : « Les noms substituent aux choses des représentations à jamais partielles, qui les éloignent de nous. À propos des choses qui sont présentes, ils évoquent, à fin de définition ou d'emploi, d'autres choses, qui sont absentes. Ainsi entre-t-on dans le champ et le devenir du langage, mais pendant ce travail, qui ne s'achèvera pas, cet arbre devant moi, qui est avec ce rocher, et cette source, et le ciel, préserve le mystère du fait auquel on ne peut rien ajouter ni ôter sans en ruiner l'être propre, et voilà qui me requiert[31].» C'est dans ce cercle que l'instant fait brèche, annonçant une « vraie vie » où l'homme n'est plus *étranger*, parce qu'il a fugitivement retrouvé l'axe d'une *participation*. Alors, lorsque je sais aller à lui, l'arbre se donne en sa présence lumineuse, qui rebondit sur toute chose et sur moi aussi, dans l'ébranlement d'une vraie rencontre, comme l'atteste Buber : « Mais il peut aussi se faire que, de propos délibéré et en même temps par l'inspiration d'une grâce, considérant cet arbre, je sois amené à entrer en relation avec lui, Il cesse alors d'être un *Cela*. La puissance de ce qu'il a d'unique m'a saisi. […] sans voisins et hors de toute connexion, il est le *Tu* et il remplit l'horizon. Non qu'il n'existe rien en dehors de lui ; mais toutes choses vivent dans sa lumière[32].» Il y a là l'origine d'une autre sorte de pensée et de savoir, auquel je participe en co-créateur, dans un dialogue comme infini avec ce qui m'entoure, qui me permet de naître au monde et à moi-même[33].

---

30   Yves Bonnefoy, *Entretiens sur la poésie*, Paris, Mercure de France, 1990, p. 241.
31   *Ibidem.*, p. 240.
32   Martin Buber, *Je et Tu*, Paris, Aubier, 1970, pp. 25-26.
33   Vladimir Jankélévitch, *Philosophie première*, Paris, PUF, 1986, pp. 174-266.

C'est de l'état d'exil dont parle le poète que la pensée de Chestov travaille à nous guérir, car le *plein air* qui, selon lui, aimante la philosophie ne fait qu'un, selon Yves Bonnefoy, avec le *réel*, qui appelle une expérience d'ordre *poétique* d'ouverture à la *présence*. Cela requiert du sujet la responsabilité de se mettre au diapason des rencontres, dans une transparence retrouvée... en apprenant à faire le vide, en somme, comme dans les philosophies orientales dont l'impact actuel n'est pas dû au hasard : c'est un point dont Jankélévitch parle dans de belles pages du *Traité des Vertus* consacrées à l'humilité, qui sont la clé d'une nouvelle « épistémologie ». Comme le dit Claudel, un cœur redevenu transparent, seul, comprendra l'odeur de la rose, il faut pour cela une intériorité défaite de son « avoir ». Comment, sans ce *vide*, qui permet de se délester de ce que Jankékévitch appelle notre « impedimentum conceptuel »[34] – comment aller à l'unicité de ce qui m'entoure, à la nue vérité des choses ? Cette respiration essentielle et vitale est cependant méconnue. Notons que ce qui vient d'être dit, Chestov l'entend dans le sillage du vrai message platonicien, car à ses yeux et même si Platon a fini par s'embrouiller dans sa théorie des idées, fondamentalement, son *idée*, ce serait cela. Selon le platonisme inversé qui a été annoncé, il ne s'agirait donc pas du général, mais de l'*individuel* ; l'« idée », ce serait alors Socrate, ou le tigre, ou le cyprès, mais Socrate, le tigre ou le cyprès vus en leur inimitable unicité, transparente à la lumière du monde – gloire que nous cache l'écran de notre médiocrité[35]. Telle l'issue de la caverne, tel aussi le « terme » d'une philosophie qui ne pourra, désormais, Jankélévitch l'a bien compris, qu'indéfiniment se ressaisir et réajuster en une visée de l'instant[36].

C'est alors que l'« absurde » change de registre, rejoignant, pour qui a *vu*, son sens étymologique : les productions de l'homme lui semblent en effet, de plus en plus, émaner d'une raison *sourde*, dont le mensonge devient flagrant, dans le sillage de la présence-instant, et cela va donner lieu à une autre philosophie. Jankélévitch

---

34   Vladimir Jankélévitch, *Le Traité des Vertus*, tome 3, *op. cit.*, p. 1206.
35   Léon Chestov, *Le Pouvoir des clefs*, *op. cit.*, pp. 281-283.
36   Vladimir Jankélévitch, *Philosophie première*, *op. cit.*, pp. 239-266.

ressaisira ce flambeau dans *Philosophie première*, un étrange traité de métaphysique où il n'est plus question de connaissance conceptuelle mais de *réveil* :

> Platon dit à peu près ceci : ceux qui méconnaissent la beauté elle-même [...] rêvent un rêve d'immanence : car intervertir la copie et le modèle, c'est aussi brouiller le rêve et la veille [...]. Or tel est le cas des dormeurs éveillés de la caverne qui dorment, croyant veiller, leur profond sommeil de dupes ; mais tel est aussi le cas de la somnolence dogmatique, qui est celle des géomètres à demi vigilants, incapables d'accéder à la dialectique, et l'on comprend que Chestov ait aimé à citer les mots par lesquels Platon décrit leur assoupissement.... Car qui dort, s'il vous plaît, le plus profondément : les rêveurs de l'empirie fantasmatique, ou les rêveurs du monde intelligible qui prétendent réveiller les premiers ? et comment un aveugle dessillerait-il les yeux à d'autres aveugles ? comment des géomètres éblouis eux-mêmes par la lumière des vérités éternelles rendraient-ils clairvoyants les nyctalopes de la caverne ? comment un dormeur réveillerait-il d'autres dormeurs ? Car c'est un fait que nos vigilants philosophes rêvent plus que les autres[37].

Nos vigilants philosophes rêvent plus que les autres : dans le sillage de Chestov, la philosophie change de nature, son problème devient celui d'un *réveil*, et ce n'est plus tant le monde empirique qui est jugé que celui de la raison qui, avec ses « vérités » traduit un sommeil, une immaturité – ou la *bêtise*, dont Jankélévitch dit qu'elle est « de s'en tenir là, peu importe où »[38]. Il ne s'agit pas de régresser en deçà du stade rationnel comme dans l'infantilisme gâteux qui prospère autour de nous, mais d'*aller au-delà*, du côté des choses mêmes, dans une toute autre qualité d'*écoute* qui, universalisée, rendrait caduques nos dissertations sur l'absurde, car les hommes y retrouveraient une terre commune, le sol du « sens », lieu des seuls vrais échanges. La raison demeure, donc, seul son rôle change, de première elle devient seconde, les critères ne lui appartiennent plus et elle se laisse travailler par autre chose qui cette fois vient du réel, de *sa lumière à lui* : si le grain ne meurt... Dans le domaine du

---

37   *Ibidem*, pp. 253-254.
38   Vladimir Jankélévitch, *Le Traité des Vertus, op. cit.*, p. 1380.

« plus important », où l'homme tâtonne vers sa destinée, sur le plan de la connaissance aussi bien, pour se guider, s'orienter il n'a que les *révélations de l'instant*, mais le monde ainsi redonné sous le signe de la *présence* et de l'*étonnement* annonce un *degré supérieur de tension métaphysique,* le *réveil* dont parle Jankélévitch, qui est à l'horizon de la philosophie, non comme terme statique, mais comme acte toujours recommencé, dans une jeunesse métaphysique dont le printemps est la figure extérieure[39]. C'est en acceptant la précarité de ce réajustement constant, en se refusant aux acquis sécurisants, que l'homme s'unifie, retrouve son visage, car tout à l'opposé de la raison qui fragmente, l'intuition (face cognitive l'instant), appréhende globalement et dans le même temps corrige notre « strabisme spirituel »[40]. Allant droitement et simplement au réel, unique et inimitable, elle permet au sujet de refondre sa fragmentation et, à travers cet acte, de rejoindre son ipséité elle aussi unique et inimitable, cela non une fois pour toutes, mais dans le « mouvant », dans un devenir. Il y a là l'ironie de notre destinée, qui veut que l'on ne se trouve qu'en se « perdant ». De par leur caractère supra-rationnel *les révélations de l'instant ne sont donc « absurdes » que par manière de parler*, parce qu'elles n'« ont » pas de sens, à la façon des signalisations routières, mais le posent, comme l'amour – et la mort… dont l'instant est une miniature, et dont il nous reste à dire quelques mots.

À l'encontre de Spinoza et de l'esprit de notre temps, Platon, dans le *Phédon*, pense que philosopher c'est *apprendre à mourir*… ce qui semble entériner l'absurde comme l'attestent les litanies de l'Ecclésiaste. Il se pourrait néanmoins que cela ne fût que la mort *appréhendée du côté de la raison*, en extériorité, celle que notre civilisation esquive dans des productions toujours plus autonomes qui traduisent un oubli profond du réel, tout se passant en effet comme si le foisonnement des images, ce monde second où l'homme perd son visage, était proportionné à notre peur de la mort. Qui peut changer de signe si, avec Chestov et Jankélévitch, on en fait siennes les *révélations*, car elles redressent l'homme dans l'axe de son « image », de ce qu'il

---

39   *Ibidem*, pp. 1453-1461.
40   *Ibidem*, pp. 1332-1333.

est vraiment, ce que savent souvent les poètes qui, à la manière de Rilke, l'appréhendent comme *un fruit à faire mûrir en soi*[41]. La « mort » retend nos cordes métaphysiques, en regonflant des facultés d'étonnement et d'émerveillement qui sont à la racine de la philosophie, considérée non pas comme une « discipline », mais comme l'organe de notre réalisation, sur fond de liberté. C'est dans cette perspective que Chestov la comprend comme un *aiguillon* à diriger contre la nécessité, car dans son sillage les « vérités » humaines, en leur aspect de contrainte, baissent pavillon, tandis que le monde apparaît en son visage premier de liberté et que l'homme retrouve son pouvoir créateur et sa royauté. La mort demeure inconnue et inconnaissable mais, intrinsèque à la vie et œuvrant comme « en arrière », elle est à l'origine de poussées de *réalisation* dont on peut, ou non, épouser le message. Rien n'est alors modifié matériellement, mais *l'éclairage change*, on passe *de la lettre à l'esprit*, dans une nouvelle transparence au réel on devient soi-même la lumière qui rejoint et délivre celle des choses, en une spirale saine. D'où il appert que la mort, apparemment absurde, se révèle la vraie *source de la valeur et du sens,* en réveillant, comme la belle dormante du conte, une puissance de création. D'où le mot pour le moins étrange de Jankélévitch, selon lequel *la philosophie rend la mort inutile*[42] dont on va cerner la portée par le biais d'un « cas concret ».

Je terminerai par l'histoire d'Ivan Ilitch, inséparable de la réflexion de Chestov comme de celle Jankélévitch, dont la méditation de presque cinq cents pages intitulée *La Mort* s'annonce et se conclut par une référence au personnage de Tolstoï. « La philosophie rend la mort inutile » : par-delà son absurdité la mort n'est pas, en effet, sans une utilité cachée, sur le plan métaphysique… qui est de nous soustraire le *pouvoir des clefs*, en rendant caduques nos prétentions à la maîtrise. Ilitch nous ressemble, comme nous il évolue dans un système de « vérités » sécurisantes dont la racine est d'ordre *social*, mais un jour, une douleur au côté se déclare, qui va tout chambouler et lui arracher ce pouvoir. C'est, dans le souffle de la mort, le

---

41   cf. R. M. Rilke, *Le livre de la pauvreté et de la mort*, trad. Arthur Adamov, Arles, Actes Sud, 1992.
42   Vladimir Jankélévitch, *La Mort*, Paris, Flammarion, 1966, p. 456.

changement d'éclairage qui s'ensuit que raconte, admirablement d'ailleurs, Tolstoï. Alors, le regard d'Ilitch subit une profonde métamorphose, dans la remontée, du passé, de toute une dimension refoulée – des souvenirs d'*amour*, d'*enfance*, de *vraie vie* –, une *anamnèse* que Chestov explicite en notant qu'auparavant il « n'apercevait ni le soleil, ni le ciel, [qu'] il ne voyait rien dans la vie, bien qu'il eût tout devant les yeux »[43]. On rejoint ici la *gloire* et le *plein air* désignés comme l'*issue du souterrain*, ce *vrai lieu de la philosophie* où l'homme retrouve un visage parce qu'il recouvre l'usage de ses sens :

> Je dirais [...] qu'il apprend à apprécier bien des choses qui auparavant lui étaient indifférentes. Auparavant les cartes et le confort lui semblaient être le summum de ce que l'on pouvait atteindre, l'avancement dans ses fonctions et la possession d'un appartement, semblable à ceux de « tous », l'idéal de sa situation dans le « monde ». Il n'apercevait ni le soleil, ni le ciel, il ne voyait rien dans la vie, bien qu'il eût tout devant les yeux. Et lorsque arriva la mort, il comprit subitement qu'il n'avait rien vu, comme si dans la vie rien n'existait en dehors de l'avancement et du confort. Tout ce qu'il avait pu voir de vrai, il l'avait vu durant son enfance, sa jeunesse, puis l'avait oublié, employant toutes ses forces uniquement à ne pas être lui-même, mais à être comme « tout le monde ». Aussi la révélation de la mort n'est pas une négation de la vie, mais, au contraire, plutôt une affirmation – mais une affirmation d'autre chose que de cet habituel remue-ménage de souris par lequel se laissent prendre les hommes[44].

Mettant une sourdine à notre *agitation de souris*, les « révélations de la mort » annoncent la liberté et une « vraie vie » car elles libèrent l'issue des *ailes* qui permettent au *papillon* que nous sommes de s'extraire de sa chrysalide, selon l'image des « âges » dont il a déjà été question[45] : alors l'homme se défait de sa vieille peau d'infantilisme ; il réapprend l'usage de ses sens – *voir* sans lunettes... *sentir, écouter...* – et emprunte ainsi le rude mais roboratif chemin d'une maturité, hors

---

43   Léon Chestov, *Sur la balance de Job, op. cit.*, p. 6.
44   *Idem.*
45   Léon Chestov, *Sur la balance de Job, op. cit.*, p. 6.

duquel il est condamné à l'errance et, malgré ses conquêtes extérieures, à l'inaccomplissement. En sorte que si l'apparente affirmation que représente la vie ordinaire apparaît comme une négation, un oubli et un déni de la Présence, la mort, apprivoisée, doit être comprise comme *une apparente négation lourde d'une affirmation,* car elle libère une énergie de réalisation, qui peut aller loin, se perdant dans l' « inachevé » des destinées.

La philosophie, selon Chestov, c'est de faire siennes ces révélations, position que Jankélévitch « systématisera » à sa manière dans *Philosophie première* et qui lui inspire l'idée que *la philosophie rend la mort inutile.* Il ne s'agit pas, comme chez Heidegger, de s'adapter à un monde clos par la mort, position qui rejoint le grand tropisme de la philosophie occidentale selon Chestov, qui est, par perte de confiance, de *conclure,* mais au contraire, dans la ligne de ce que raconte Tolstoï, de sentir que l'*utilité* de la mort est de nous rendre au réel, à sa lumière *sui generis,* et d'apprendre à s'y renouveler en se défaisant de son vieux moi. On ne saurait passer sous silence la fin du récit : il s'achève en ce point où Ilitch, préparé à la mort et qui l'attend, sent *qu'il n'y a plus de mort,* qu'il n'y a plus qu'une grande *lumière* – celle-là même qu'apprivoise la philosophie, mais *à temps.* Tout se passe comme si alors la mort s'effaçait, rendant vain stoïcisme et fuites. Il y aurait *a contrario* beaucoup à dire d'un monde qui, à force de l'oblitérer et d'aveugler par ses fallacieuses « lumières » – « mille et une nuits » dit Chestov[46] – la rend toute-puissante, et empêche l'homme de croître, d'aller à la rencontre de sa vraie « image », qu'elle délivre, en des « instants » qui sont l'horizon de la philosophie et sa source.

De Chestov à Jankélévitch a soufflé un esprit d'incarnation : cette façon de *totaliser et d'être présent* qui annonce une sagesse secrète dont la pierre de touche est l'instant, et en lui une naissance du sujet à son *acte,* qui le conduit à devenir lui-même, à s'accomplir, mais dans l'écoute de plus que soi et non dans un oubli systématique, comme cela est si souvent le cas. On peut alors parler d'une co-

46   Léon Chestov, *Le Pouvoir des clefs, op. cit.,* p. 53.

création, liée à une co-naissance[47], mais elle n'advient qu'en faisant mûrir en soi le fruit de la mort : « Mais cet acquiescement au Faire-être infinitésimal n'est possible que moyennant l'entrevision du mystère pneumatique, hyperontique et hypereudémonique de la quoddité. »[48] Ces « hyper » traduisent un changement de registre, une modulation, dans le souffle du *pneuma* – vie qui traverse tout – quand, soudain, on réalise *le fait que les choses sont, le fait que nous sommes*, réalisation qui libère notre pouvoir créateur engourdi et donne de moduler de l'horizontalité du « tout fait » à la verticalité d'un « se faisant ». Cela signifie que par-delà la « continuation » se cache une source, « existentifiante », « absurde », du fait qu'elle ne reçoit pas un sens d'ailleurs mais le confère, une source que la mort m'aide à rejoindre et qui s'appelle instant ou joie[49]. Alors la sempiternité du « cela va de soi » cède devant le « fait que » l'être est, et cette *quoddité* résume une sagesse d'étonnement et de participation où l'on entre comme en musique, en en jouant.

En définitive, il n'y a pas de secret ; seul demeure un mystère, non plus sombre et désespérément opaque, mais limpide et transparent, auquel se réaccorder « poétiquement », du côté d'une enfance essentielle qui, pour Jankélévitch comme pour Chestov, constitue *notre seule vérité*[50] et entretient maintes harmoniques avec l'*absurdité slave*, la pensée par *fulgurations* que Jankélévitch admire chez Chestov. Auquel on donnera le mot de la fin :

> Tout notre intérêt philosophique, notre « pur » désir de savoir, devrait tendre à retrouver dans notre mémoire ce que nous percevions à cette époque heureuse où toutes les impressions de l'être étaient encore pour nous neuves et fraîches et où nous saisissions la réalité sans songer à nous soumettre aux postulats dictés par les besoins pratiques. Si nous voulons le savoir « absolu », si nous voulons voir « directement », comme voit l'être vivant et raisonnable que ne lient pas les « prémisses », qui n'a pas

47   Vladimir Jankélévitch, *Philosophie première*, op. cit., pp. 119-120 ; 186 ; Léon Chestov, *Athènes et Jérusalem*, op. cit., p. 77.
48   *Ibidem*, p. 258.
49   Vladimir Jankélévitch, *Philosophie première*, op. cit., 90 ; p. 130 ; 160 ; 189 ; 205 ; 217 ; *La Mort*, Paris, Flammarion, 1966, p. 93.
50   Vladimir Jankélévitch, *Le Traité des Vertus*, tome 3, op. cit., pp.1442-1453.

encore appris la peur, qui ne craint même pas d'être « terrible », notre premier commandement devrait être : soyez pareils aux enfants[51].

Apprendre à redevenir *terrible*, tel peut-être le génie absurde, à tout le moins celui qui, en Chestov, frappa Jankélévitch !

---

51   Léon Chestov, *Sur la balance de Job*, *op. cit.*, p. 190.

GEORGE PATTISON

Chestov, Kierkegaard, et le Dieu pour lequel tout est possible

Selon une déclaration faite à Fondane, ce n'est qu'en avril ou en mai 1928 que Chestov a entendu parler de Søren Kierkegaard pour la première fois, à l'occasion d'une visite à Martin Buber à Francfort. Selon ses propres termes : « Lors de mon voyage à Francfort, tout le monde parlait de Kierkegaard. Il n'y avait pas moyen de s'y dérober. J'ai avoué donc que je l'ignorais. »[1] Il ajoute que Kierkegaard est passé à côté de la Russie et que « même Berdiaev, qui a tout lu, ne le connaît pas. »[2] Cependant, il n'a pas commencé à le lire immédiatement, peut-être parce qu'il voyageait beaucoup au cours de cette période et parce qu'il était également occupé à lire Heidegger. Néanmoins, comme nous le verrons, cette dernière lecture sera pertinente pour son interprétation de Kierkegaard. En novembre, Chestov se trouve à Fribourg où il rend visite à Husserl dont il avait déjà fait la connaissance à Amsterdam, quelques jours avant sa visite à Buber. Chez Husserl, il a aussi fait la connaissance de Heidegger lui-même. Après le départ de celui-ci, Husserl se tourna vers Chestov et lui demanda de lui promettre de lire Kierkegaard[3].

Chestov ne comprit alors ni l'urgence ni la pertinence de cette demande, étant donné les différences existant entre le fondateur de phénoménologie et le philosophe de l'absurde. Mais, plus tard, après avoir lu le penseur danois, il comprit qu'il existait des rapports essentiels entre Kierkegaard et Heidegger. Pour reprendre ses propres termes : « l'apport personnel de Heidegger n'était que dans la volonté de réduire cette

---

1   Benjamin Fondane, *Rencontres avec Léon Chestov*, Paris, Plasma, 1982, p. 114. Repris dans Nathalie Baranoff-Chestov, *Vie de Léon Chestov*, t. II : *Les dernières années,* traduit du russe par Blanche Bronstein-Vinaver, Paris, Editions de la Différence, 1993, p. 12. La phrase « Kierkegaard était passé à côté de la Russie » se trouve au début de l'ouvrage : Léon Chestov, *Kierkegaard et la Philosophie Existentielle. Vox Clamantis in Deserto* (1936), Paris, Vrin, 1972, p. 10.

2   *Idem.*

3   *Ibidem*, p. 24.

pensée [celle de Kierkegaard] aux cadres husserliens »[4] – ce que confirme la première réaction (avant de lire Kierkegaard) du philosophe russe qui estime que *L'Être et le temps* « n'est pas de la phénoménologie, c'est une tentative de faire passer dans le domaine de la philosophie, sous le drapeau de la phénoménologie, une contrebande toute à fait a-philosophique – la légende biblique de la chute et du péché originel ».[5]

Chestov a donc commencé la lecture de Kierkegaard. Évidemment, il ne s'agit point d'une lecture philosophique, entendue en un sens conventionnel. Comme l'a écrit Fondane, « Kierkegaard n'y est pas devenu un objet de curiosité, une pensée historique qu'il s'agit de classer parmi les pensées déjà vécues ; c'est sa passion elle-même qui, vécue à nouveau, rentre dans le vivant, vivante ... »[6] Dans les années trente, cette lecture va donner lieu à la rédaction d'un cours donné à la Sorbonne : « Dostoïevski et Kierkegaard » (décembre 1932), d'une conférence publique faite devant l'Académie théologico-philosophique (1933)[7], des chapitres 11-15 de l'essai intitulé « Dans le taureau de Phalaris » (*Revue Philosophique,* janvier-février 1933) et finalement du livre *Kierkegaard et la philosophie existentielle*[8].

Dans cette étude, je me concentrerai sur ce dernier ouvrage, mais avant d'en venir à l'interprétation de Kierkegaard qu'offre Chestov, je voudrais commencer par faire quelques remarques générales sur l'histoire de la « découverte » chestovienne de Kierkegaard. De manière générale, il est vrai que Kierkegaard était passé à côté de la Russie, avec pourtant quelques exceptions qui méritent l'attention. En effet, à la fin du 19ème siècle, un danois résidant en Russie, P. G. Hansen, avait publié des extraits de *Ou bien ... ou bien* sous le titre « Plaisir et devoir ». On peut supposer que c'est dans cette édition que Lili Brik, la future compagne de Vladimir Maïakovski, avait lu *Le Journal d'un séducteur* de Kierkegaard au cours des années qui précédèrent la Première guerre mondiale, au moment où elle lisait également Tolstoï, Dostoïevski et

---

4   *Idem.*
5   *Ibidem*, p. 20.
6   Benjamin Fondane, « À propos du livre de Léon Chestov: Kierkegaard et la philosophie existentielle » (1937), in *Rencontres avec Léon Chestov*, Paris, Plasma, 1982, p. 187.
7   Nathalie Baranoff-Chestov, *op. cit.*, p. 141.
8   Léon Chestov, *Kierkegaard et la philosophie existentielle*, traduit du russe par Tatiana Rageot et Boris de Schlœzer, Paris, J. Vrin, 1936.

Nietzsche.[9] Il est significatif pour la réception de Kierkegaard au cours de cette période qu'on le lise dans le contexte du modernisme littéraire que représentent alors les grands écrivains russes, l'auteur de *Zarathoustra* et Ibsen. La lecture de Kierkegaard faite par le jeune Mikhaïl Bakhtine est peut-être plus significative pour l'histoire de la pensée moderne que l'enthousiasme de jeunesse de Lili Brik et de ses amis. Si ce dernier n'a presque jamais parlé du penseur danois et s'il a gardé un silence qu'on peut imputer à la situation idéologique de l'URSS, il a avoué l'influence de Kierkegaard, qui n'est pas très difficile à repérer dans un livre comme *La philosophie de l'acte* (1919-21).

Bien qu'on puisse rencontrer ici et là des exceptions, il est vrai que Chestov a été un des premiers, et, jusqu'à nos jours, le plus important des penseurs russes qui se sont explicitement occupés de Kierkegaard dans leurs travaux philosophiques. Mais, fait important, son interprétation ne s'est pas seulement adressée à une audience russe, mais aussi à une audience française et européenne.

Or, jusque dans les années trente, Kierkegaard était presque ignoré non seulement en Russie, mais aussi en France. Il est vrai que la *Revue des deux mondes*[10] lui avait consacré, peu après sa mort, une notice, mais entre la publication de cette notice et celle du livre de Chestov, on ne peut trouver que quelques articles et de petites monographies dispersées, la plupart étant d'un caractère littéraire, dans lesquelles Kierkegaard est perçu comme un personnage échappé des drames d'Ibsen.[11] Les traductions françaises ont commencé à paraître seulement dans les années trente. Enfin, il existait aussi une traduction de l'étude écrite en danois par Johannes Hohlenberg, d'un point de vue biographique[12]. Par conséquent, même si *Kierkegaard et la philosophie existentielle* n'était pas la *première* monographie française sur Kierkegaard, il s'agissait sans aucun doute d'un commencement

---

9   Vladimir Maïakovsky (ed. B. Jangfeldt), *Love is the Heart of Everything. Correspondance between Vladimir Mayakovsky and Lili Brik 1915-1930*, Edinburgh, Polygon, 1986, p. 7.

10   *La Revue des deux mondes*, Vol. IV, 20 octobre, 1856, pp. 459-91.

11   Cf. Hélène Politis, *Kierkegaard en France au XXe Siècle - Archéologie d'une réception*, Paris, Éditions Kimé, 2005. Il y a peut-être aussi des exemples que Politis ne discute pas, mais on ne peut pas parler d'une présence consistante de Kierkegaard dans le monde des idées en France avant les années trente (de même qu'en Angleterre).

12   Voir : Johannes Hohlenberg, *Søren Kierkegaard*, Copenhagen, H. Hagerup, 1940.

important de l'intérêt philosophique pour Kierkegaard en France. Mais, comme nous l'avons vu dans le cas même de Chestov, cet intérêt n'est pas directement arrivé en France à partir du Danemark, mais a transité par l'Allemagne.

Ce Kierkegaard n'est plus le Kierkegaard ibsénien du modernisme encore quelque peu romantique d'avant-guerre (le Kierkegaard que lisait Lili Brik). Il est devenu le point de départ d'une nouvelle vague de la philosophie existentielle, désormais associée aux noms de Jaspers et de Heidegger et à la théologie radicale de Karl Barth. Cette paternité allemande se reflète même dans l'orthographie de Chestov, qui a translittéré le nom danois en russe en écrivant « *Kierkegaard* », comme Buber, Heidegger et Husserl le prononçaient, par opposition avec la nouvelle translittération russe, plus proche du danois : « *Kierkegor* ». Bien sûr, le Kierkegaard chestovien n'est pas exactement le même que celui que Heidegger a traduit en termes husserliens, ni celui qui correspond à l'*Existenz-Philosophie* allemande.

Pourtant, la réticence de Chestov à « phénoménologiser » Kierkegaard n'a pas entièrement échappée à l'influence de ce à quoi il s'opposait. L'anti-philosophie que Chestov a trouvée en Kierkegaard représente une opposition à une tendance philosophique qui, enracinée dans la philosophie grecque, est parvenue à son achèvement dans les systèmes hégélien et husserlien, puis qui, sous une forme phénoménologique, est devenue une des tendances les plus importantes de la philosophie contemporaine. C'est précisément dans ce contexte que le livre de Chestov est entré dans l'histoire de philosophie du 20ème siècle. Quoi qu'il en soit, *Kierkegaard et la philosophie existentielle* a apporté un certain Kierkegaard à la philosophie en créant un certain Kierkegaard qui devait être pris en compte par la postérité. Comme nous verrons, c'est un Kierkegaard qui, à travers de multiples questions telles que celles du pardon, du don et celle de l'événement de la grâce, peut encore aujourd'hui contribuer au ressourcement des questions philosophiques contemporaines. Car qui est en réalité ce Kierkegaard ? C'est le Kierkegaard qui prône l'absurde, le Kierkegaard anti-philosophique qui a opposé « le penseur privé Job » à tous les systèmes de philosophie, de Platon à Hegel ; celui qui prêche le paradoxe et qui insiste sur le fait qu'à Dieu tout est possible, même l'impossible (ce que Chestov appelle la « devise » de Kierkegaard).

Je voudrais considérer maintenant cet ouvrage en trois temps. Premièrement, j'envisagerai le thème de la lutte contre la raison et l'éthique; deuxièmement, celui du Christianisme cruel et troisièmement la question du pouvoir du néant. En conclusion, j'ajouterai quelques mots sur la doctrine kierkegaardienne du pardon.

Berdiaev taquinait Chestov à cause de sa tendance à « chestoviser » les textes qu'il commentait. Comme Levinas l'a écrit dans son compte-rendu de *Kierkegaard et la philosophie existentielle*[13], les idées de Kierkegaard présentées par Chestov ressemblent à celles de Chestov lui-même. En effet, les lecteurs de Chestov n'ont pas de difficulté à reconnaître des personnages, des thèmes, des affirmations et des protestations qui se trouvent aussi dans les œuvres précédentes de l'anti-philosophe. Socrate, Platon, Plotin, Epictète, Luther, Spinoza, Hegel, Dostoïevski et Nietzsche y jouent les mêmes rôles familiers qu'ils jouent dans *La Balance de Job* ou dans *Athènes et Jérusalem* ; ces personnages tirés de l'histoire de la philosophie sont opposés à la pensée biblique, c'est-à-dire à Abraham, à Job, aux prophètes, mais aussi au *Nouveau Testament*. Ici encore rien de nouveau.

Pourtant, cela ne veut pas dire que le Kierkegaard de Chestov ne ressemble en rien à l'écrivain danois qui a écrit les œuvres fournissant un point de départ pour le penseur russe (qui, s'il n'est pas un penseur judaïque, comme l'a dit Levinas, est néanmoins juif). Pourtant, le fait que Chestov voit sa propre pensée reflétée dans le miroir du texte de Kierkegaard ne se réduit pas à une simple question de projection. Car il y a aussi des traits chestoviens dans Kierkegaard lui-même, et c'est à cause de ces analogies que *Kierkegaard et la philosophie existentielle* mérite d'être lu non seulement comme l'expression de la pensée chestovienne, mais aussi pour la compréhension de Kierkegaard.

Il est essentiel, à mon avis, de comprendre la phrase que Kierkegaard a écrit dans *Le Traité du désespoir* : « Dieu, cela signifie que tout est possible ».

---

13   Emmanuel Levinas, « Compte-rendu de Kierkegaard et la philosophie existentielle », *Revue des Études Juives*, 1937, p. 140.

L'expression kierkegaardienne n'est pas (comme on le lit dans la Bible) : « À Dieu, tout est possible », mais : « Dieu, cela signifie que tout est possible ». Cette formulation, me semble-t-il, est une intensification très délibérée de l'expression biblique : la possibilité ne doit pas être considérée seulement comme un pouvoir ou comme un attribut de Dieu, comme si on pouvait croire en Dieu sans croire à sa toute-puissance, mais la toute-puissance est ce qu'on entend quand on dit « Dieu ». « Dieu, cela signifie que tout est possible ». Cela, c'est une définition de Dieu, c'est ce que Dieu *est*. Mais cette toute-puissance ne devrait pas être comprise dans un sens métaphysique ou cosmologique.[14] Chez Kierkegaard, elle signifie d'abord et éminemment la toute-puissance du pardon. Mais comment comprendre et comment croire à une telle toute-puissance ? Ce sont les questions que l'interprétation de Chestov oblige le lecteur à affronter. Même si on ne trouve d'explication décisive ni chez Kierkegaard ni chez Chestov, la possibilité de soulever la question d'une telle possibilité possède une importance intrinsèque.

La Lutte contre la raison et l'éthique

L'étude de Chestov commence (« en guise d'introduction ») par une conférence faite à la Société Russe de Religion et de Philosophie de Paris, intitulée « Kierkegaard et Dostoïevsky ». Dès la première page, il est clair que la question fondamentale qui préoccupe Chestov à propos des œuvres des deux penseurs est, pour reprendre ses propres termes : « comment Kierkegaard et Dostoïevsky concevaient-ils le péché originel ? » Ce phénomène, le péché originel, dit Chestov, « Dès les temps les plus reculés … a toujours troublé la pensée humaine ».[15] D'Anaximandre jusqu'aux temps modernes, les philosophes ont jugé que la souffrance et le mal reflètent la constitution même du monde, à laquelle l'homme doit

---

14   J'admets que cette assertion a besoin d'une justification que je ne peux pas donner ici. Comme exemple d'une telle lecture, je renvoie à mes ouvrages : *Kierkegaard's Upbuilding Discourses,* London, Routledge, 2002 et *The Philosophy of Kierkegaard,* Aldershot , Acumen, 2005.

15   Léon Chestov, *Kierkegaard et la philosophie existentielle, op. cit.,* p. 9. Notons que c'est le même problème qui, selon Chestov, a occupé Heidegger dans *L'Être et le Temps.*

se soumettre. Mais il y a « une exception énigmatique »[16] à l'accord général des philosophes, exception qui se trouve dans les pages du « livre des livres », la Bible. Chestov pose la question, ou, comme il dit, « la question se pose à nous » :

> [...] d'où vient le péché, d'où viennent les tourments et les horreurs de l'existence liés au péché ? Existe-t-il un vice dans l'être même qui en tant que créé, bien que par Dieu, en tant qu'ayant un commencement, doit être inévitablement entaché d'imperfection, en vertu d'une loi éternelle qui n'est soumise à rien ni à personne, imperfection qui le condamne d'avance à la destruction, ou bien le péché, le mal consistent-ils dans le « savoir », dans les « yeux ouverts » et proviennent-ils ainsi du fruit défendu ?[17]

Ainsi la question est aussi celle – « c'est la même chose », dit Chestov – « de la vérité spéculative et la vérité révélée »[18]. Que Kierkegaard prenne parti pour la Bible contre les partisans de la vérité spéculative, s'exprime dans le fait que sa philosophie « n'est nullement une pure activité intellectuelle », et que cette philosophie commence non par l'étonnement, mais par « les affres du désespoir et de la terreur »[19]. On trouve cette opposition exprimée, par exemple, dans *La Répétition*, où elle est représentée comme une opposition entre le secours qu'offre d'un côté « un philosophe universellement connu ... un *professor publicus ordinarius* » et la consolation qu'on peut trouver chez « Job qui assis dans la cendre et tout en grattant les plaies de son corps avec un tesson, laisse tomber de rapides remarques et des réflexions »[20]. Mais « Le penseur privé Job est donc opposé non seulement à Hegel universellement célèbre, mais encore au Symposium grec, c'est-à-dire à Platon en personne »[21].

---

16   *Ibidem*, p. 12.
17   *Ibidem*, p.13.
18   *Ibidem*, p. 9.
19   *Ibidem*, p. 37.
20   *Ibidem*, p. 38.
21   *Ibidem*, p. 39.

Ce n'est pas seulement la forme de la philosophie contemporaine ou de la philosophie allemande que prend à parti (et qui fait enrager) Kierkegaard, mais la philosophie tout court. Il n'est pas question de « préférer à Hegel et lui opposer Leibniz ou Spinoza, ou bien les anciens. Mais échanger Hegel contre Job, c'est renverser le cours du temps, c'est revenir à une période à des milliers d'années en arrière, quand les hommes ne soupçonnaient même pas tout ce que nous ont apporté nos connaissances et notre science »[22] Si, comme le dit Chestov, Kierkegaard « respecte Socrate » et le « vénère même »[23], le fait de quitter la philosophie pour la Bible signifie un refus de l'amour de la raison que Socrate, comme Platon, Hegel et tous les philosophes demandent à l'homme, et c'est s'exposer à tous les maux dont Socrate lui-même menace ceux qui méprisent la raison. Il est donc convenu parmi ces philosophes que même Zeus doit s'incliner devant l'invincible Nécessité.

Cependant, s'il veut quitter la « philosophie perpétuelle », Kierkegaard doit en affronter les conséquences, et notamment le fait que la raison n'est pas seulement la raison théorique, mais aussi, ce qui est encore plus important, la raison morale, c'est-à-dire l'éthique. Contredire la raison revient donc non seulement à se définir comme « *misologos* » (ou peut-être comme « idiot »), mais aussi à se définir comme mauvais, comme pécheur, comme homme révolté. À la lumière des rapports entre la raison théorique et la raison éthique, nous en arrivons donc à la question bien connue de « la suspension téléologique de l'éthique » que Kierkegaard a illustrée dans son livre *Crainte et tremblement* avec l'exemple d'Abraham. Abraham a cru que Dieu lui avait ordonné de sacrifier son fils Isaac, c'est-à-dire d'effectuer un acte meurtrier, d'après les lois universelles de l'éthique humaine. Chestov paraphrase Kierkegaard de la façon suivante : « Au jugement de l'éthique, Abraham est le plus grand des criminels, le plus misérable des hommes – l'assassin de son fils »[24]. Mais ce qui fait Abraham, n'est pas simplement un acte de soumission à la volonté divine. Oui, il se soumet, il a fait ce que Kierkegaard appelle « le mouvement de résignation » mais il ne s'arrête

---

22   *Ibidem*, pp. 39-40.
23   *Ibidem*, p. 41.
24   *Ibidem*, p. 94.

pas à ce mouvement ; il effectue aussi un geste plus radical, « le mouvement paradoxal de la foi », croyant en fonction du pouvoir de l'Absurde que même s'il tuait Isaac, il serait heureux : « Il ne croyait pas qu'il deviendrait heureux un jour dans un autre monde. Non, il le sera ici, dans ce monde. Dieu pouvait lui donner un autre Isaac … »[25]. Alors, par le pouvoir de ce geste animé par la foi, Abraham est allé au-delà de l'éthique : dans les yeux des autres, dans le jugement de la philosophie morale, il se prépare à devenir un meurtrier, l'assassin de son fils.

Mais qui est Abraham? N'est-il pas en réalité Søren Kierkegaard lui-même, le jeune homme qui a écrit *Crainte et tremblement* ? En tout cas, comment rattacher la pensée de ce Kierkegaard à l'acte du père de la foi ? Ici, Chestov, assez original par ailleurs dans son interprétation de Kierkegaard, partage la tendance biographique de la plupart des commentateurs de la période d'avant-guerre. C'est-à-dire que *Crainte et tremblement* avec l'histoire d'Abraham et Isaac est à comprendre comme le récit en partie fictif de l'amour malheureux du jeune homme qu'est Søren Kierkegaard, le même qui était convaincu qu'il était obligé de renoncer à son mariage avec Régine Olsen, en se soumettant à une prohibition obscure, mais probablement liée au péché impardonnable (peut-être également imaginé) soit de Kierkegaard lui-même soit de son père. En suivant cette identification, Chestov affirme que l'affirmation de Johannes de Silentio, l'auteur pseudonyme de *Crainte et tremblement* : « Je ne peux accomplir ce mouvement (de la foi) » et celle de Kierkegaard dans son *Journal* : « Si j'avais la foi, Régine serait restée mienne »[26] sont identiques. Mais cela veut dire qu'en réalité, même dans *Crainte et tremblement*, la foi n'a jamais surmonté d'une manière décisive les limites (et les menaces) de l'éthique, et c'est ce qu'affirme Chestov : « Alors, lorsque Kierkegaard sent qu'il ne lui est pas donné, comme il l'exprime, 'd'accomplir le dernier mouvement de la foi', il se tourne vers l'éthique et son menaçant 'tu dois' »[27]. Cette attention portée à l'éthique se manifeste dans les œuvres kierkegaardiennes par l'accent mis sur la catégorie de « l'éthico-religieux »,

---

25   *Ibidem*, pp. 99-100.
26   *Ibidem*, p. 102.
27   *Ibidem*, p. 167.

catégorie que Chestov considère comme le « but » de la philosophie existentielle de Kierkegaard. Enfin, l'éthique triomphe sur la foi, mais comme Kierkegaard l'a dit lui-même : « Si l'éthique est le suprême, Abraham est perdu »[28]. Il est vrai que Kierkegaard a pris le parti de Job et d'Abraham, qu'il affirme le témoignage de ces héros bibliques contre la philosophie spéculative et partage leur « lutte insensée de la foi pour le possible »[29], mais confronté au quotidien et à « l'arsenal d'horreurs dont dispose l'éthique », il s'est rendu[30].

On reconnaît ici une forme d'argumentation ou de rhétorique chestovienne assez familière. Plotin, Luther, Nietzsche – aucun des penseurs paradigmatiques qui ont tenté de défier la souveraineté universelle de la raison et de la morale, et qui ont prononcé les mots les plus pénétrants, n'ont jamais réussi à être entièrement cohérents, n'ont jamais été capables de se maintenir à la cime de leur protestation métaphysique. Ce n'est nullement une question de faiblesse personnelle, mais une impossibilité imposée par la pensée et le langage. Plotin l'avait compris, lui qui refusa d'écrire sa doctrine jusqu'à l'âge de cinquante ans, et qui, après l'avoir écrite, refusa de relire ce qu'il avait écrit – signe, d'après Chestov, qu'il avait bien compris l'impossibilité de communiquer au moyen du langage ce qui est au-delà de l'Être. Par conséquent, on ne doit pas demander à Kierkegaard de dire ce que personne ne pourra jamais dire. Ce n'est pas cela que demande Chestov. Il a reconnu qu'il y avait une « dualité » en Kierkegaard : expulsé de la généralité, il est celui qui a éprouvé les horreurs de la condamnation éthique et qui s'est finalement trouvé incapable de se libérer de ces horreurs ; mais même dans son impuissance, il a continué à témoigner de l'impossibilité absurde d'une liberté finale. Comme il l'écrit encore : « Kierkegaard ne parvint pas à accomplir le 'mouvement de la foi' : sa volonté était paralysée, 'évanouie'. Mais il haïssait et maudissait son impuissance aussi passionnément qu'un homme est capable de le faire. Ne serait-ce pas là le premier 'mouvement' de la foi ? Ne serait-ce pas la foi ? La foi authentique ? »[31].

---

28   *Ibidem*, p. 164.
29   *Ibidem*, p. 167.
30   *Idem*.
31   Léon Chestov, *Kierkegaard et la philosophie existentielle, op. cit.*, p. 381.

Je crois que Chestov a tout à fait raison de parler de la dualité de Kierkegaard. Mais j'ajouterai que cette dualité est un peu plus complexe. Premièrement, et comme la plupart des commentateurs jusqu'aux années soixante-dix, il a négligé l'importance de l'écriture pseudonyme et a laissé échapper la différence existant entre Kierkegaard et ses pseudonymes. Kierkegaard insistait toujours sur le fait qu'on ne devait jamais identifier les idées de ses pseudonymes avec ses propres opinions. Quant à Johannes de Silentio et à *Crainte et tremblement,* la non-compréhension qu'admet Johannes en face du mouvement de la foi n'est pas du tout surprenante. Car Johannes n'est pas croyant, il est poète, il se tient consciemment à l'écart de la foi, et sa tâche est précisément celle de décrire la foi d'un point de vue extérieur à elle. Quant à Søren Kierkegaard et à sa confession sur le manque de foi, c'est bien entendu un peu plus complexe. « Si j'avais la foi, Régine serait restée mienne ». Mais comment Kierkegaard se rapporte à cette confession, à l'échec de sa tentative de devenir heureux « comme les autres » ? Il me semble que la question ne concerne ni quelque chose que Kierkegaard pourrait faire ni quelque chose qu'il devait s'abstenir de faire dans le monde extérieur. Le manque de foi à l'origine du fait que Régine ne reste plus la sienne est plus qu'un échec, c'est une faute, un péché, une répétition de la chute originelle d'Adam. De plus, c'est un fait historique qui ne peut être renversé au niveau historique. Dès lors, la question n'est plus : Søren Kierkegaard avait-il la foi au temps où il a renoncé au mariage ? Elle porte encore moins sur ce que Søren Kierkegaard devait faire plus tard (par exemple, s'il aurait du répéter sa demande en mariage à Régine). Au lieu de telles spéculations biographiques, la question est plutôt la suivante : est-ce que Kierkegaard a renoncé à la possibilité du pardon, non seulement à cause de son propre manque de foi, mais à cause de tous ceux qui sont conscients de n'avoir pas la foi, étant conscients d'être pêcheurs ?[32] Et cela, c'est la question que pose explicitement le dernier des pseudonymes, Anti-Climacus, dans *Le Traité du désespoir.* Je reviendrai à ce que Kierkegaard veut dire avec le choix de ce pseudonyme, Anti-Climacus, mais je note que c'est dans ce livre qu'on trouve

---

32   Parce que, comme Kierkegaard le dit dans *Le Traité du désespoir,* n'avoir pas la foi, c'est le péché.

l'expression qui sert à Chestov de clef à son interprétation de Kierkegaard : « Dieu, cela signifie que tout est possible ».

Cette définition se trouve dans la première section du livre, où prend place une discussion sur les formes du désespoir déterminé par la dialectique de la possibilité et la nécessité. Mais cette section n'est qu'une introduction aux analyses des formes de plus en plus extrêmes du désespoir, que Kierkegaard appelle « l'élévation en puissance » du désespoir. Par conséquent, la dernière section se tourne vers la forme la plus extrême du désespoir, ce que Kierkegaard (Anti-Climacus) nomme « la persistance dans l'état de péché avec la conscience de ce fait, de sorte qu'ici comme partout, la loi du mouvement d'élévation en puissance, tout interne, est donnée par une conscience de plus en plus intense »[33] dont il décrit trois formes. Dans sa première forme (« le désespoir en face du péché »), l'homme ne nie pas la possibilité du pardon en général, mais il ne croit pas à la possibilité du pardon de ses propres péchés. L'intensification de ce désespoir (la deuxième forme de la continuation du désespoir) est le refus de toute possibilité du pardon, non seulement pour soi-même mais pour tous ; c'est-à-dire qu'on ne croit pas qu'il y ait du pardon en soi. La tache du péché est devenue inexpugnable. La troisième forme, explicitement théologique, est la non-croyance dans le Christ, compris comme la base objective mais paradoxale du pardon.

Alors, le fait d'admettre que « Si j'avais la foi, Régine serait restée mienne » ne signifie pas que celui qui l'a dit est désespéré ; admettre que « Si j'avais la foi, Régine serait restée mienne » n'est pas la même chose que de ne pas croire à la possibilité du pardon. Admettre que « Si j'avais la foi, Régine serait restée mienne », c'est admettre que celui qui l'a dit a manqué de foi et qu'il a été (et est) pêcheur. Mais manquer de foi, être pêcheur, n'exclut absolument pas la croyance à la possibilité du pardon. Dans la logique paradoxale de Luther (que, dans l'ensemble, Kierkegaard a intériorisée), être pêcheur est la condition pour devenir croyant. Comme Luther l'a

---

33   Søren Kierkegaard, *La Maladie à la mort*, in *Ou bien...ou bien, La reprise, Stades sur le chemin de la vie, La Maladie à la mort*, trad. P.H. Tisseau, Coll. « Bouquins », Robert Laffont, 1993, p. 1285.

dit : « *Simul iustus et peccator* » – c'est-à-dire que le croyant est et doit être au même temps pêcheur. Et si nous ajoutons qu'être pêcheur se rapporte en premier lieu aux choses que nous avons faites dans le passé et que le pouvoir d'entraver la renaissance de notre liberté originelle est le pouvoir du passé qui s'impose à notre présent, la question du pardon se reporte vers l'avenir.[34] Si cette question signifie : « Y aura-t-il un pardon, une possibilité du pardon et une possibilité du bonheur ? » c'est-à-dire : « Me reste-t-il une possibilité d'être accepté de Dieu ? » Alors Kierkegaard n'a jamais nié cette possibilité. Car en dépit de son manque de foi, manifesté dans la renonciation au mariage, il n'a jamais voulu limiter la toute-puissance de Dieu concernant le pardon.

Pourtant, comme je l'ai remarqué, l'affirmation la plus décisive de cette toute-puissance se trouve dans une œuvre pseudonyme, écrite par un certain « Anti-Climacus ». Pourquoi prendre ici un pseudonyme ? Pourquoi Kierkegaard n'a-t-il pas déclaré cette vérité décisive avec sa propre voix ? Il me semble qu'il y a deux choses à dire. Premièrement, notons ce qu'il écrit au sujet d'Anti-Climacus : qu'il n'occupe pas, comme les autres pseudonymes, une position « sous-chrétienne », mais qu'il est chrétien en un sens radical, en un sens chrétien éminent, ce que Kierkegaard n'ose pas prétendre pour lui-même. Ce qu'écrit Anti-Climacus va au-delà de ce qui concerne Kierkegaard comme personnage privé, ou de sa foi et de son manque de foi. Cela concerne non seulement Søren Kierkegaard mais également l'Evangile lui-même. Le recours au pseudonyme fait écarter le personnage de Kierkegaard du texte et souligne l'objectivité (dans un sens très particulier) de la doctrine. Deuxièmement, l'utilisation du pseudonyme a aussi des conséquences pour le lecteur. En premier lieu, cela signifie que le rapport entre le texte et lecteur ne doit pas être considéré comme une communication autoritaire. Dès lors que l'auteur est un personnage inexistant, il ne peut pas menacer le lecteur de quoi que ce soit, il ne possède aucun moyen de demander ou de forcer la soumission. Un tel texte peut faire appel au lecteur

---

34   La logique de la temporalité du pardon a été brillamment exposée par Rudolf Bultmann dans son ouvrage : *History and Eschatology,* Edinburgh, Edinburgh University Press, 1975, pp. 138-55.

seulement au sein d'une communication libre, qui est la forme même exigée par le pardon, parce que le pardon est un rapport libre entre l'offenseur et celui qui a le droit de pardonner. Le livre pseudonyme ne peut pas dire qu'il y a (ou qu'il n'y a pas) pardon, mais il est le témoignage le plus pur, le plus désintéressé, de la possibilité du pardon. Ici Kierkegaard est tout à fait cohérent. Si le pardon est la simple possibilité pour l'homme désespéré d'être tenté de le croire impossible, il ne peut pas être enseigné comme une vérité objective, comme un dogme ou comme un fait. En somme, il ne peut être communiqué qu'indirectement, comme une possibilité ou comme une possibilité de possibilité.

Mais (question que soulève l'œuvre de Chestov), Dieu lui-même est-il capable de pardonner ? Nous avons parlé des limitations de l'homme qu'est Søren Kierkegaard (« Si j'avais la foi, Régine serait restée mienne »), mais, en dépit de ce qu'écrit Anti-Climacus au sujet de la toute puissance de Dieu, on peut néanmoins se demander si le témoignage de cette toute puissance qu'offrent les œuvres de Kierkegaard est suffisamment cohérent et décisif ? Pour sa part, Chestov en doute.

Le christianisme cruel

Un des mérites de l'interprétation chestovienne de Kierkegaard est qu'elle n'est pas limitée aux textes pseudonymes et esthétiques, mais s'étend aux discours édifiants et à des œuvres telles que *Les Actes de l'amour* et *Les exercices du Christianisme* dans lesquelles Kierkegaard a directement dépeint la voie religieuse. Mais le Christianisme qu'on rencontre dans ces écrits est, comme l'a dit Chestov, un « christianisme cruel ». Selon Kierkegaard, la consolation que nous offre le christianisme est paradoxalement une intensification de nos souffrances et de nos misères. « Peut-être manque-t-il d'autre chose celui qui souffre – de souffrances encore plus intenses. De souffrances plus intenses ! Qui est assez cruel pour oser dire cela ? Mon ami, c'est le christianisme, c'est la doctrine qu'on nous offre comme la plus douce consolation »[35]. Si nous voulons devenir croyants, nous serons obligés de

---

35   *Ibidem*, p. 179.

faire des sacrifices comme ceux que Dieu a exigé d'Abraham. Le prix du pardon, c'est de devenir non seulement un croyant mais un disciple de celui qui vivait comme un étranger sur la terre, méprisé et rejeté des hommes et finalement crucifié. La vie du Christ dans les écrits directs de Kierkegaard (et aussi dans les journaux) ressemble à l'amour malheureux que Kierkegaard lui-même a éprouvé –mais encore plus malheureux.

> La vie de Christ [...] est un amour malheureux unique dans son genre. Il aimait en vertu de sa conception divine de l'amour, il aimait le genre humain tout entier ... [...] [Mais] le Christ ne se rend pas malheureux lui-même, dans le sens humain, pour rendre heureux les siens. Non ! Il se rend lui-même et il rend les siens aussi malheureux que cela est, humainement parlant, possible ... Il se sacrifie uniquement pour rendre ceux qu'il aime aussi malheureux qu'il l'est lui-même ![36]

Mais qu'est-ce que signifie cette cruauté divine? D'après Chestov, elle signifie que Kierkegaard lui-même ne croyait pas à la toute-puissance de Dieu et pensait que même Dieu, même celui qui a créé le monde et le genre humain, se trouve impuissant devant la réalité du péché. Cela apparaît dans les journaux où Kierkegaard écrit : à l'heure de la crucifixion, quand le Christ a poussé son cri d'abandon, le fait le plus horrible est l'impuissance de Dieu. Selon Kierkegaard : « cela fut horrible pour le Christ, et c'est ainsi qu'on le présente généralement. Mais il me semble que pour Dieu il fut encore plus horrible d'entendre cet appel. Etre immuable à ce point ! Affreux ! Mais non, ce n'est pas cela le plus affreux ; le plus affreux, c'est d'être aussi immuable et d'être en même temps l'amour : oh ! souffrance infinie, profonde, insondable ! »[37]. Pour Chestov, cela signifie que même Dieu est finalement soumis au pouvoir de l'Éthique : « Car au-dessus de lui [de Dieu] trône le sourd et par cela même indifférent éthique avec son implacable 'tu dois' : tu dois être immuable »[38]. Et la conséquence pour les hommes, pour nous, est qu'« Il ne nous reste qu'une chose à

---

36   *Ibidem*, p. 213.
37   *Ibidem*, p. 229.
38   *Ibidem*, p. 230.

faire : imiter Dieu et le fils de Dieu qui s'est incarné ; supporter, sans questionner, les horreurs qui nous sont envoyées et y trouver notre béatitude »[39] – une doctrine que Chestov assimile à la sagesse Grecque, et à l'enseignement « que l'homme vertueux connaîtra la béatitude jusque dans le taureau de Phalaris »[40].

Mais qu'est-ce que veut enseigner Kierkegaard ? Il me semble, même d'après les prémisses de l'interprétation chestovienne, qu'il n'est pas question de « supporter, sans questionner » les horreurs de l'existence. Kierkegaard n'a jamais oublié les cris de Job ni consciemment admis la valeur de la philosophie spéculative. Il y a certainement des passages quasi scandaleux qui rappellent le pessimisme schopenhauerien — et pire encore, des textes où Schopenhauer dit que le seul choix que l'homme a à faire est d'être victime ou bourreau. Kierkegaard semble dire que même Dieu est forcé de choisir de cette façon. Mais, conscient que selon sa méthode indirecte Kierkegaard a renoncé a enseigner des dogmes, le langage anthropomorphique dans lequel il a décrit les souffrances du Dieu père devant la Croix doit nous alerter sur le fait que tels passages sont aussi en quelque façon indirects, et que ce sont des paraboles ou des analogies. Et que disent-elles, ces paraboles ?

Il me semble que ce sont, en dépit de toute tentation du désespoir, des affirmations de la liberté de l'amour et du pardon. Ils disent que, même si notre monde est un monde dans lequel les meilleurs eux-mêmes, y compris un fils de Dieu (s'il existe) ne peuvent être à l'abri des souffrances et de la violence, et bien que ce monde soit rempli non seulement de récits d'amour malheureux mais aussi de *Vernichtungsläger* ; bien qu'il s'agisse du monde que nous connaissons tous, celui dans lequel nous habitons — nous ne sommes cependant pas obligés de nous soumettre au désespoir ; nous ne sommes pas forcés de renoncer à la possibilité de l'amour, et, s'il y a un Dieu, nous ne sommes pas obligés de nier qu'il est un Dieu d'amour (et non la volonté aveugle et destructrice de Schopenhauer). Il se peut que Dieu ne puisse rien *faire* à face à la Croix : mais il peut aimer et il peut pardonner.

---

39   *Idem.*
40   *Idem.*

Le pouvoir du néant

Il est assez facile de faire de telles déclarations de foi, mais la réalité du péché, de la souffrance, ne disparaîtra si facilement. D'où viennent ces maux, et pourquoi sont ils inéluctables dans le monde de notre expérience ? Comme Chestov l'a déclaré dans les premières pages de son œuvre, la philosophie existentielle de Kierkegaard (mais aussi la pensée de Dostoïevski et de Heidegger) s'intéresse particulièrement à la question du péché et de la chute. Alors, comment Kierkegaard concevait-il la chute fondatrice du genre humain ? Concevait-il le péché, comme tous les penseurs métaphysiques, philosophes ou théologiens, comme enraciné dans l'ontologie humaine ? Comme St Augustin, par exemple, d'après lequel la chute, bien qu'elle doive être considérée comme un acte libre de la part d'Adam, est une conséquence du fait que la liberté humaine et que l'être même de l'humanité, participe au non-être à partir duquel le monde a été créé par Dieu. Du point de vue de Chestov, il semble qu'on pourrait dire la même chose de la version kierkegaardienne de la chute.

L'œuvre dans laquelle Kierkegaard nous offre son interprétation la plus approfondie de la chute est *Le Concept de l'angoisse* (dont l'auteur est le pseudonyme Vigilius Haufniensis). Elle raconte la situation des premiers êtres humains dans le jardin originel conçu comme une espèce d'enfance, appelée l'état de l'innocence.

> Cet état … comporte la paix et le repos ; mais en même temps il implique autre chose qui n'est ni la discorde, ni la lutte, car il n'y a rien contre quoi combattre. Qu'est-ce donc ? Le Néant. Mais quel effet produit le Néant ? Il engendre l'angoisse. Le profond mystère de l'innocence c'est qu'elle est en même temps angoisse[41].

Chestov suppose que « L'angoisse du Néant cause du péché originel, cause de la chute du premier homme – voilà l'idée fondamentale de l'ouvrage de

---

41   *Ibidem*, pp. 130-131.

Kierkegaard »[42]. De plus, et comme nous avons déjà vu, Dieu lui-même a le vertige devant ce Néant, et chez Dieu et chez l'homme, un tel vertige, la syncope de la liberté, est l'effet de la toute-puissance du néant, toute-puissance qui écrase tous ceux qui s'y opposent.

Mais il faut dire que Kierkegaard ne parle jamais, ni dans *Le concept de l'angoisse* ni ailleurs, du néant comme *cause* du péché. Le néant, à strictement parler, signifie seulement que nous ne sommes pas déterminés par la nature, par nos instincts animaux, et signifie précisément que nous sommes libres, indéterminés, que nous sommes responsables de ce que nous sommes et de ce que nous deviendrons. Oui, c'est angoissant, mais, d'après Kierkegaard, l'angoisse n'est plus que la possibilité du péché – ou de la foi. Tous les deux, le péché aussi bien que la foi, se réalisent seulement grâce à ce qu'il a appelé « un saut » au-delà de l'angoisse. Le néant kierkegaardien, ce n'est pas, comme dit Chestov, un reste de la pensée gnostique, un fragment de l'originel *ouk on* à partir duquel Dieu a créé le monde. Le néant, et l'angoisse qui l'accompagne, ce sont les caractéristiques d'un existant dont l'existence est définie par la responsabilité de soi-même devant un avenir indéterminé.

Encore une fois, nous devons raffiner ces remarques à la lumière de la méthode indirecte de Kierkegaard. Ce dernier n'enseigne pas la liberté comme un trait ontologique de l'être humain. Car, en tant qu'écrit pseudonyme, *Le concept de l'angoisse* n'enseigne rien de manière autoritaire. Tout ce qu'il peut faire, c'est de considérer la liberté comme possibilité : en abandonnant la doctrine augustinienne du péché originel ou héréditaire, Vigilius Haufniensis interprète l'histoire biblique de la chute comme possibilité. Ce qu'il dit à la face de l'histoire du péché et de la souffrance peut se résumer de la façon suivante : qu'il puisse être autrement – mais c'est au lecteur de décider, c'est au lecteur d'utiliser sa propre responsabilité en choisissant d'être pessimiste ou optimiste. Il n'y a aucun Vigilius Haufniensis dans ce monde qui ait le pouvoir de décider la façon de comprendre le sens de la question à la place de celui qui *hic et nunc* est devenu lecteur du *Concept d'angoisse*.

---

42   *Ibidem*, p. 131.

Conclusion[43]

J'espère que la pertinence (mot un peu trop direct, pratique et pragmatique) de l'interprétation du Kierkegaard chestovien pour la question du pardon est claire. Ni Chestov, ni Kierkegaard (compris autrement que Chestov ne l'a compris) ne nient la possibilité du pardon, et avec lui la possibilité d'un commencement radicalement nouveau pour tous ceux que Dostoïevski nomme les humiliés et les offensés. Tous les deux seraient d'accord avec Jankélévitch sur le fait qu'un tel pardon, proprement dit, ne pourrait être le résultat ni d'une usure temporelle, ni d'une compréhension des faits et des circonstances, mais doit être un événement, un don gracieux, fondé sur un rapport personnel.[44] Un tel pardon est donné et peut être donné seulement dans l'espace d'une liberté qui n'est pas celle de la personne autonome, mais dans l'espace où la possibilité de la liberté avant la liberté nous est donnée : c'est-à-dire la possibilité de devenir libre *encore une fois, après* le péché ou celle de trouver la foi en dépit de notre manque de foi. Un tel pardon n'est pas un fait historique, encore moins un droit humain ; c'est la transcendance paradoxale de la condition humaine, comprise comme l'histoire du péché et de la souffrance, qu'elle soit collective ou qu'elle résulte d'échecs personnels.

Concernant Kierkegaard, il faut dire que le point de vue de la discussion du pardon n'est pas le même que chez Jankélévitch. Ce n'est pas seulement parce que les horreurs qui préoccupent le penseur du 20ème siècle dépassent de façon incommensurable les souffrances de l'amour malheureux de Kierkegaard. Chez Jankélévitch, pour des raisons bien connues, il s'agit du point de vue de la victime. Mais Kierkegaard a traité presque exclusivement de l'offenseur, du pêcheur. La question que pose Kierkegaard est précisément la question que, selon Jankélévitch, les bourreaux des camps de la mort n'ont jamais posée. C'est la question du coupable conscient de sa culpabilité, la question de quelqu'un qui a renoncé a toute prétention

---

43   Ces remarques suivantes sont redevables à l'article de Hugh Pyper : « Forgiving the Unforgivable : Kierkegaard, Derrida and the Scandal of Forgiveness » in *Kierkegaardiana,* 22, 2002, pp. 7-23.

44   Vladimir Jankélévitch, *Le Pardon,* Paris, Aubier, 1967, p. 12.

à la justice de sa cause, c'est la question du Luther : comment puis-je, moi, homme sans mérites, trouver un dieu capable de grâce ? La réponse de Kierkegaard selon laquelle on ne doit jamais désespérer de la possibilité du pardon, ne signifie pas que le pêcheur a le droit d'être pardonné. Tout au contraire. Se considérer comme pêcheur, c'est se soumettre au pouvoir de l'offensé. Cela ne veut pas dire que le pardon sera donné, le pardon reste pour toujours le don de l'offensé (qui, du point de vue théologique de Kierkegaard, est toujours le Dieu créateur de la totalité de la création douée de beauté avec chacune de ses créatures), mais croire – ne pas être désespéré – est croire à la possibilité d'un tel don (ou à la possibilité d'une telle possibilité), c'est croire au renouvellement des rapports personnels que le crime avait détruit, c'est croire à la réinstauration ou à la récognition de l'humanité de l'offensé que l'offenseur a écrasé (ou a tenté d'écraser) dans l'acte criminel.

Derrida avait conclut son interview dans *Le Siècle et le Pardon* par la remarque suivante : « Ce dont je rêve, ce que j'essaie de penser comme la 'pureté' d'un pardon digne de ce nom, ce serait un pardon sans pouvoir : *inconditionnel mais sans souveraineté.* »[45] Pour Kierkegaard, l'assurance de la possibilité du pardon est donnée dans l'Evangile, non seulement comme devoir, comme loi, comme idéal, mais aussi comme événement dans la vie et surtout dans la mort du Christ. Comme nous l'avons vu, le Christ de Kierkegaard est conçu comme le Christ souffrant, le crucifié, abandonné de Dieu, le Christ que Dieu même n'a pu aider. D'après Chestov, cela signifie que non seulement le Christ mais aussi le Dieu de Kierkegaard sont soumis à la loi du « sourd et par cela même indifférent éthique avec son implacable 'tu dois' ».

Ce que je voudrais proposer comme conclusion et comme alternative, c'est que le Christ souffrant et mourant de Kierkegaard peut servir comme signe très précis et spécifique du « pardon sans pouvoir » suggéré par Derrida et c'est pour de semblables raisons (ou, peut-être, pour de semblable rêves) que l'Evangile a présenté la mort de Christ comme le gage éternel du pardon. Penser cette possibilité nous conduirait au delà des œuvres de Kierkegaard, de Chestov, de Jankélévitch et de Derrida, parce que c'est une question devenue indissociable des rapports tragiques du

---

45 Jacques Derrida, *Foi et savoir*, Paris, Éditions de Seuil, 1996, p. 133.

judaïsme et du christianisme, une question qu'on ne peut pas résoudre sans considérer à la fois l'intégrité historique et théologique de la Bible, l'identité même de Jésus nommé le Christ, et l'histoire qui a culminé avec ce que Jankélévitch a nommé « cette chose indicible dont on hésite à nommer le nom ».[46] Les penseurs du passé, particulièrement les penseurs de l'avant holocauste, ne peuvent servir à nos réflexions sur cette chose indicible que comme un ressourcement très limité et très fragile. Néanmoins, ils *peuvent* servir. Comme Levinas l'a dit dans la conclusion de son compte-rendu du livre kierkegaardien de Chestov : « M. Chestov, juif philosophe, n'est certes pas un philosophe du judaïsme. Dans l'héritage de Jérusalem il ne sépare pas l'ancien testament du Nouveau. Mais c'est un philosophe de la religion. Et sous sa forme existentielle la philosophie religieuse remet en valeur les problèmes du salut, c'est-à-dire le message même du judaïsme ».[47] Et, je voudrais ajouter, du christianisme.

---

46   Vladimir Jankélévitch, *L'imprescriptible,* Paris, Éditions du Seuil, 1986, p. 19.

47   Emmanuel Levinas, « Compte-rendu de *Kierkegaard et la philosophie existentielle* », *art. cit.*, p. 141.

BENJAMIN GUERIN

Faux ami et étrange fraternité

L'étude de Kierkegaard a profondément coloré la pensée chestovienne dans ses derniers écrits. Son ouvrage de 1936 sur *Kierkegaard et la philosophie existentielle* a marqué l'histoire de la réception de Kierkegaard en France ; il a également permis d'affirmer une philosophie de l'existence déjà largement aboutie. En effet, le penseur danois n'a été que tardivement découvert par Chestov et fut, pour ce dernier, plus un allié philosophique qu'une source d'inspiration ou d'influence. Ce rapport complexe à Kierkegaard, cette *étrange fraternité*, peuvent se comprendre avec l'histoire de la découverte par Chestov de Kierkegaard derrière Heidegger, le disciple de Husserl.

En s'intéressant à Heidegger à la fin des années vingt, Chestov a cru voir en lui un ami philosophique. Il a pensé que Heidegger suivait la même voie que lui, contre la raison, la logique et les évidences. Afin de mieux comprendre la pensée heideggérienne, Chestov fut poussé par Husserl à étudier l'œuvre de Søren Kierkegaard. Ceci l'amena, au cours des années trente, à se rendre compte qu'il s'était en fait construit un *ami imaginaire*. Heidegger, en fin de compte, n'était qu'un *faux ami*, dans tous les sens du terme. C'est-à-dire un ami qui s'avère finalement ne pas en être un. Heidegger fut un « *faux ami* » en ce sens qu'il énonçait une philosophie d'origine et de forme semblable à celle de Chestov mais recouvrant des sens partiellement, voire totalement, différents. La découverte par Chestov de Kierkegaard derrière Heidegger est donc l'histoire d'une méprise et d'un retournement interprétatif. Pour analyser le rapprochement possible et l'inévitable clivage entre la position kierkegaardienne et heideggérienne sur la question de l'être, il faut opérer un détour préalable par la présentation de Husserl, le maître de Chestov, et celle de Heidegger, l'élève de Husserl.

Chestov rencontra Husserl en avril 1928, à Amsterdam. Les deux hommes devinrent rapidement amis, malgré la polémique initiée en 1926 par les violentes critiques de Chestov à l'encontre du penseur allemand[1]. Peu après leur rencontre, Husserl déclara que le penseur russe lui avait « beaucoup plu par sa manière impulsive et par son esprit combatif. » Chestov est celui qui a critiqué sa pensée avec le plus de virulence : selon ses propres dires, c'est là la cause de leur amitié. Et la femme de Husserl de déclarer : « On ne peut plus les séparer, c'est comme deux amoureux. » Chestov a joué un rôle actif pour faire connaître la pensée de Husserl en France car il considérait ce dernier comme « le plus conséquent des philosophes » et même comme son « maître » ! Mais, la pensée de Chestov peut-elle admettre d'avoir un maître ? Le rapport de maître à disciple – ou plutôt de disciple à maître – est envisagé ici, non dans un sens de soumission, mais au sens d'un combat, d'une lutte pour le dépassement. Husserl a été le maître de Chestov parce qu'il lui a permis de se dégager de la philosophie spéculative. C'est en combattant Husserl que Chestov a pu saisir ce qu'il devait combattre. C'est pourquoi, il déclarait à Husserl :

> Je n'aurais jamais entamé la lutte contre les évidences si votre façon de les poser ne m'y avait provoqué, obligé même... Ce sont vos évidences autonomes, hors de raison et hors de l'homme, vraies même si l'homme n'existait pas, qui m'y ont poussé... Aussi, si jamais dans l'autre monde, je suis accusé d'avoir lutté contre les évidences, je ne manquerai pas de vous en rendre responsable ! C'est vous qui serez brûlé à ma place ! [2]

La lutte contre les évidences est le cœur même de la philosophie de Chestov : c'est le nœud de la soumission de l'homme qu'il faut trancher. Pour Chestov, les évidences correspondent aux cas où la raison écrase et soumet la liberté de l'homme pour, finalement, s'imposer à lui sans lui demander son avis. Mais ce n'est pas Husserl qui a appris à Chestov à lutter contre les évidences, c'est le combat contre son maître qui le lui a appris. Chestov conteste le fait que « ce qui est mathématiquement vrai ne saurait être psychologiquement absurde ». Avec Husserl se

---

1   Cf. articles de Chestov dans la *Revue philosophique de France et de l'Étranger* de janvier 1926, pp. 5-62 et janvier 1927, pp. 36-74.

2   Benjamin Fondane, *Rencontres avec Léon Chestov*, Paris, Plasma, 1982, p. 93.

pose le problème d'une séparation totale entre la vérité et l'existence puisque son idéalisme transcendantal travaille à la réconciliation de la vie naturelle mondaine et de la philosophie. Pour Chestov, ce chemin de la réconciliation nie un conflit entre deux antagonistes : la vérité et l'existence. Cela lui permet de pointer le fait que Husserl poursuit, malgré tout, le chemin de la tradition, la voie logique et la voie cartésienne et, donc, que la phénoménologie ne rompt pas avec la tradition spéculative de la philosophie. Or, la spéculation établit des vérités éternelles qui rendent certaines affirmations ou certains faits tout-puissants en les faisant reposer sur des évidences. Chestov veut lutter contre la sanctification par la logique des vérités d'évidence. Si je dis : « ce cendrier existe », ce n'est pas pareil, explique-t-il, que de dire : « la peste noire et Hitler existent ». La différence est que « je veux bien » que ce cendrier existe...

Malgré les amalgames de Chestov – notamment entre l'évidence, le fait et les vérités – qui rendent parfois sa pensée obscure au premier abord, Husserl avait bien compris la pertinence de la critique chestovienne et prenait « très au sérieux » les problématiques du penseur russe qui, de son côté, disait volontiers que Husserl était « Le seul homme au monde que j'imaginais ne pas devoir comprendre mes questions. Et c'est un des rares qui ait compris, ou mieux ! qui ait entendu ces questions... »[3].

Chestov s'intéressa à Heidegger, l'élève de Husserl, dès 1928, avec la lecture de *Sein und Zeit* (*Être et Temps*), le « maître livre » de Heidegger paru en 1927. Ce livre pose la question de ce qu'est le sens de l'être et tente d'y répondre de manière phénoménologique. Pour cela, Heidegger mène l'analyse herméneutique d'un étant privilégié : le *Dasein*. Ce livre a pu prêter à de nombreuses confusions, d'abord parce qu'il est resté inachevé, ensuite parce que l'analyse du *Dasein*, très marquante et novatrice, tendait à faire oublier la question de l'être telle que Heidegger l'avait posée en introduction. En effet, Heidegger n'a pu mener à bout la thèse de *Sein und Zeit* et c'est pourquoi la troisième section reste manquante : de l'analyse de l'existence de l'homme, Heidegger n'a pu remonter à l'être. Cet échec a obligé Heidegger, entre 1927 et le milieu des années trente, à une réorientation de sa pensée que l'on a

---

3   *Ibidem.*

appelée « le Tournant ». Toutefois, faute de recul suffisant, *Sein und Zeit* fut interprété dans les années trente à partir de la seule recherche sur l'existence de l'homme, sur l'analyse du *Dasein*. C'est ainsi qu'en France, pendant les années trente, Heidegger fut interprété comme un penseur existentiel, ce qu'il a lui-même dénoncé.

Heidegger fut d'abord compris par Chestov comme écartelé entre le fait qu'il était d'un côté le disciple de Husserl et de l'autre un philosophe d'une profonde originalité tendant vers Chestov. Heidegger suivrait-il la même voie que lui, la même lutte ? Dans un premier temps, Chestov se posa la question. Ayant à peine terminé l'étude de *Sein und Zeit*, il déclara :

> J'ai déjà maîtrisé Heidegger. C'est, en effet, un livre extrêmement intéressant. Mais ce n'est pas de la phénoménologie, c'est une tentative de faire passer dans le domaine de la philosophie, sous le drapeau de la phénoménologie, une contrebande tout à fait aphilosophique.[4]

D'un certain point de vue, *Sein und Zeit* part de la remise en cause d'une évidence imposée par toute l'histoire de l'ontologie qui s'est occupée de nous dire ce qu'est l'étant. Formulée ainsi, cette problématique peut sembler tout à fait chestovienne. En effet, il s'agit en quelque sorte d'une rébellion contre une évidence posée par et appuyée sur toute l'histoire de la philosophie et du savoir. De plus, comme solution, Heidegger propose non seulement de reposer la question du sens de l'être à nouveaux frais, assurant que cette question a été perdue de vue à force de doctrines toujours plus assurées et toujours plus systématiques, mais également de la poser dans le cadre de notre existence. Il s'agit de retrouver l' « embarras » face à cette question. La notion introduite ici d' « embarras » face à ce qui est ou n'est pas et ce que cela signifie est tout à fait shakespearienne. Or cette manière tragique de poser les questions fondamentales est aussi celle de Chestov. Enfin, la résolution de cette

---

4   Léon Chestov, « Lettre à Eitingon du 14 juin 1928 », in N. Baranoff-Chestov, *Vie de Léon Chestov, II - Les dernières années 1928-1938*, traduit du russe par Blanche-Bronstein-Vinaver, Paris, Éditions de la Différence, 1993, p. 20.

question passe par une « élaboration concrète de la question de l'être », par l'étude du mode d'être de l'homme. Il ne s'agit donc pas d'une ontologie partie de la nature et qui applique ses théories et ses catégories aux faits. Par cette démarche, Heidegger en arrive donc à une certaine critique des sciences positives leur assignant un domaine secondaire et limité : elles ne peuvent pas parler de l'être mais d'une région déterminée de l'étant. Ces sciences ne sont pas premières, elles sont fondées par une ontologie fondamentale.

En posant, lors de sa conférence du 24 juin 1929 à Fribourg publiée en décembre 1929, la question « qu'est-ce que la métaphysique ? » (*Was ist Metaphysik ?*) avec l'idée que celui qui pose cette question « se trouve lui-même être mis en question », Heidegger rompt avec l'histoire de la métaphysique qui a perdu et recouvert le sens de la question de la liberté humaine tout comme l'histoire de l'ontologie a perdu et recouvert le sens de la question de l'être. L'enjeu est alors de se livrer à une véritable critique de la raison pure, la raison ne passant pas devant son propre tribunal comme chez Kant. Parce qu'il entend « toucher à la souveraineté de la logique » en se demandant ce qu'est le Néant, Heidegger semble suivre la route philosophique de Dostoïevski et de Chestov. Si le néant dépasse la négation, alors la question posée par Heidegger est antérieure à la logique ; alors, pour Chestov, « c'est l'idée même de logique qui se dissout, emportée par le tourbillon d'une interrogation originellement antérieure ». Ce dernier se demanda même si « *Was ist Metaphysik ?* » n'était pas « la conséquence de (leur) conversation »[5]. La thématique du « souci » (*Sorge*) dans *Sein und Zeit* intéresse au plus haut point la pensée chestovienne. Au-delà du fait qu'il est question de l'analyse d'une notion profondément existentielle, ce qui peut toucher Chestov, dans l'analyse que fait Heidegger du souci, est la distinction qu'il fait au chapitre IV de la première section de *Sein und Zeit* entre, d'un côté, le On despotique qui impose la ressemblance à l'autre, le nivellement, la médiocrité et la publicité et, d'un autre côté, le Soi qui, lui, est l'authenticité de

---

5   « Lettre aux Lovtzki du 9.11.1928 », Nathalie Baranoff-Chestov, *Vie de Léon Chestov, II, op.cit.,* p. 24.

l'existence qui s'est retrouvée elle-même. Cette distinction n'est pas sans rappeler Dostoïevski[6].

Un autre détail pouvant intéresser Chestov est l'originalité du concept de compréhension dans *Sein und Zeit*. Le *Verstehen* chez Heidegger évoque une compréhension immédiate déjà donnée et non explicite, une sorte de « pré-compréhension ». Mais la compréhension que le *Dasein* a de lui-même n'est pas pré-donnée, elle reste cachée parce que son être se dérobe à lui-même. Heidegger critique le fait que la question du sens de l'être ait dérivé vers la question de la connaissance de l'être alors que l'« être au monde est rendu invisible par une connaissance inadéquate ». C'est ainsi que Heidegger, en passant de la contemplation à la préoccupation qui se définit par son opposition à la connaissance, bouleverse toute la théorie de la connaissance basée sur le rapport d'un sujet à un objet posé comme extérieur. Ontologiquement, le *Dasein* est au plus loin de son être, mais ontiquement, le *Dasein* est au plus proche de lui-même.

D'ailleurs, le concept même de *Dasein* est synonyme de l'existence. Le *Dasein* est le « là » de l'être, il est l'« être-là ». C'est le *Dasein* qui doit être interrogé pour fonder les ontologies, le *Dasein* a la primauté et son analyse, qui sera l'ontologie fondamentale, est une analytique existentiale. C'est ainsi que Heidegger peut être interprété comme un penseur existentiel s'intéressant à l'être dans l'horizon de sa vie, de son existence, de sa quotidienneté dont il part pour remonter au propre. Adoptant un tel point de vue, ne restant plus fixé sur l'essence ou la substance qu'il remet en cause avec l'analyse de la disponibilité (*Zuhandenheit*), Heidegger est alors en rupture avec ce qu'on peut appeler les philosophies traditionnelles. C'est pourquoi Chestov le compare à un contrebandier faisant passer dans la philosophie de l'aphilosophie. Il peut alors sembler aller de soi pour Chestov que si Heidegger mène une « destruction de l'histoire de l'ontologie » empêtrée dans une tradition endurcie et déracinée, c'est pour les mêmes raisons que lui. Sous couvert de phénoménologie, Heidegger ne serait donc pas si différent de Chestov. Les deux *disciples* de Husserl ne

---

6   Entre autres exemples, Raskolnikov abandonne le statut d'étudiant pour celui de meurtrier après avoir fait publier un article posant une distinction semblable à propos de l'Humanité.

seraient-ils pas aussi rebelles l'un que l'autre ? Il est à préciser à ce sujet que Heidegger ne se rapporte pas dans *Sein und Zeit* à l'histoire de la phénoménologie. Au lieu de cela, il la redéfinit comme une phénoménologie de l'inapparent pouvant remonter à l'être, comme une herméneutique.

En novembre 1928, Chestov rencontra Heidegger chez Husserl à Fribourg. Cette confrontation avec Heidegger s'avéra déterminante pour faire éclater les jugements de Chestov sur ce dernier. Chestov raconte que, lors de cette première entrevue, il a cité à Heidegger « ses propres textes » qui, d'après Chestov, « devaient faire éclater son système » : il en avait la « conviction profonde »[7]. À ce moment précis, Chestov était persuadé que Heidegger se positionnait face à son maître, Husserl, exactement de la même manière que lui, mais sans s'en rendre compte ou, du moins, sans oser le revendiquer. Cette méthode qui consiste à ébranler un système par quelques citations finement choisies est celle qu'il utilise toujours avec les penseurs auxquels il se confronte. Mais, en 1928, cette méthode se heurta au dédain de Martin Heidegger.

Ainsi, Chestov dut encore méditer sur sa rencontre avec Heidegger. Husserl lui avait pourtant donné un bon indice de compréhension lors de la première rencontre avec Heidegger :

> Une fois Heidegger parti, Husserl m'a entrepris et m'a fait promettre que je lirais Kierkegaard ; je ne comprenais pas le « pourquoi » de son insistance – car la pensée de Kierkegaard n'a aucun rapport avec celle de Husserl, et il ne devait pas en raffoler. Je pense aujourd'hui qu'il voulait peut-être que je lusse Kierkegaard, afin que je fusse à même de mieux comprendre Heidegger[8]

En effet, c'est avec l'étude et la compréhension de Søren Kierkegaard que Chestov a pu se situer par rapport à Heidegger. Mais il a fallu plusieurs années à Chestov avant de comprendre cela. Il pouvait, en effet, sembler étrange à Chestov que Husserl « le penseur qui consacra toute son existence à la glorification de la raison »

---

7   Léon Chestov, « Lettre aux Lovtzki du 9.11.1928 », *op. cit.*, p. 24.
8   *Idem.*

lui ait recommandé la lecture de « Kierkegaard qui chantait des hymnes à l'Absurde ». En rencontrant Heidegger, Léon Chestov a rencontré également Søren Kierkegaard qui lui était complètement inconnu : « Même Berdiaev, qui a tout lu, ne le connaît pas ! », s'exclamait-il. À vrai dire, à la fin des années vingt, c'est essentiellement au Danemark et en Allemagne que Kierkegaard est connu ; l'explication principale repose sur le manque de traductions des œuvres de Kierkegaard en d'autres langues. Chestov ne fut cependant pas tributaire de l'avancée des traductions des œuvres de Kierkegaard étant donné qu'il entendait l'allemand. Mais pour le penseur russe, la complète intelligence de Kierkegaard ne fut pas immédiate, ce fut même un long chemin, une lutte éprouvante – de son propre aveu.

D'abord, Chestov se heurta – comme tout un chacun – à la question du genre de l'œuvre de Kierkegaard. « Je lis Kierkegaard – en effet, il y a quelque chose en commun (avec moi), expliquait-il en 1928. Mais pour autant que je puisse en juger d'après ce que j'ai lu, il n'y a pas de philosophie »[9]. Kierkegaard est un penseur au style excessivement littéraire pour un philosophe, ce qui n'est pas allé de soi pour sa réception, notamment en France. Mais ce jugement, peut-être trop hâtif, n'est en rien péjoratif dans la bouche de Chestov qui s'est construit philosophiquement – peut-on dire – en étudiant Shakespeare, Tolstoï et Dostoïevski. Pourtant, il ne fait pas de doute que Léon Chestov est dans un premier temps très sceptique face à Kierkegaard. « À mon avis, écrivait-il en 1929, on semble en général, trop apprécier Kierkegaard en Allemagne. Il n'est pas, et de loin, aussi profond et puissant que le pensent les Allemands. »[10]

Pourtant, quelques mois plus tôt, le 5 février, il commençait à relever des points communs avec sa propre pensée :

Je lis Kierkegaard petit à petit; je trouve, en effet, des choses qui nous sont communes. [...] Il semble quelquefois qu'il ait lu *l'Apothéose du Déracinement* ou que j'ai lu ses livres. Toute la différence c'est que, tout en entretenant une polémique

9   Léon Chestov, « Lettre aux Lovtzki de décembre 1928 » in N. Baranoff-Chestov, *ibidem*, p. 36.
10   Léon Chestov « Lettre aux Lovtzki du 27 avril 1929 », *ibidem*, p. 30.

avec Hegel, il veut quand même utiliser la dialectique de Hegel contre lui-même[11], et que l'idée de déracinement lui avait sans doute paru inacceptable.[12]

Avec l'épreuve du tragique, l'homme du souterrain rompt avec la philosophie traditionnelle qui place tant d'espoirs dans la connaissance et le savoir. Dans l'aphorisme LXXVI de *L'Apothéose du Déracinement*, Chestov accuse la pensée moderne d'amputer toute une part de la vie, de l'existence de l'homme. L'aphorisme LXXV va jusqu'à dépeindre la science moderne en utilisant la métaphore de la tête de Méduse. Étonnamment, dans *Crainte et Tremblement*, Kierkegaard fait la même comparaison avec la victime de Persée, l'objectivité pouvant ainsi pétrifier la subjectivité. Chestov conclut son analogie en disant que :

[…] la tête de la méduse est moins terrifiante que la loi causale. Pour fuir cette dernière, l'homme est prêt à tout : il risquera plutôt la folie, semble-t-il [...], que de revenir vers la connaissance de la réalité par les causes.

Le tragique dans la pensée de Chestov est une assise existentielle. En effet, l'aspect tragique de sa pensée permet de philosopher plus concrètement sur l'existence en préférant se baser sur une vie angoissée plutôt que pétrifiée. Dans la deuxième partie de *L'Apothéose du déracinement*, Chestov propose dans le premier aphorisme de haïr la logique en faisant le pari que « les ténèbres lui donneront la liberté. » Kierkegaard compare l'angoisse au vertige, et Chestov fait de même dans l'aphorisme XLVI de cette même partie. Nier que « l'horrible, le dépérissement, la destruction cohabitent avec tout homme », c'est risquer de pétrifier la vie, donc de la nier ainsi que la liberté ; c'est en ce sens que « l'angoisse rend la liberté possible ». Alors, apparaît la dimension du possible qui vient prendre la place des vérités pétrifiantes. Peu à peu, Chestov se sentit plus proche de la pensée de Kierkegaard. Il l'assimila à un philosophe de la tragédie, comme Nietzsche, tandis que se

---

11   Chestov fait ici allusion au *Concept d'Angoisse* de Kierkegaard.
12   Léon Chestov, « Lettre aux Lovtzki du 5 février 1929 », Nathalie Baranoff-Chestov, *Vie de Léon Chestov, II, op. cit.*, p. 30.

multipliaient les étranges correspondances avec Kierkegaard jusque dans le détail de leurs exemples : « – Étrange ! Tout comme Kierkegaard – et sans le connaître – j'avais écrit que le Dieu sur l'Olympe devait rire de Hegel. Je ne connaissais pas Kierkegaard. »[13] Les idées d'angoisse et de liberté ont un rôle premier dans leur philosophie à tous deux. Or, en découvrant la thématisation de l'angoisse – notamment – à laquelle se livre Kierkegaard, Léon Chestov fut amené à reconsidérer la pensée de Heidegger. Au point de vue de l'histoire de la philosophie, l'enjeu concerne les racines de l'existentialisme ou du moins des pensées existentielles. En effet, il pouvait désormais mieux faire la part de ce qui revenait à Kierkegaard dans la pensée de Heidegger et donc considérer quelle réutilisation Heidegger faisait des problématiques kierkegaardiennes.

La première chose que remarquèrent Chestov et Benjamin Fondane est que Heidegger reprend de nombreux concepts kierkegaardiens :

> La terminologie de Heidegger est la même absolument que celle du mystique danois Kierkegaard (1813-1855) Heidegger n'en parle qu'une fois dans une note jetée au bas d'une page, mais ça suffit : « c'est Kierkegaard, dit-il, qui est allé le plus loin dans l'analyse du phénomène de l'Angoisse.[14]

En fait, le nom de « Kierkegaard » est cité trois fois en note dans *Sein und Zeit*, aux pages 190, 235 et 338. À chaque fois, il rend hommage à la pensée « pénétrante » de l'auteur du *Concept d'Angoisse*. Le changement de terminologie adoptée par rapport à la tradition philosophique est un détail très important. En permettant à des termes comme la « souffrance », l'« amertume », la « privation », le « refus » d'investir le champ du langage philosophique, Heidegger marque une rupture fondamentale avec la philosophie apologétique de la raison. Ses armes ne sont plus logiques : il reprend la terminologie kierkegaardienne faite d'humeurs, d'angoisses, de souffrances, etc.

---

13   Benjamin Fondane, *Rencontres avec Léon Chestov*, op. cit., p. 114.
14   Benjamin Fondane, « Sur la route de Dostoïevski. Martin Heidegger », *Cahiers du Sud*, VIII, n° 141, Marseille, 1932, p. 380.

Heidegger reprend en particulier à Kierkegaard la notion de « *Stemning* » qui devient en allemand « *Stimmung* ». Dans sa traduction de *La Reprise*[15] de Kierkegaard, Nelly Viallaneix explique que le danois « *Stemme* » signifie « voix ». C'est ainsi que, en un premier sens, « *Stemning* » signifie le prélude, l'accord, la « tonalité ». Mais à ce registre musical et sonore, s'ajoute un registre de la sensibilité qui fait que « *Stemning* » peut aussi évoquer une certaine humeur ou disposition affective, le « *in the mood* » anglais, un sentiment, voire même une ambiance ou une « atmosphère ». C'est d'ailleurs par « atmosphère » que P.-H. Tisseau a traduit le titre « *Stemning* » au début de *Crainte et Tremblement* pour évoquer les préludes de l'Ancien Testament. Mais c'est la traduction de Nelly Viallaneix qui est sans doute la plus intéressante étant donné qu'elle accorde au terme de « *Stemning* » une valeur conceptuelle bien distincte : elle traduit constamment « *Stemning* » par l'expression « tonalité affective ». Cette notion est en effet capitale chez Kierkegaard même si elle semble noyée dans la masse des expressions poétiques de son style. Or, en traduisant toujours de la même manière ce terme, N. Viallaneix le rend repérable et plus distinct. Heidegger reprend cette notion de « tonalité affective » et la définit comme un des existentiaux du *Dasein*. En effet, décrivant la constitution existentielle du « là », Heidegger définit le *Dasein* comme tonalité affective au paragraphe 29 de *Sein und Zeit*. Il s'agit alors d'une humeur du sujet indissociable d'une certaine atmosphère, d'une certaine coloration du monde. Si le ciel est bleu pour l'amoureuse et devient gris pour la malheureuse, il ne faut pas y voir de rapport de causalité entre l'humeur du sujet et la coloration du monde – ou l'inverse. Le monde et le *Dasein* s'accordent dans la tonalité affective comme deux instruments de musique. Chez Heidegger, la tonalité affective révèle au *Dasein* qu'il est et qu'il a à être. De même, Kierkegaard accorde une place importante à la tonalité affective qui détermine toujours qui est l'individu ou plutôt, quel est son mode d'existence. C'est pourquoi à plusieurs reprises, Kierkegaard insiste sur le fait qu'une vérité de tonalité affective correspond

---

15   Søren Kierkegaard, *La Reprise*, introduction et notes par Nelly Viallaneix, Paris, Flammarion, 1990, p. 60.

à une vérité de concept d'où son souci constant de préciser quelle est l'atmosphère (comique, ironique, sérieux...).

Par conséquent, Heidegger reprend également la tonalité affective sans doute la plus développée par Kierkegaard, c'est-à-dire l'Angoisse. C'est là reprendre le concept phare de Kierkegaard, clef de voûte – au moins symbolique – de ce que l'on a pu appeler la pensée existentielle. Heidegger décrit bien l'angoisse comme une « *Stimmung* » dont l'objet est le rien et le néant. Et néanmoins, « le devant-quoi de l'angoisse est le monde comme tel », explique-t-il, tandis que Kierkegaard définit l'angoisse objective comme « angoisse de la création », c'est-à-dire du monde comme tel. L'angoisse revêt également chez Heidegger l'idée de syncope, d'effondrement du réel, du monde et elle est tournée vers le possible comme chez Kierkegaard. Effectivement, Heidegger explique que le *Dasein* est ouvert par l'angoisse comme « *Möglichsein* » c'est-à-dire littéralement comme « être-possible ». Or, cette possibilité est fondamentalement liberté, l'angoisse ouvrant le *Dasein* comme « être-possible » le rend « *Freisein für Freiheit*», c'est-à-dire littéralement « être-libre pour la liberté ». En fait l'angoisse se joue au plus profond de l'être et révèle donc cet être recouvert. Il semble que sur ce point, Chestov fasse une analogie entre le « défaut de vie intérieure » mentionné par Kierkegaard dans le *Concept d'Angoisse* et l'« inauthenticité » de Heidegger qui avec l'angoisse devient manifeste au *Dasein* en tant que possibilité de son être. Fondane conclut que la nouveauté de Heidegger « vient (du fait) qu'elle (reprend) sur une chaire d'État, les problèmes mêmes posés et lancés par les grands pirates de l'esprit » tels que Dostoïevski et Chestov. Son originalité ne vient donc pas du contenu ou de la terminologie employés, mais du fait que ce contenu est repris dans le cadre institutionnel de la philosophie. Cette pique, très caractéristique du penchant pour la polémique de Fondane, appelle une réponse qui ne viendra jamais. Fondane emprunte l'essentiel de ses interprétations à Chestov qui corrige de près les brouillons de son article sur Heidegger. Sur ce point, Chestov aurait voulu que Fondane ne tranche pas, afin de laisser à Heidegger la possibilité de s'affirmer être sur la route de Dostoïevski.

C'est ainsi que Kierkegaard servit de chemin pour la compréhension de Heidegger. Mais cette démarche se renversa rapidement. La question se posa alors de savoir si pour Chestov c'est réellement avec Heidegger que se tissaient des liens philosophiques forts. C'est pourquoi, une fois passée la découverte de Heidegger et de Kierkegaard, Chestov a du préciser, au début des années trente, son interprétation de Heidegger afin de confirmer ses premières impressions.

Malgré ses rencontres avec Heidegger, Chestov « ne s'est pas intimement lié à lui. Il n'a rien écrit sur Heidegger[16], mais suivait avec intérêt ses travaux et en parlait dans ses lettres aux Lovtzki et dans ses entretiens avec Fondane »[17]. Ce fut Fondane qui écrivit sur Heidegger. Il écrivit tout d'abord un article pour les *Cahiers du Sud* qui fut terminé avant septembre 1931 et publié en juin 1932[18] puis, en 1936, lui consacra un chapitre de *La Conscience Malheureuse*[19]. Le texte de 1932 a été amplement remanié dans sa version de 1936 : « Sur la route de Dostoïevski : Martin Heidegger » est devenu, en 1936, « Martin Heidegger ». Le texte de *La Conscience Malheureuse* est en effet beaucoup plus centré sur le philosophe allemand et ne vise plus à l'utiliser comme une illustration de la philosophie de Chestov. En 1936, Chestov et Fondane connaissaient beaucoup mieux Kierkegaard et pouvaient donc y faire davantage appel comme l'indique le sous-titre. La confrontation de ces deux textes est extrêmement révélatrice de l'évolution de Chestov et Fondane à-propos de leur considération de la pensée de Heidegger. Cette évolution est à mettre en rapport avec leur progressive compréhension de Kierkegaard. Dans un premier temps, Heidegger a été décrit

---

16   Chestov n'a pas écrit d'article ou de livre traitant de Heidegger mais a confié à Fondane cette tâche. Cette impasse colossale sur un philosophe aussi puissant ne signifie pas que Chestov l'ait sous estimé ou l'ait dédaigné comme Heidegger l'avait dédaigné. À la question absurde de savoir quel est le dernier grand philosophe, il serait tentant de répondre : « Martin Heidegger, hélas !... ». C'est, je pense, ce « hélas » qui retint Chestov. Il faut donc se livrer à une archéologie des lettres de Chestov et surtout des textes de Fondane afin de pouvoir proposer une interprétation sur la confrontation de Chestov à Heidegger, indubitablement intense entre – au moins – 1928 et 1936 (huit années !).

17   Nathalie Baranoff-Chestov, *Vie de Léon Chestov*, II, *op. cit.*, p. 26.

18   Benjamin Fondane, « Sur la route de Dostoïevski. Martin Heidegger », *Cahiers du Sud*, VIII, 141, Marseille, 1932, pp. 378-392.

19   Benjamin Fondane, « Martin Heidegger. Sur les routes de Kierkegaard et Dostoïevski», dans *La Conscience Malheureuse*, Paris, Denoël, 1936, pp. 169-198.

comme le philosophe en chaire de la pensée pirate, mais cette hypothèse fut finalement rejetée et Heidegger exclu de la pensée pirate au profit de Kierkegaard.

Bien entendu, cette rupture, qui s'est produite entre 1932 et 1936, n'est pas indépendante du contexte politique de cette période. En 1933, avec l'accession d'Adolf Hitler au pouvoir, les relations de proximité entre Chestov et Husserl se sont achevées. Dans une note, à la page 93 de *La Conscience Malheureuse*, Fondane s'interroge à propos de Heidegger :

> À présent, Husserl n'est plus professeur à Fribourg, Heidegger lui ayant succédé. Je ne sais, avec les événements d'outre-Rhin et l'introduction du principe aryen (Heidegger lui-même ayant adhéré au parti nazi) s'il y a encore une place pour Husserl – si la philosophie en général a encore une place.

Aux yeux de penseurs pour qui il est indispensable de vivre dans les catégories à l'intérieur desquelles ils pensent, la rumeur de l'adhésion de Heidegger au NSDAP ne pouvait laisser intacte leur admiration philosophique pour le penseur allemand. Sans s'étendre sur le sujet, une des rares citations de Chestov sur l'actualité politique peut expliciter leur position face aux événements politiques d'Allemagne :

> Je n'aime pas la guerre. Mais s'il la fallait faire contre Hitler, je prendrais le fusil, à mon âge. Vous savez dans quelle estime je tiens le bolchevisme ? Eh bien, si Hitler attaquait les Soviets, il faudrait défendre les Soviets, pour empêcher Hitler d'être le maître de l'Europe. Entre deux maux, je choisis le moindre.[20]

Cette rupture ontique, existentielle même, confirme leur rupture philosophique avec lui. Tout le problème réside dans le fait que Chestov et Fondane se sont mépris sur les intentions philosophiques de Heidegger. Heidegger semblait vouloir « accueillir la raison au même titre que l'angoisse, puisqu'il considérait l' "authenticité" et l' "inauthenticité" comme des modes également légitimes de l'Être

---

20   Benjamin Fondane, *Rencontres avec Léon Chestov, op. cit.*, p. 82.

humain ».[21] Mais en fait, Heidegger ne laisse pas de place à une pensée de l'angoisse et prolonge encore une tradition philosophique qui veut que la raison étouffe l'angoisse, qu'elle envahisse son champ. C'est tout le problème de la « giganthanasie » de la raison. De plus, par une telle conciliation, la pensée retombe éternellement dans la même impasse. Même si elle prétend que le réel ne peut déborder l'intelligence et aspire à poser, comme Hegel, une équivalence entre le réel et le rationnel, la pensée logique ne peut épuiser tout le réel. En soumettant l'existence au concept d'existence, Heidegger tue le réel par le concept, l'existence figée en concept perd sa vie et une grande partie de son sens. Sa philosophie n'est alors plus qu'une description qui tente de faire une nouvelle lumière sur l'Être. À l'inverse, pour Chestov, il ne faut pas concilier l'être et le connaître puisque le Savoir s'oppose catégoriquement à l'existence, à la vie, à la liberté. Ainsi s'évanouissait « le plus frémissant » et le plus original de la pensée de Heidegger qui se réduisait alors à « un essai de rendre les cadres husserliens plus élastiques, aux fins d'une intégration d'une pensée de la passion dans le système rigoureux d'une pensée froide ». Husserl, lui, comprenait les distinctions de Chestov, même s'il niait l'existence aux yeux de ce dernier. Et Chestov savait que Husserl faisait, ainsi, preuve d'une plus grande honnêteté que Heidegger qui ne considérait l'existence et l'être de l'existence qu'afin de les soumettre à la logique et aux évidences.

On voit donc le revirement vers Kierkegaard que Chestov opère en prenant pour pivot Husserl. Husserl était pour lui un maître à penser dans un sens négatif, un adversaire respectueux et respecté qui était le *summum* de la pensée logique, le symbole de la froideur de l'évidence que leur philosophie – fondée sur la lutte – entendait combattre. D'un autre côté, avec Heidegger, Chestov et Fondane ont pu sentir la présence d'une pensée existentielle forte. Mais Heidegger s'est posé pour eux comme un halo de brouillard entre Husserl et Kierkegaard, leur mécompréhension de Heidegger leur a fait perdre la force du rôle de Husserl sur leur pensée et leur a empêché d'attribuer de suite à Kierkegaard le rôle d'un maître au

---

21   Benjamin Fondane, « Martin Heidegger. Sur les routes de Kierkegaard et Dostoïevski », dans *La Conscience Malheureuse, op. cit.*, p. 170.

sens positif, leur ouvrant la voie d'une pensée existentielle. C'est pourquoi Fondane écrit :

> La tentative de Heidegger menace, à nos yeux, d'émousser à la fois la pointe aiguë, anti-rationnelle, de Kierkegaard et la pointe pure, pan logique, de Husserl. Une telle opération nous fait perdre à la fois un ami et un adversaire.[22]

Cette ambiguïté de Heidegger qui posa problème à ses interprètes en France dans les premières années de sa réception est ici dévoilée de manière toute particulière. Janus aux deux visages, allant d'Edmond Husserl à Søren Kierkegaard et de Søren Kierkegaard à Edmond Husserl, Heidegger oscille entre le disciple jusqu'au-boutiste et le disciple rebelle tentant, sans le savoir, de suivre l'exemple de Chestov. Pour ne pas se faire berner par ce *faux ami* qu'est Heidegger et pour rétablir son sens véritable, il a fallu démêler Kierkegaard de Heidegger.

Rachel Bespaloff, alors amie proche de Chestov, a publié en 1933 dans la *Revue philosophique de France et de l'étranger* sa « lettre sur Heidegger à Daniel Halévy », écrite en septembre 1932 à la demande de Daniel Halévy qui voulait qu'elle lui raconte son « aventure avec Heidegger ». Le ton de la lettre écrite par Bespaloff est littéralement passionné. Bespaloff juge Heidegger « grandiose » et apprécie son « génie poétique » et le fait qu'il ose aborder des thèmes comme l'angoisse, le souci, la mort, mais pourtant, face à lui, elle s'est parfois « rebellée ». En bonne chestovienne, Bespaloff rapproche même la Liberté-pour-la-Mort de l'« *Amor fati* » de Nietzsche ; c'est-à-dire qu'elle considère l'issue proposée par Heidegger pour se sortir de l'inauthenticité du On comme équivalente à la fuite de Nietzsche qui, après être allé « par-delà le bien et le mal », saisi de terreur, recherche les consolations stoïciennes de la pensée logique. Et finalement, elle avoue que « tous les efforts de Heidegger pour arriver à la liberté lui semblent vains » et que « la liberté de Heidegger est chargée de chaînes ». Bespaloff a écrit ce texte seulement un an après le premier article de Fondane mais elle est beaucoup plus précise que ce dernier dans la lecture qu'elle fait de *Sein und Zeit*, étudiant au plus proche les

---

22   *Idem.*

concepts intraduisibles de *Sein und Zeit*. Cette « lettre sur Heidegger » fut pour Chestov et Fondane un véritable révélateur qui leur offrait les clefs d'une stricte compréhension de Heidegger au moment où ils pénétraient les textes de Kierkegaard. Ils ont ainsi pu démêler Kierkegaard et Heidegger.

Fondane et Chestov, aveuglés par l'originalité des concepts qu'avançait Heidegger, n'ont pas bien cerné comment ce dernier les employait. En étudiant plus précisément les concepts en question dans les œuvres du philosophe danois, ils ont pu avoir le recul nécessaire pour voir que Heidegger tirait vers lui ces concepts. Si l'on se réfère à nouveau aux notes de Heidegger parlant de Kierkegaard, mais cette fois-ci dans leur intégralité, il est clair que Heidegger pense avoir dépassé la démarche psychologique de Kierkegaard. « La psychologie n'est ni une description empirique ni une considération objective de l'existence ; elle est plutôt une anthropologie. »[23] Heidegger, lui, entend mener une étude tout autre qu'il juge plus intéressante. Fondane et Chestov considèrent qu'il s'agit de la métaphysique, mais une métaphysique toute particulière à Heidegger conçue comme une « recherche qui interroge au-delà de l'existant, pour ressaisir cet existant comme tel et dans son universalité, dans son intellection. » (« Qu'est-ce que la Métaphysique ? »). En fait, l'herméneutique heideggérienne est un retour explicitant sur une compréhension première. Il s'agit d'une interprétation, qui permet de revenir sur ce qui est déjà là pour l'expliciter et ce dans un but de justification mais aussi de confirmation. Il s'agit donc ici de partir des structures de la compréhension première de l'être inhérente au Dasein pour se tourner ensuite vers l'ontologie et son fondement. Ainsi, les recherches de Heidegger sont beaucoup plus tournées vers l'explicitation des fondements. Par exemple, Heidegger doit faire du Néant un phénomène pour fonder logiquement sa pensée, or, c'est faire du rien un rien riche...

Ce n'est pas le cas de Kierkegaard qui abandonne ici toute recherche de fondements logiques pour s'appuyer simplement sur l'idée du « Soudain ». Si Kierkegaard en reste à la caractérisation de l'étant, lui, établit le couple existentiel/existential, ce qui lui permet d'avoir un point de vue ontique afin de

---

23   André Clair, *Pseudonymie et paradoxe*, Paris, Vrin, 1976, p. 173.

caractériser l'étant mais aussi un point de vue ontologique, non pas au sens des ontologies classiques, mais au sens où, par exemple, un existential désigne une structure d'être du *Dasein*. Caractérisant l'être en plus de l'étant, Heidegger pense mener une étude qui remonte à quelque chose de bien plus fondamental que ce qu'a fait Kierkegaard. Mais dans ce cas, une structure d'être de l'Existence est préférée aux existants et à leurs modes d'être. Certes, l'analyse existentiale de Heidegger promet de décrire les structures d'être de l'existence mais aussi son déploiement ontique. Pourtant la distinction n'est pas toujours évidente entre existentiel et existential dans *Sein und Zeit*, d'où la critique par Fondane d'une existence préférée à l'existant, l'être singulier étant précédé par l'existence dont il n'est qu'une figure. « L'être singulier », c'est finalement cette notion qui peut être considérée comme la pierre d'achoppement de la distinction entre Kierkegaard et Heidegger.

Kierkegaard élabore une philosophie de l'Individu (*Individ*) qui doit s'élever vers l'Unique (*Enkelte*). À l'inverse, *Sein und Zeit* tente d'en finir avec la métaphysique de la subjectivité qui a commencé avec Descartes et dont Husserl lui-même ne se détache pas vraiment. Cette différence s'explique par le fait que Heidegger ne procède pas à un « examen phénoménologique de la foi (en tant qu'activité existentielle étrangère au domaine du *Vorhanden*, et n'ayant pas toujours Dieu pour objet) », ce qui « creuse un vide entre l'angoisse et l'*Entschlossenheit* », comme le lui reproche Bespaloff. Cette différence capitale qui se dessine entre Heidegger et Kierkegaard tiendrait au fait que la pensée de Heidegger n'est qu'une version laïque de celle de Kierkegaard. La notion qui a pu induire Bespaloff et Chestov en erreur est sans doute celle de *Verfallensein* qui évoque la déchéance mais qu'Emmanuel Martineau traduit judicieusement par « être-échu » au lieu de « être-déchu ». Enfin, ce que Chestov et Fondane reprochent par-dessus tout à Heidegger est de ne pas avoir tiré les bonnes conclusions de l'analyse du On. Tout d'abord, en ancrant autant le On dans le quotidien par opposition à une authenticité plus essentielle, l'existence au quotidien peut être dévalorisée, ce qui révèle une fois de plus une tendance à privilégier l'« Existence » par rapport aux « existants ». « En dernière analyse, conclut Fondane, la liberté est finie, le Temps est fini, l'Être est fini.

Nulle issue ! Et cependant Heidegger semble satisfait. [...] Il crée une liberté finie qui se suffit à elle-même, la liberté finie d'un être fini et humilié. ». Kierkegaard et Chestov sont à l'opposé de cette Liberté-pour-la-Mort de cette fin du fini.

En interprétant dans un premier temps Heidegger de manière trop précipitée – ou du moins imprécise –, Chestov et Fondane se sont créés une sorte d'ami imaginaire. Croyant s'entretenir avec lui, ils se heurtaient à quelqu'un d'autre : le véritable Martin Heidegger. De là, naquit une tension qui leur a fait tisser des liens plus profonds avec l'ami imaginaire tout en se crispant de plus en plus avec Martin Heidegger. Mais ils n'avaient alors pas fait la distinction entre Heidegger et Kierkegaard, c'est pourquoi ils se retrouvaient assez dubitatifs face à l'ambivalence de Heidegger. En démêlant cette ambiguïté qu'ils trouvaient dans la pensée de Heidegger, ils ont pu attribuer au philosophe allemand un statut clair d'adversaire philosophique et découvrir l'identité de leur ami imaginaire : Søren Kierkegaard. C'est ainsi qu'ils ont trouvé Kierkegaard derrière Heidegger. C'est ainsi que l'analyse confrontant Heidegger à Kierkegaard a pu pousser Chestov à creuser une place primordiale dans sa philosophie pour y insérer un penseur qu'il avait fantasmé à partir de Heidegger. Cet ami imaginaire était devenu réel ; cet allié philosophique qui jusqu'alors était brouillé dans la figure de Heidegger était devenu distinct. C'est en cernant la figure de Kierkegaard que l'ambiguïté heideggérienne a pu être levée. Les constructions élaborées par Chestov et Fondane pour rapprocher Heidegger de leur philosophie peuvent donc se reporter, finalement, sur la figure de Kierkegaard. Un transfert s'est opéré de Heidegger vers Kierkegaard qui se révéla finalement être le mauvais enfant de la pensée logique dans la lignée de Dostoïevski dont la figure avait été dessinée pour Heidegger. Ce n'est pas Heidegger mais Kierkegaard qui pose à nouveaux frais la question métaphysique primordiale de la liberté. C'est lui qui ose se lancer dans une véritable critique de la raison pure mais qui, horrifié et épuisé, s'effondre et renoue avec la pensée logique. Ce qui intéresse – au sens étymologique d'être au milieu des choses – Chestov et Fondane, c'est la manière que Kierkegaard a – et non pas Heidegger – de poser la question de l'existence, du néant, de l'angoisse... Il en va de même pour l'issue qu'il présente pour s'arracher à l'Omnitude, au règne du On, à savoir que l'Individu devienne l'Unique, qu'il bondisse soudainement, de manière totalement infondée, vers le possible, et ce, afin d'atteindre une pleine liberté et non pas une liberté de la finitude comme le fait Heidegger. En effet, l'ambition de Chestov et de Fondane est avant tout de tenter d'abolir le règne même de la finitude sur la vie humaine, d'en finir avec le fini. C'est ce dernier point, la notion de « fin du fini », qui leur permet de faire une distinction « entre la pensée existentielle et les philosophies qui relèvent d'une « pensée de la finitude de l'être" » [24] comme l'ontologie de Heidegger. Or, faire une telle distinction, c'est préciser les limites et le sens de la philosophie existentielle.

---

24   Ramona Fotiade, « 'La fin du fini' : la temporalité et la suspension de l'éthique », dans Monique Jutrin et Gisèle Vanhese (dir.), *Une poétique du gouffre*, Rubbettino, 2004, p. 74.

JACQUES MESSAGE

La division du temps et l'occasion du bien

à Philippe Forest

Vladimir Jankélévitch définit l'occasion de façon complète, avec l'intention de formuler la totalité de ses aspects : elle n'est pas seulement « la première-dernière fois », le hapax temporel, le moment à la fois semelfactif et primultime, caractère indépassable de l'irréversibilité, mais encore ce qui au-delà de l'instant, irrigue la vie humaine considérée individuellement comme un ensemble, une synopse[1]. Un individu, conformément à la lettre de la "notion complète" leibnizienne, est l'ensemble, la totalité finie, simultanément et de ce qui lui arrive et de ses actions. Par suite l'occasion, à la pointe de l'instant qui apparaît-disparaît d'un seul coup et du même coup », « dernier événement tout de suite avant le non-être »[2] (et, pourrait-on dire, corrélativement premier événement tout de suite avant l'être) est à la fois extrêmement rare (et donc d'extrême valeur) et complètement commune (et ainsi très banale). J'ai *toujours* l'occasion de bien faire si je suis un chasseur d'occasions, c'est-à-dire non un aventurier mais quelqu'un qui prend l'occasion au sérieux, sait d'elle ce qu'il suffit d'en savoir ; elle est la forme sous laquelle se peuvent saisir tous les biens, qui se présentent donc dans le temps, où est leur seule présentation, sous son aile protectrice, mais fugace et évanescente ; le défaut de sérieux, ici, est la dispense d'action qui naît d'une objectivation du hasard : les occasions de me marier, de devenir riche ou de publier mes livres ne s'avèrent-elles pas d'expérience peu quotidienne ? Combien d'âmes sœurs auxquelles je n'adresserai pas un mot, combien de tickets de loterie négligés, combien de rencontres avec un éditeur esquivées ?

---

1   Voir par exemple Vladimir Jankélévitch, *L'Irréversible et la nostalgie*, Paris, Flammarion, 1974, pp. 250-251.

2   *Ibidem*, p. 251

L'occasion n'est pas la circonstance

Jankélévitch distingue trois moments de l'occasion : la quête, la flèche, le regard en arrière, à vrai dire très proches et inséparables. Considérons le premier, qui les récapitule. Il y a d'abord le jugement d'opportunité. Cela implique, note cursivement Jankélévitch, qu'une « vocation » précède l'opportunité semelfactive : l'opportuniste, l'instantanéiste, l'occasionaliste n'arrivent pas tout nus dans l'occasion ! Ils veulent que la commission soit faite, cherchent une efficace, quoiqu'ils ne disposent que d'un éclair, parce qu'ils savent ce qu'ils peuvent recevoir. « L'essentiel est de se placer là où il faut, et surtout quand il faut, et en l'espèce de se trouver au bon moment sur le passage de l'apparition disparaissante »[3]. L'action est une activation, une réalisation de ce qui est donné, non tout à fait un agir *ex nihilo*. Contrairement à ce qu'entend une interprétation justifiée par une lecture purement divisionniste de la conception du temps engagée, la pensée de Jankélévitch se déchire entre l'analyse du pur instant, présence disparaissante, et celle d'un horizon d'attente ou de sens, qui n'est pas exactement dans la lignée de la durée bergsonienne, mais s'inscrit assez bien dans celle de l'analyse kierkegaardienne de la conscience de la liberté. Cela était déjà patent dans le premier chapitre, avec la considération de la futurition :

> [...] En deçà de la première-dernière fois il y a le pas-encore de l'inédit et du jamais-vu, mais au delà de la dernière-première il y a le jamais plus. Entre ces deux néants, antécédent et conséquent, la primultime fois est aussi vertigineuse qu'une étroite arête entre deux abîmes. Mais le devenir étant *essentiellement orienté dans le sens de la futurition*, c'est sur le rebord du versant ultérieur que l'homme éprouve les sentiments les plus pathétiques, les plus déchirants et les plus ambivalents ; c'est le vide du néant conséquent qui nous inspire l'appréhension la plus angoissée. [...] Comme une vie continuellement passionnante serait aussi une vie épuisante, le

---

3 *Ibidem*, p. 252

pathétique se condense en fait autour des échéances les plus solennelles de la vie : un grand départ sans espoir de retour, une séparation définitive, le dénouement d'une séquence dramatique, et, à la suprême extrême pointe de toute ultimité, la mort... [4].

On note que ce sont des formes d'une nécessité existentielle que le pathétique, la souffrance et la mort. Question : sont-elles des illusions, et faut-il leur préférer une ascèse de la conquête incessante du possible, de la transformation immédiate de tout instant en quête du non-nécessaire ? L'esprit du moment qui s'impose ici, la valeur du sérieux, presque du grave et du solennel, s'impose soudainement, mais elle ne naît pas seulement de la division infinie du temps, car elle procède des grandes régions du sens de l'existence. Tout est-il première fois ? Jankélévitch dit que l'état d'alerte « est une exigence toujours impérative » qui caractérise la semelfactivité « rigoureuse »[5], mais également qu'« il n'est pas d'échec irréparable, […] que toute occasion manquée peut être rattrapée », bien que ce soit au prix d'une compréhension plus approximative de la division du temps. Mais de ce second point de vue, c'est devant l'existence humaine qu'on se place. Jankélévitch choisit d'abord de rabattre les deux perspectives l'une sur l'autre et convoque Marc Aurèle comparant le temps d'une vie d'homme à un point. Tout s'écoule vite, comme un songe, une fumée. Mais ce n'est point là témoignage d'inconsistance : ce qui montre au contraire la consistance c'est ce qui s'aperçoit quand on laisse le passé à son caractère accompli et l'avenir à la Providence, et que, les yeux rivés sur la sagesse d'une vie pleine, on se concentre, comme le veut le même Marc Aurèle, sur « l'action présente », de manière à faire de soi-même, « comme le dit Empédocle (c'est encore Marc Aurèle qui parle) une sphère bien ronde, fière dans la joie de sa solitude ». Ronde exactement comme l'est aussi une notion complète, une vie accomplie. L'instant, l'occasion, contiennent le tout d'une vie. Dans ses entretiens de 1952 avec Robert Mallet, Jean Paulhan notait semblablement que si on comprend bien le présent l'idée que la vie est brève est une billevesée.

---

4   *Ibidem.*, p. 48
5   *Ibidem*, p. 252

L'horizon d'attente sur lequel ouvre Jankélévitch est celui d'une prédétermination, c'est une précession, une prénotion, une préséance et une prescience quant à ce qu'il y a à faire. Anticipant, le sage est quasi-cause, disait Chrysippe le stoïcien. Sous-entendu : même dans le taureau de Phalaris. L'occasion est le lieu idéal de cette philosophie du quasi, du côté d'Athènes. Reste à la lire du côté de Jérusalem. Jankélévitch a consacré un magnifique cours à la tentation (1961), rendu célèbre aussi par la diffusion de sa voix[6]. Ce que dit le serpent au Jardin d'Eden est capital. Reste que du point de vue d'une psychologie du tenté l'occasion n'attire que celui qui est susceptible de l'être, comme celui qui tombe parce qu'il a négligé une marche a du moins avancé son corps. À rebours, Léon Chestov ne compte pas sur une telle responsabilité et s'il entend bien le caractère tentateur du serpent, c'est pour y voir également puissance d'aveuglement et de déshumanisation.

L'occasion de pécher

C'est là cependant le lieu du profond scepticisme de Chestov dans la lecture qu'il a entrepris de Kierkegaard[7] : ce dernier serait inconséquent avec lui-même. D'une part, dans le *Post-scriptum définitif et non scientifique aux Miettes philosophiques*, mais aussi dans un papier qu'il ne publia pas, il dit qu'à Dieu tout est possible, que Dieu c'est cela, que tout est possible. S'il y a nécessité c'est alors qu'il n'y a pas de Dieu, pas Dieu, dit Chestov. Mais Kierkegaard distingue d'autre part l'innocence et le péché pardonné : il y a une entropie de l'histoire humaine, qui fait qu'après ce n'est jamais comme avant. Le pardon ne répète pas l'innocence, ne la restitue pas. Cette nécessité qu'il en soit ainsi, Kierkegaard la tiendrait donc d'autre chose que de la foi ; sa certitude procèderait de la raison de Socrate[8], d'une puissance

---

6   Voir *Monologues et cours de Vladimir Jankélévitch* (« Un homme libre – L'immédiat – la tentation »), d'après les mises en ondes radiophoniques de Christine Goémé sur France Culture, sélection, textes et organisation de Françoise Schwab et Edith Zha, coffret de quatre compact-disques, Frémeaux et associés, 2002.

7   Léon Chestov, *Kierkegaard et la philosophie existentielle, existentielle (Vox clamantis in deserto)*, traduit par Tatiana Rageot et Boris de Schlœzer, Paris, Vrin, 1936, chapitre XI : « L'angoisse et le péché originel ».

8   *Ibidem*, p. 193.

finie, et Chestov n'hésite pas à dire : du serpent[9] – reprochant alors à l'auteur du *Concept d'angoisse* de ne pas l'avoir pris en compte. La considération kierkegaardienne du statut du langage est éclipsée. « Job devra dire adieu à ses enfants, Abraham égorgera Isaac ». Chestov ignore ou refuse toute la dialectique, centrale chez Kierkegaard, de l'immédiateté première et de l'immédiateté seconde. La réduction chestovienne de l'immédiateté à un seul état implique solidairement trois aspects de ce que j'appellerai son système.

D'abord la pensée qui cherche à se comprendre ne peut s'accomplir avec la foi, puisque celle-ci pose un surgissement de l'éternel qui n'avait pas été préalablement donné. Ensuite le péché doit bien pénétrer de l'extérieur dans l'âme si l'on veut que celle-ci soit capable de la conversion du regard dont parle ici même Isabelle de Montmolin. Mais Chestov n'est alors pas loin d'un flirt avec la position pélagienne dont se défend évidemment Kierkegaard : il faut préserver l'innocence ; le pouvoir de l'âme de se refaire, élément originel de l'âme, demeure comme une basse continue.

Enfin l'éthique même ne saurait se déterminer sur l'espèce de mouvement instantané instable qu'est la liberté, mais relève de la nécessité (et de l'impossibilité) de la philosophie première, comme le montrent ses "tu dois" ; une détermination universaliste intervient, qui confond nécessité morale et nécessité métaphysique, et met l'homme en danger pour lui-même quand il cède à cette puissance du "tu dois", cristallisant en pratique ce qu'il a compris théoriquement. Contre la compréhension un certain unilatéralisme chestovien contredit à l'autonomie de l'éthique et conduit à certain amoralisme (point sur lequel viendra notamment porter la discussion de Rachel Bespaloff), Chestov jouant le récit biblique contre Kant. C'est à Kierkegaard qu'il l'oppose, se fondant sur le verset de l'Evangile « le soleil se lève également sur les juste et sur les pécheurs »[10], au sujet duquel il avait opposé Nietzsche à Tolstoï. L'éthique, elle, comptable de la divisibilité du temps, devrait s'imposer à Dieu

---

9   Cf. p. 191. Sur ce point voir le commentaire anticipateur de Benjamin Fondane, « Léon Chestov, Sören Kierkegaard et le serpent », *Cahiers du Sud*, n°164, Marseille, 1934.

10   Nous conjecturons que Chestov sollicite *Luc* 1, 79.

jusqu'à se substituer à lui. Mais c'est la leçon de Socrate. L'amour de Dieu, de ce point de vue, cesserait d'être gratuit. Il n'irait qu'au saint.

Kierkegaard n'a pourtant pas fait l'impasse sur ce point, *Crainte et tremblement* le montre : la foi peut suspendre l'éthique en tant qu'elle la précède, et seulement dans ce cas. Abraham croit en dépit de l'absurde impliqué dans les conséquences éthiques de sa foi, tandis que Chestov, comme Ramona Fotiade l'a montré, ne croit qu'en raison de l'absurde impliqué par l'absolu divin. Chestov a la simplicité de ne reconnaître qu'un plan humain, devant l'abîme.

La nuit de Gethsémani, son livre de 1923 sur Pascal, est éclairant sur ce point. Il est moins génial, me semble-t-il, comme étude sur Pascal que par la définition déplacée d'un conflit fondamental qui est le choc d'où naît la pensée de Chestov ; il souligne le combat de Pascal et de sa "dette" cartésienne, combat qui en englobe d'autres. Le récit du reniement de Pierre qui est donné est remarquable à cet égard. La formule qui est discutée au second chapitre forme l'épigraphe du livre : « Jésus sera en agonie jusqu'à la fin du monde. Il ne faut pas dormir pendant ce temps là »[11]. Quel est le problème qui engendre une telle injonction ?

Les phrases de Pascal se comprennent comme implication, imposant la tâche de veille à la totalité du temps des hommes, à la *totalité* du futur terrestre. Or, si cela peut se dire[12] une telle tâche est inaccessible, *impossible*, non, soulignons-le, parce qu'il serait nécessaire qu'elle ne soit pas, mais parce qu'aucun homme n'en est capable. Cette exigence est donc de fait déraisonnable, il est donc déraisonnable qu'elle ne s'exécute pas. Il y a divorce entre l'anthropologie naturelle et la spiritualité de la foi ; Chestov est penseur de l'immédiation. Heurtant la raison l'injonction de Pascal reçoit *ipso facto* une dénégation raisonnable : on ne pourra que se dispenser de veiller. Pascal dit quelque chose que « la raison humaine déclare, sans hésiter, inexécutable et insensé » ; cela n'ôte aucune valeur à l'injonction, mais on ne peut désobéir à la raison : cela est contradictoire, on ne le peut quand bien même cela

---

11   Pascal, *Pensées*, Édition Lafuma, Paris, Le Seuil, 1962, § 919.
12   Léon Chestov, *La Nuit de Gethsémani. Essai sur la philosophie de Pascal*, Paris, Grasset, « Les Cahiers verts », 1923.

serait exigé par plus haut que la raison. Chestov lit comme une concession une pensée de Pascal supposée convenir ici. « La raison nous commande bien plus impérieusement qu'un maître ; car en désobéissant à l'un on est malheureux et en désobéissant à l'autre, on est un sot »[13]. Les deux partis ne sont pas égaux. On peut choisir d'être malheureux, on ne peut choisir sans contradiction d'être sot, puisqu'on n'est pas sot, à preuve la compréhension que l'on a de l'exigence qui est venue de la raison, de valoir pour toujours pour tout homme et en tout lieu.

Or voilà un homme qui n'obéit pas au précepte, au moment même où il serait sensé de le faire, au moment où Jésus entre en agonie. Cet homme ne doit pas être très chrétien, mais il est certainement très raisonnable ; voilà ce que nous sommes portés à penser, d'autant plus que le concerné, pour l'appeler ainsi, ne se borne pas à ne pas obéir, mais ignore l'ordre tout aussi bien que s'il s'en fichait : il dort. Or ce bienheureux, c'est Pierre.

> [...] comment refuser obéissance à la raison ? Et qui osera le faire ? Saint Pierre l'apôtre, quand Jésus lui demanda de demeurer avec lui afin d'alléger ses souffrances, n'eut pas la force de vaincre le sommeil [...]. Quand Jésus fut saisi par les soldats et traîné vers ses bourreaux, Pierre continuait à dormir [...][14].

Pierre n'eut pas la force. Il manqua donc de vertu. Pierre est désigné vicaire et reçoit « les clefs terrestres du royaume céleste. Donc, d'après les décisions insondables du Créateur, son vicaire sur la terre ne peut être que celui qui sait dormir si profondément, celui qui s'est confié à la raison à tel point qu'il ne se réveille pas même quand, dans un cauchemar, il renie son Dieu »[15]. Comment dénouer cette contradiction ? Chestov entre dans l'analyse du caractère éminemment scandaleux, pour Port Royal même, de cette incise capitale de Pascal, allègue la censure dont elle est l'objet, analyse Saint Augustin et sous la question de l'autorité celle de la *fides*

---

13   Pascal, *Pensées*, Édition Lafuma, *op. cit*, § 768. Mais Chestov modifie avantageusement le
      texte, et en lieu et place de « qu'un maître » écrit « que le maître ». Encore n'a-t-il pas glissé
      une majuscule, cependant sous-entendue.
14   Léon Chestov, *La Nuit de Gethsémani, op. cit.*, p. 14.
15   *Ibidem*, p. 15.

implicita grâce à laquelle l'homme n'a pas besoin de communiquer directement avec la vérité du ciel, parce qu'il peut s'en remettre, se fier à des déterminations intermédiaires qui remplacent alors (commodément, aux yeux de Chestov) les impératifs.

Le récit nous pousse à admettre que Pierre n'a pas obéi à l'appel, à l'ordre, qu'il l'a ignoré. Il n'aurait pas reconnu, du point de vue d'Augustin, l'autorité d'une parole. Mais c'est sans compter avec la doctrine des deux natures. Pierre, comme homme, n'a pas dénié la divinité de Jésus Christ, mais a cédé à sa propre nature. Il ne s'est pas trouvé résolument présent à l'occasion de l'ordre. Il a désobéi à l'occasion. Cependant ce n'est pas à sa raison, mais à sa nature que Pierre a bienheureusement obéi. C'est elle qui explique qu'il n'ait pas saisi le bien comme occasion ; sa raison n'a pas du tout joué. C'est pourquoi c'est à lui, dit Chestov, qu'ont été confié les clefs du royaume.

À l'instant capital, il n'était pas porté à la présence. Mais le défaut de Pierre somnolent a un motif naturel. Pierre n'a pas cherché à veiller en sachant qu'il fallait veiller, ainsi que nous savons ce qu'il faut faire quand nous obéissons à un ordre. Sa nature a défait toute prévention. Lui n'a pas su et pas cherché à savoir, ni à ce moment ni à un autre. Sa nature n'empêchait cependant pas le fait de sa foi : il croyait, et sans doute mieux qu'un autre. Chestov ajoute un thème anthropologique, la fatigue, à la démonstration par les *Miettes philosophiques* que la contemporanéité historique ne fournit aucun avantage à la contemporanéité de la foi. S'appliquant au premier disciple la démonstration fournit un résultat inattendu : où serait le péché de Pierre, qui n'a fourni aucune prétention au savoir qui dispense de la foi ? C'est la lecture chestovienne de l'épisode du Jardin, dans la Genèse, qui éclaire. La vulgate à laquelle s'oppose Chestov est que l'homme soit venu à pécher en désobéissant, alors que c'est la nature de l'acte commis, le recours à la connaissance du bien et du mal qui constitue le péché ; Dieu ne choisit pas le bien et le mal.

On se situe avec Pierre en deçà de la détermination sachante. En dormant Pierre a interrompu le temps de la veille, mais non le temps humain ; son renoncement n'implique pas l'incrédulité, car il a rapporté la décision de croire à autre chose qu'à l'occasion historique instantanée : il a suspendu ce temps là sous le couvert de la décision irrévocable de croire. L'occasion n'a rien d'une opportunité. Comment comprendre pourtant que la prescription pascalienne reste cependant valable toute entière au yeux de Chestov ? C'est qu'elle n'est pas un ordre ou une loi, et qu'une vie ne s'éclaire pas comme somme de toutes les occasions. Chestov ne reconnaît pas comme Jankélévitch l'équivalence du caractère et de l'histoire dans la notion individuelle complète. C'est un refus de l'*évidente* modification du temps que prétend introduire l'autorité. L'ordre d'obéir jusqu'à la fin du temps n'abolit pas le temps mais l'ouvre : il est le commencement d'un questionnement infini, non sa fin. Chestov n'en dit pas plus, et n'achève pas son récit. Il n'est pas interdit de penser qu'il se soit identifié à Pierre, craignant être soumis *et* aimant le maître. « la soumission à la loi est le commencement de toute impiété »[16].

On ne verra pas là rupture avec la racine juive du christianisme, au contraire en un sens : dans sa sémantique et selon sa problématique particulière, c'est aux vérités éternelles de la raison que Chestov oppose la foi, à laquelle l'occasion comme *kaïros* ne peut rien, en vérité, sauf à réfléchir au *summum bonum* des philosophes, réalisé aussi bien, en tant qu'idéal de la vertu stoïque, par des chevaux dans leur étable, selon Pascal, dit Chestov[17]. Mais un tel bien, refondé en nature, n'en est pas un. La misologie de Chestov accompagne l'idée d'une distance infranchissable entre raison et nature, mais en réévaluant cette dernière. Car il ne suffit pas de dire que Pierre dormait « naturellement ». Encore faut-il souligner qu'il dort seul, et imaginer que le rêve qui le trouble et ne le rassure pas est exemplaire des contradictions de tout individu. Dieu éclaire les uns et aveugles les autres ; cela est dans Pascal, certes, et est aussi conforme à Luther.

Mais il semble que Pascal n'ait pas tout dit. Il semble que Dieu tantôt « aveugle », tantôt « éclaire » un seul et même homme ; et que, par conséquent, l'homme tantôt voie la vérité, tantôt ne l'aperçoive plus. Et même il arrive très ordinairement que

---

16   *Ibidem*, p. 107.
17   *Ibidem*, p. 130 ; peut-être mention de *Pensées*, *op.cit.*, § 685.

l'homme voit et ne voit pas en même temps. C'est pour cela que dans les questions « dernières », ainsi que Pascal nous l'explique, il n'y a, il ne peut y avoir et il ne doit y avoir rien de ferme ni de certain [...] [18].

Pascal rompt le rapport pensée-nécessité, parce qu'il lui est permis de comprendre non l'usage de la raison comme marche (sur les bords de la nécessité), mais comme choc énigmatique[19] (au bord de la nuit et à rebours de la direction *commune*). Toute la genèse du « choc » pascalien est assez contestable, et fait fi de déterminations intermédiaires capitales qu'on comprend mieux chez Pascal aujourd'hui. Mais l'essentielle idée de Chestov reste *la désignation d'une direction contraire à celle à laquelle s'attachent les hommes*.

Il est loisible de se demander si l'occasion présente une aspect positif instituant, ou si elle n'offre que la possibilité d'un choix et, au vrai, d'un refus. La question est celle de la lutte avec l'évidence, conformément à l'étude sur Dostoïevski publiée en France en 1921. Acceptation ou refus de l'évidence, telle est la pierre d'achoppement. Jankékévitch développe une pensée de l'acceptation affirmative, à mille lieues certes de la résignation, et toute tendue de ruses, de nuances, de risques et de paradoxes, mais qui en définitive dit oui. Chestov est original par toute une *skepsis*, un goût libre et sûr de la confrontation de la raison et de l'absurde, un refus d'une dissolution d'une tension fondamentale (principal et unique point sans doute qui le rattache à Husserl).

Le mouvement qui doit porter en avant est-il refus de la division du temps ? Le problème n'est pas celui de l'opportunité gracieuse, et le *kaïros* peut être regardé du point de vue de l'effort vers la totalité qui anime celui qui en est capable. En effet bien faire n'est pas seulement instantanéité du faire, mais responsabilité du bien. Or une existence n'est pas bonne, ramenée à la somme de ses moments mais seulement à l'allure, à la courbe que permet sa liberté. L'angoisse devant le mal ou le désir du bien sont-ils des motifs comparables, et concurrents ? Préexistent-ils ?

---

18   *Ibidem*, pp. 146-147.
19   *Ibidem*, p. 117.

L'Etre, s'il se soumettait à la question, échapperait peut-être de lui-même au régime de la supposée nécessité, *ananké* ; l'idée de nécessité est un produit de la conscience, rien d'extérieur à elle. Par conséquent la nécessité avec et par son cortège philosophique, est une déshumanisation.

Le cœur du problème, c'est la mort. Chestov a une pensée surprenante à son endroit. Le commencement des choses est considéré, comme le fait qu'il ait une fin, désigner une fragilité. L'angoisse lie alors le changement et la mort parce que l'approche en est la même. Le changement est écarté comme la mort, on connaît cette antienne chestovienne. Mais le changement n'est pas un mal, aucune vie ne saurait stagner. Seulement la direction du changement peut être jugée bonne ou mauvaise, qu'un homme devienne César ou Brutus. Le changement n'a donc absolument rien de mauvais, et on ne saurait s'en épouvanter, le nier pour lui-même. On peut distinguer le changement et la mort. Cette thèse, seulement relative aux principes ontologiques les plus larges, devient audacieuse et révolutionnaire si on la lie à cette autre : c'est la philosophie qui lie le changement et la mort, et constitue la mort comme objet de l'angoisse.

Il faut d'abord comprendre pourquoi le problème se pose. Comme toujours, il y a deux niveaux d'apparence et un niveau de vérité : première apparence : il paraît ordinairement tout à fait sûr que le changement et la mort constituent également une source d'angoisse (la même), comme on le voit à l'approche de la mort le vieillard s'éjouir bien moins du changement qu'il le pourrait, puisque ce changement le conduira à la mort (l'insouciance est convenue réservée à la jeunesse). Le vieillard cependant *pourrait* s'éjouir. Pourquoi ne le fait-il pas ? Non parce que le changement est mauvais, mais parce que l'instabilité peut amener des maux divers.

Deuxième apparence. Le permanent, le stable est alors non seulement recherché, mais valorisé. L'amour des choses éternelles naît de la déification du contraire de ce dont les effets (mais non soi) épouvantent, « ce qui n'a jamais eu de commencement et n'aura jamais de fin » ; seulement ce contraire est la mort. La supposition par confusion de la mort phénoménale hisse la mort au rang ontologique.

Vérité : ce qu'une pensée a lié une autre pourra le délier. La conclusion incroyable qu'en tire Chestov est que la mort n'est pas maladie à la mort, pour reprendre l'analyse de Kierkegaard, ou plutôt qu'une toute autre configuration philosophique se présente devant nos yeux dessillés. La mort n'est pas un absolu. C'est notre pensée, qui la craignant et l'interprétant comme identique au changement, l'a paradoxalement produite comme terrifiante, parce que réifiée justement comme contraire du changement. Jankélévitch accepte bien cet hapax qu'est la mort, fait absolu.

Ceci ouvre chez l'un et l'autre un futur: Nos terreurs seront vaines non parce que nous n'aurions plus peur de la mort, celle-ci n'étant rien, mais parce que nous échapperons aux *a priori*, aux simplifications de contenu de la raison dans ses contenus, alors que doit se perpétrer le magnifique et vrai moment de la liberté qui s'empare du changement sans le lier à ce qui est tout autre que lui, et fait donc mouvement honnête pour réaliser ce qui est, non confondu avec ce qui est nécessaire. L'occasion du bien n'est que pour un singulier qui n'attend pas l'occasion pour bien vouloir.

NICOLAS MONSEU

Singularité et subjectivité originaire :
Chestov et la phénoménologie

Un des traits les plus spécifiques de la philosophie de Léon Chestov réside sans conteste dans sa fidélité à ce qu'il y a de foncièrement original dans l'existence, à ce qui la rend irréductiblement singulière, en mettant de côté tout ce qui relève des prétentions de la science à produire un discours à valeur objective, indépendant de tout point de vue particulier et autonome par rapport aux conditions à partir desquelles il a été engendré. Il appartient alors à ce type de philosophie de lutter contre le principe de l'unité de l'être et de la pensée, de la coïncidence entre ce qui est et ce qui est pensé, un principe selon lequel tout ce qui peut être pensé existe et tout ce qui existe doit être raisonnable dans la mesure où il peut être connu. Aux antipodes de ces ambitions hégéliennes de totalité et de totalisation, Chestov défend l'irréductibilité de l'homme singulier au concept – autrement dit, l'hétérogénéité de l'existence à la pensée – et sa position s'accomplit à même le refus de réduire l'existence en des termes généraux et à même cette affirmation du primat absolu de l'existence sur toute philosophie de l'existence.

Or il est particulièrement frappant que, pour Chestov, la logique soit apparue depuis les origines de la philosophie comme la discipline par excellence de la raison, qui non seulement met en œuvre l'ordre de la raison, mais en constitue surtout l'unique « prolégomène » – le mot est de Husserl –, en même temps que le modèle privilégié de toute connaissance possible. L'intention, persistante et récurrente, de Chestov consiste alors à se dresser contre la réduction quasi complète de l'objectivité qui s'opère au prix d'un appauvrissement considérable de ce qui est tenu pour réel, c'est-à-dire d'un monde dont l'existence a été évincée : est objet ce qui est réductible à un réseau de relations logiques dont la provenance est nécessairement et exclusivement logée dans la raison. Un tel appauvrissement est également de mise en ce qui concerne le sujet en tant que sujet de la connaissance, assimilé à une conscience anonyme et s'épuisant dans une sorte de structure logique universelle commune à l'ensemble des êtres humains.

Dans cette perspective, ce qu'il convient alors d'interroger – et qui est au centre de cette étude – ce n'est pas l'efficacité de tout discours en tant que tel, c'est au contraire ce qui limite absolument le formalisme de la logique, la position d'existence de ce qui s'affirme ici et maintenant dans l'opacité d'une présence irréductible, celle d'un sujet en tant qu'existant vivant. C'est bien sur ce point précis que Chestov a toujours voulu éprouver les concepts et les arguments avancés au fil de l'histoire de la philosophie et qu'il a toujours estimé nécessaire de s'expliquer avec la phénoménologie allemande, et particulièrement celle de son fondateur Edmund Husserl.

Le rapport que Chestov noue avec Husserl s'exprime notamment à travers quatre objections fondamentales à la phénoménologie, lesquelles seront, en fait, intimement liées au destin et au développement même de la phénoménologie, singulièrement en France : 1) La première objection, qui se situe délibérément sur le plan des *Prolégomènes à la logique pure* de 1900 dans lesquels Husserl tente d'instaurer une nouvelle conception de la logique, consiste dans une critique de la manière dont Husserl réfute les approches psychologistes de la signification (selon lesquelles il n'y de signification que psychologique). Chestov appuie sa critique sur une description – quasiment phénoménologique – de certains états de conscience modifiés, spécifiquement celui du rêve et du réveil. 2) La deuxième objection est une critique de l'implication métaphysique de l'antipsychologisme de Husserl. La phénoménologie, menée avec la rigueur à laquelle elle prétend, conduit à une position métaphysique fondée sur la distinction de l'ordre du réel et de l'ordre de l'idéal. 3) La troisième critique consiste à reconnaître que Husserl est incapable de considérer le problème de la signification des religions et, donc, d'appliquer la catégorie logique de la « vérité en soi » à la diversité des religions. 4) La quatrième critique – c'est précisément de cette critique dont il s'agira de dégager le sens – consiste à montrer qu'il est impossible à la phénoménologie, pour des raisons de principe, de rendre compte de ce qui pourtant est bien un irréductible, à savoir l'existence (il arrive à Chestov d'assimiler l'existence à la vie). De ce point de vue, l'enjeu du débat entre Chestov et la phénoménologie est bien de déployer une nouvelle conception de l'existence.

Pour dégager les enjeux philosophiques de cette dernière objection, il y a lieu de procéder en deux temps. En premier lieu, il faut comprendre en quel sens la philosophie existentielle de Chestov se détermine comme une critique de la réflexion et en quel sens Chestov interroge la validité et la pertinence de l'acte même de réflexion. En second lieu, il importe de montrer en quel sens la philosophie de Chestov repose sur l'affirmation d'un moi affecté, d'un « existant vivant » capable de saisir sa personnalité dans le ressentir de sa propre existence. Pour ce faire, les premiers travaux d'Emmanuel Levinas seront ici un guide précieux.

L'enjeu de ce parcours en deux temps est finalement celui-ci : il s'agit, par une sorte de remontée vers l'originaire, de dégager un autre mode de conscience que la conscience d'objet ou la conscience des principes logiques qui président à toute connaissance possible. Ce qu'il faut donc comprendre, c'est en somme le statut et la nature de cette présence du moi originaire à lui-même, présence à soi que Chestov nomme « existence ». L'enjeu est ainsi de mettre au jour un mode d'existence du moi plus originaire que le mode de la réflexion : le moi ne pose pas lui-même son identité dans un acte explicite de réflexion et de reprise de ce qu'il vit, mais il s'annonce comme cet être toujours affecté par lui-même et les événements de sa vie.

Chestov et la critique de la réflexion

Le refus de la réflexion est assurément un des hauts lieux de la critique existentielle, par Chestov, de la théorie husserlienne de l'existence idéale de la vérité en soi et de la qualité logique de la vérité, une critique qui demeure, par ailleurs, à la source de toute son interprétation du mouvement historique de la phénoménologie, de Husserl à Heidegger. C'est qu'en réalité Chestov appuie toujours son interprétation de la phénoménologie sur deux textes : d'abord l'article que Husserl publie en 1911 sur *La philosophie comme science rigoureuse*. Ce texte lutte contre l'historicisme – en insistant sur le caractère anhistorique des vérités logiques – et fixe l'idéal grec de sa pensée, qui assigne à la philosophie la tâche d'une science universelle et absolument fondée portant sur le sens de la totalité de ce qui est, et sur celui du monde et de la place de l'homme. Ensuite, c'est en fonction de cet idéal que Chestov aborde, comme second lieu de dialogue, le premier tome des *Recherches logiques*, les *Prolégomènes à la logique pure* (1900), où Husserl se propose d'ouvrir la voie à une nouvelle façon de concevoir la logique en ayant, au préalable, engagé une réfutation de sa conception la plus répandue, c'est-à-dire celle qui se présente comme étant psychologiste. Pour Husserl, en assimilant les principes qui président à toute connaissance à des lois naturelles de la pensée, le psychologisme confond deux ordres de problème, à savoir le réel et l'idéal. Or Chestov a bien vu que l'idéal, au sens de Husserl, n'est pas un fait psychique élevé au rang d'une hypostase métaphysique et n'est pas non plus une abstraction d'un fait psychique. Il faut comprendre l'idéal à partir de la distinction entre les actes subjectifs et l'unité objective de la signification, entre le jugement comme acte subjectif et son contenu objectif. Husserl ne s'occupe donc pas de la ressemblance entre les actes psychiques de plusieurs individus particuliers et ne multiplie pas la signification par le nombre d'individus. La signification n'est donc pas comprise comme contenu d'un acte psychique réel, mais comme un objet idéal qui peut être identifié, par des individus différents et à des époques différentes, comme étant le même. Les nombres, les vérités constituent, dans leur objectivité idéale, un domaine d'objets – non pas de choses ou de réalités empiriques –, mais néanmoins d'objets. Toutefois, cette objectivité idéale vaut en elle-même, indépendamment du sujet qui la pense et des opinions particulières que l'on peut prendre sur elle. Aussi, confondre ces deux ordres de problèmes – la loi elle-même et l'acte de juger – conduit à ruiner l'idée même de vérité. Il n'y a, dès lors, pas de sens à parler d'une vérité relative qui ne serait vraie que pour tel ou tel individu. Dans ce cas, la vérité ne serait, en effet, rien d'autre que le résultat d'un acte de jugement.

En somme, ce que Chestov retient surtout des *Prolégomènes* n'est rien d'autre que le maintien du caractère « en soi » de la vérité, ce qui signifie qu'elle est ce qu'elle est, et ceci indifféremment du fait qu'elle soit pensée ou jugée. Indépendamment qu'il y ait un monde ou pas, et indépendamment que ce monde demeure ce qu'il est ou n'est pas, la vérité 2+2= 4 vaut en elle-même comme une vérité idéale. On le mesure bien, Husserl considère ces vérités comme *a priori*, dans la mesure où elles sont indépendantes des données de l'expérience empirique et applicables à chaque chose rencontrée comme réalité factuelle. Par exemple, Husserl n'admet pas que le principe de non-contradiction puisse n'être contraignant qu'à une époque donnée ou pour une culture donnée. On parle ici d'une vérité logique dont les caractères sont la nécessité et l'intemporalité : d'une part, la nécessité car le jugement vrai logiquement ne peut être autre et, d'autre part, l'intemporalité puisqu'il revient à dire que deux propositions contradictoires ne peuvent être vraies en même temps et que ce qui a été ne peut pas ne pas avoir été.

Ce développement permet de comprendre que Chestov fonde sa lecture de la phénoménologie sur la notion husserlienne d'évidence logique ou sur le thème de la qualité logique de la vérité en soi, en dehors de toute référence existentielle. Selon lui, c'est par sa formation mathématique que Husserl est conduit à hypostasier la vérité en soi, en séparant la vérité du jugement et l'acte de jugement. Les analyses husserliennes prendraient donc pour modèle privilégié l'objet mathématique en le considérant comme le paradigme à partir duquel toute réflexion sur les objets doit nécessairement se développer et cela selon le fameux principe du « pouvoir illimité de la raison »[1].

La position de Chestov consiste ainsi à montrer que si l'originalité de la pensée de Husserl réside dans sa manière de rendre absolue la vérité et que si elle se définit par la vision de l'objectivité idéale dans une évidence, cela implique alors que, pour rendre la vérité universelle, la phénoménologie en fait l'objet exclusif de la raison. La conséquence de cette idéalisation de la raison en norme absolue et de cette dimension

---

1   Léon Chestov, « *Memento Mori* (À propos de la théorie de la connaissance d'Edmond Husserl) », dans *Revue philosophique de la France et de l'Étranger*, t. LI, 1926, p. 53.

« extrême » du rationalisme revient à n'accorder qu'une valeur relative à la « vie » humaine. C'est justement cette interprétation du rationalisme de Husserl qui en constitue sa condamnation la plus profonde : il ne fait pas droit à ce qui résiste à une explicitation totale du monde et qui, pourtant, est la donnée première et irréductible pour l'homme, à savoir l'« existence ». C'est ce que Chestov suggère en ces termes : « Or tout en admettant l'évidence et, par conséquent, la légalité logique des prétentions de la raison, nous sentons de tout notre être que l'évidence et la logique en certains cas ne garantissent pas le principal, 'το τιμιώτατον", la *vérité de nos jugements*. [...] où chercher la vérité ? À qui, à quoi confier son destin ? Faut-il se soumettre aux exigences de la raison, ou bien, au risque de devenir la risée de tous et de paraître ridicule à ses propres yeux, faut-il refuser obéissance à la raison et la considérer non plus comme son maître légitime, mais comme une usurpatrice qui a excédé ses pouvoirs ? L'évidence soutenant la raison entre en lutte avec un sentiment obscur qui ne parvient pas à trouver sa justification. »[2]

Il est frappant qu'il soit fait, ici, appel à un élément d'ordre affectif, portant préjudice aux prestations de la raison : l'existence se révèle dans un sentiment. Il ne s'agit pas d'y discerner une faculté ou un mouvement affectif suscité par ce qui affecte – un objet particulier –, mais de comprendre ce sentiment comme situé en deçà de toute détermination objective. L'existence se fait sentir, si bien que le sentiment, n'ayant rien de commun avec l'évidence rationnelle, est particulièrement manifeste en ce qui concerne les questions ultimes de notre existence, telles la vie et la mort, la destinée, en un mot : l'historicité. On comprend mieux, désormais, le caractère énigmatique de la formule : « *Memento mori* » – « Souviens-toi que tu es mortel ». Ce n'est donc rien d'autre que l'histoire et le caractère fini de l'existence humaine qui mettent en doute la valeur absolue du savoir humain. Le philosophe se voit donc attribuer la mission de méditer la finitude. C'est par là, par le sentiment de sa propre finitude que l'être humain peut se comprendre comme étant plus que ce qui est dit dans les principes de la pensée rationnelle. Mais l'homme ne s'étouffe nullement dans ce sentiment de l'existence marquée par la finitude. L'existence

---

2   Léon Chestov, « *Memento Mori, art. cit.*, p. 45.

consiste, pour l'homme, à réaliser sa propre volonté. Refusant l'identification de la vie et de la connaissance, ainsi que la prétention de la raison à posséder, exclusivement et exhaustivement, la vérité, l'homme s'enracine dans un désir de vivre. C'est là, non une vérité scientifique ou logique, mais une vérité métaphysique : l'homme veut vivre. C'est dire que la vérité, à ce niveau, n'a plus rien de nécessaire et d'obligatoire. Elle possède une signification personnelle et il est désormais clair que la philosophie existentielle ne renonce pas à toute vérité, mais qu'elle lutte prioritairement contre l'interprétation idéaliste de la vérité qui la consacre en tant que vérité logique. Le mouvement est clair : l'approche de la vérité se situe au niveau existentiel et le caractère personnel ou possessif de la vérité signifie qu'elle m'engage à vivre et à témoigner de ce désir fondamental du vivre. Plus précisément, la vérité, à ce niveau métaphysique, se présente au sujet comme une volonté de vivre et s'annonce dans ce qui entre en contradiction et en « lutte » avec ce que la raison reconnaît comme ses propres évidences. C'est dire que le *memento* chestovien aborde le problème de la vérité, chez Husserl, à partir d'un clivage entre vérité logique et vérité subjective.

On le voit, Chestov entend défendre, à l'encontre de Hegel, l'irréductibilité de l'homme singulier au concept – ou l'hétérogénéité de l'existence à la pensée – et sa position s'accomplit à même le refus de réduire l'existence en des termes généraux et à même cette affirmation du primat absolu de l'existence sur toute philosophie de l'existence. Car, pour Chestov, la réduction quasi complète de l'objectivité, instituée par Husserl, s'opère au prix d'un appauvrissement considérable de ce qui est tenu pour réel, c'est-à-dire d'un monde dont l'existence a été évincée. Mais cet appauvrissement est à l'œuvre non seulement sur le plan de l'objectivité, mais également sur celui du sujet en tant que sujet de la connaissance. En effet, la critique existentielle s'appuie, d'une part, sur une interprétation particulière de l'objectivité qui est considérée comme un synonyme de légalité : est objet ce qui est réductible à un réseau de relations logiques dont la provenance est nécessairement et exclusivement logée dans la raison. D'autre part, le sujet de la connaissance est assimilé à une conscience anonyme et s'épuise dans une sorte de structure logique universelle commune à l'ensemble des êtres humains.

En somme, tout l'effort de Chestov est de montrer que la réflexion ne peut s'effectuer qu'à partir d'un enracinement – « existentiel », mais il faut encore comprendre ce que existentiel veut dire – qui ne peut, par principe, que lui demeurer opaque. C'est précisément cette découverte « existentielle » qui conduit Chestov à mettre en question l'idée même d'une mise à jour des fondements ultimes comme élucidation radicale.

Levinas et l'affirmation chestovienne de l'existant

Après avoir montré les enjeux de la critique chestovienne de la philosophie de Husserl en tant que philosophie réflexive, il convient de rendre compte de la possibilité de faire droit à un registre situé en deçà de toute réflexion, à savoir le registre de cette présence originaire du moi à lui-même en tant que moi affecté. Pour aborder ce point, il y a sans doute lieu de prendre un guide particulièrement sûr, à savoir Emmanuel Levinas et la première interprétation qu'il développe de la phénoménologie allemande. Les deux références textuelles que l'on trouve chez Levinas à propos de Chestov doivent ici être interrogées pour elles-mêmes. La première, essentiellement négative, se situe dans sa thèse de 1931, *La théorie de l'intuition dans la phénoménologie de Husserl* et la seconde, essentiellement positive, est la recension qu'il rédigea en 1937 pour la *Revue des études juives* sur *Kierkegaard et la philosophie existentielle*.

Levinas voit d'emblée dans la phénoménologie, dès ses premières lectures d'*Ideen I*, les ressources capable d'établir un compromis entre, d'une part, une psychologie qui trouve son exactitude dans l'objectivité physique et l'application des méthodes rigoureuses des sciences de la nature et, d'autre part, une philosophie fondée sur l'affirmation originaire d'un sujet dans la particularité de son expérience.

Or ce qui frappe Levinas dès son premier contact avec la phénoménologie, c'est que la phénoménologie husserlienne recherche dans le vécu le fondement radical de la philosophie. Levinas attire notre attention, sans le dire pourtant explicitement, sur le fait que Chestov ne perçoit pas suffisamment que toute la philosophie de Husserl réside dans la recherche d'une discipline qui permette à la fois de rendre compte des exigences de la raison propres à toute connaissance possible et véritable et de s'appuyer, en même temps, sur le sol de l'expérience effective vécue par la conscience concrète. Levinas retient donc de Husserl qu'il y a lieu de considérer l'existence telle qu'elle est vécue et d'élucider les rapports vécus qui s'établissent entre l'homme et le monde. Levinas place donc au cœur de son interprétation l'expérience de la rencontre comme expérience fondamentale selon laquelle il n'y a vraiment de sujet que dans la visée des choses et il n'y a vraiment de choses que dans l'acte qui porte le sujet vers elles. C'est là une thèse de base de la phénoménologie qui, pour Levinas, est à l'origine d'une nouvelle conception de l'existence, largement inspirée sur ce point par Heidegger, une nouvelle conception de l'existence qui repose sur une nouvelle conception de l'être, comme en témoigne ce propos dénué de toute ambiguïté : « Être, c'est être vécu ». Levinas écrit : « Cette thèse de la valeur ontologique inhérente à la subjectivité et à son sens intrinsèque, constitue la véritable base de toute la pensée de Husserl : être, c'est être vécu, c'est avoir un sens dans la vie. »[3] Cette thèse, qui correspond finalement à la thèse ontologique que Levinas a toujours vue dans *Ideen I*, ne signifie pas autre chose que poser l'identité entre le sens de l'être et les modes d'être donné à la conscience, c'est-à-dire l'identité entre « l'existence de l'être » et « son mode de "rencontrer la vie" »[4]. Or c'est justement cette thèse que Chestov, du point de vue qui est le sien, ne peut cautionner. La philosophie de l'existence lutte précisément contre le principe de l'unité de l'être et de la pensée, de la coïncidence entre ce qui est et ce qui est pensé. C'est bien ce principe que Chestov voit toujours à l'œuvre dans la phénoménologie : tout ce qui peut être pensé existe et tout ce qui existe doit être raisonnable dans la mesure où il peut, par principe, être l'objet d'une connaissance.

---

3   Emmanuel Levinas, *La théorie de l'intuition dans la phénoménologie de Husserl*, Paris, Alcan, 1930, p. 213.
4   *Ibidem*, p. 218.

Cette interprétation très spécifique de Husserl se fait particulièrement jour avec le problème, si décisif pour toute théorie de la connaissance, du jugement. Sur ce point, tout le travail de Levinas sera de soutenir, contre Chestov, que si l'acte de jugement et son contenu sont bien irréductibles, ils ne sont pas séparables pour autant. Décrire le jugement comme une combinaison de rapports revient à lui refuser ce qui, pourtant, fait son essence. Il faut donc insister sur la corrélation du jugement, non seulement vis-à-vis du sujet, mais également vis-à-vis de l'objet. Il est, d'un côté, une corrélation vis-à-vis du sujet, dans la mesure où le contenu du jugement est en relation avec l'acte du sujet qui pense ce contenu et lui donne, pour ainsi dire, l'occasion indispensable à son accomplissement. Il est, d'un autre côté, une corrélation vis-à-vis de l'objet, dans la mesure où le fait de porter un jugement sur l'objet correspond à un « mode d'être devant lui »[5] : juger quelque chose, c'est, d'une certaine façon, être devant lui. Il est d'ailleurs très frappant que Chestov ne tiennent aucun compte de la théorie husserlienne de l'intuition d'une catégorie (par exemple la copule "est") et de cette thèse décisive selon laquelle il ne peut y avoir de jugement que fondé sur l'expérience antéprédicative. C'est précisément cette ouverture de la conscience au monde et cette présence au monde qui constitue l'intentionnalité structurelle de la conscience et le fondement de toute vérité.

Or la lutte chestovienne contre le caractère absolu et total de la raison, incapable de renvoyer à autre chose qu'elle-même, est précisément ce qui fait l'objet de la recension, d'une surprenante densité, que Levinas rédigea, immédiatement après la parution *De l'évasion* (1936), sur l'ouvrage *Kierkegaard et la philosophie existentielle*. L'écrit, qui est bien autre chose qu'un texte de circonstance, renseigne de manière significative, sur les thèmes qui intéressent Levinas et permet de comprendre les termes à travers lesquels il aborde le livre du penseur russe. Ainsi, l'idée que la philosophie chestovienne de l'existence se laisse informer, de part en part, par une lutte contre une philosophie idéaliste, commandée par une conception exclusive de la vérité en tant que vérité logique, est exactement ce qui retient Levinas. Cette mise en cause du caractère absolu de la conscience passe par une

---

5   *Ibidem*, p. 73.

forme de retour à la pensée de Kierkegaard[6], qui n'est pas compréhensible indépendamment de la « crise morale ouverte par la guerre de 1914 », qui « a donné aux hommes le sentiment aigu de l'*inefficacité* de la raison, du désaccord foncier entre la civilisation rationaliste et les exigences de l'âme individuelle perdue dans l'anonymat du général »[7]. En somme, Levinas indique non seulement que la philosophie de Chestov est née d'une suspicion à l'égard de la rationalité moderne, ainsi que du malaise de la culture qu'elle a engendrée, mais aussi qu'elle reprend radicalement à son compte la question de savoir ce qu'il en est, pour l'homme, du fait même de donner de/à sa vie une signification par la raison. De cette façon, elle s'interroge sur le sens de l'humanité, de la vérité et du *telos* de toute démarche de la raison autonome et elle tente de revenir à ce que Levinas appelle « l'unicité existentielle »[8], interprétée d'une autre manière que dans les termes de « l'ordre universel de la raison »[9] et de ses lois.

Levinas indique donc que la philosophie existentielle a bien pour tâche de lutter contre les ambitions de la totalité. L'idéalisme consiste dans la prétention fondamentale à l'autonomie de la raison, avec sa validité et sa légalité propres, fondée sur ses propres vérités nécessaires et universelles, ainsi que dans la reconnaissance de l'idéal comme condition de possibilité de la connaissance objective en général. Chestov lui reproche, de son côté, de ne pas remettre en question le principe de l'absence de limites de la raison objective, principe selon lequel chaque réalité est pleinement déterminable et accessible à la raison, c'est-à-dire caractérisée comme étant susceptible de faire l'objet d'une détermination adéquate d'un point de vue logique. Pour Chestov, la recherche de l'objectivité et de la vérité absolue mène ainsi la phénoménologie à son contraire : une détermination subjective et rationnelle (logique) de la réalité. Ainsi, Chestov défendrait l'idée selon

6   Nous n'aborderons pas ici l'importante influence croisée, chez Chestov et Levinas, de Kierkegaard.

7   Emmanuel Levinas, « Recension de Léon Chestov, *Kierkegaard et la philosophie existentielle (Vox clamantis in deserto)* », dans *Revue des études juives*, 1936, p. 139.

8   Jacques Colette, « Levinas et Kierkegaard. Emphase et paradoxe », dans *Revue philosophique de Louvain*, t. 100, février-mai 2002, p. 6.

9   Emmanuel Levinas, « Recension de Léon Chestov, *Kierkegaard et la philosophie existentielle (Vox clamantis in deserto)* », art. cit., p. 139.

laquelle la philosophie husserlienne est, de part en part, possédée par le démon de la totalisation théorique (rationnelle) et systématique, laissant ainsi de côté le domaine propre de l'existence. L'idéal husserlien d'une science rigoureuse s'inscrit dans le projet de la raison philosophique occidentale qui a vu se développer des philosophies aussi puissantes que celles de Platon, de Leibniz ou encore de Hegel, même s'il faut dire que Descartes et Kant demeurent les adversaires secrets de la philosophie existentielle. Face à ces deux derniers, qui partagent cette volonté de donner à la raison une nouvelle autorité, toute l'ambition de Chestov est bien de rompre décisivement avec l'idée d'une totalisation de l'expérience dans un savoir absolu, en insistant sur la nature affective de l'affirmation existentielle.

À la lumière de ce constat, on comprend mieux que l'attitude chestovienne pousse constamment la phénoménologie dans une alternative inspirée par Kierkegaard : ou bien, il convient de fonder l'investigation rationnelle sur des bases nouvelles et inébranlables, en faisant de l'évidence l'instance suprême et nécessaire – c'est-à-dire la forme fondamentale de la connaissance qui seule peut livrer la vérité – ou bien, il importe d'accepter le caractère relatif de la connaissance, cette impossibilité d'atteindre une vérité absolue dans le but de renoncer à toute prétention à l'objectivité et à l'universalité. La critique du logicisme husserlien prend ainsi la forme d'une critique existentielle de la théorie de l'évidence, parce que la connaissance rationnelle et logique n'est pas le seul mode possible d'accès à la vérité. Il importe de le rappeler : il s'agit, pour Chestov, de déterminer « l'instant où il faut priver la raison de son rôle dirigeant ou bien limiter ses droits ». Ainsi, au moment où Husserl, de son côté, affirme que relativiser la vérité à des actes psychiques particuliers (i.e. le relativisme individuel) – ou à une espèce particulière (i.e. le relativisme spécifique) – revient à hypothéquer l'objectivité idéale des lois logiques, Chestov, au contraire, soutient que l'absolutisation de la vérité conduit au caractère relatif de l'existence. Dès lors, une des intentions les plus récurrentes de Chestov sera de montrer que le sens de la notion d'existence n'est pas univoque et qu'une approche exclusivement logique de la vérité n'est pas de nature à l'épuiser.

En ce sens, Levinas énonce une définition exemplaire de la philosophie existentielle, qui doit être rappelée dans son intégralité : « Dans un monde éclairé et expliqué par la raison, seul le général compte : *ma* destinée n'a rien d'important, *ma* douleur rien d'exceptionnel, *mon* désespoir rien d'unique ; si je porte une tristesse ou une honte au fond de mon âme, cela ne trouble pas l'ordre universel. Ma spéculation assigne à ces phénomènes une place dans le Tout, et ma seule sagesse ne peut consister qu'à me soumettre à ces lois. Mais avant de spéculer j'existe. Mon existence s'accomplit précisément dans cette douleur, dans ce désespoir. Loin de se ranger dans un *Tout* qui les embrasserait, ils sont *tout* pour moi. Ils ont leur histoire, leur vérité, leur poids, leurs exigences propres. Je peux les refouler, je ne les supprime jamais. Leur voix déchire mon être malgré ma soumission à la nécessité universelle. Ma spéculation, elle-même, en est-elle d'ailleurs absolument indépendante ? Peut-elle être légitimement abstraite de la condition humaine, de sa destinée, de sa mort ? » Puis, plus radicalement encore, Levinas écrit : « Quelle que soit la réponse que l'on donne à toutes ces questions, il s'agit de les poser, il s'agit de respecter la signification interne des évènements qui constituent notre existence, avant de les interpréter en fonction de l'ordre universel construit par la raison. C'est la tâche de la philosophie existentielle. »[10]

Cette présentation de la philosophie existentielle contient à elle seule les traits les plus philosophiquement caractéristiques de la pensée de Léon Chestov, en particulier face à l'attitude prise par Husserl : la phénoménologie, en ce cas, est une philosophie idéaliste, commandée par une conception exclusive de la vérité comme vérité logique ; elle identifie la réalité humaine, et finalement l'existence entière, avec l'objet scientifique, pour la réduire à une simple légalité et à un réseau de relations mathématiques et logiques ; plus encore, elle établit un sujet (de la connaissance) anonyme et impersonnel dans la mesure où elle ne s'intéresse qu'à la vérité une et objective, indépendamment du sujet qui l'appréhende. Toutefois, outre qu'elle atteste bien des traits constitutifs de la philosophie chestovienne de l'existence, la présentation qu'en propose Levinas signale du même coup son thème le plus profond,

---

10   *Idem.*

à savoir la « signification interne des événements qui constituent notre existence », ne relevant pas du plan de la transcendance intentionnelle objective.

Le moi chestovien est donc un être affecté et est réhabilité en tant qu'existant vivant capable de saisir sa personnalité dans le ressentir de sa propre existence. La lecture levinasienne suggère, de la sorte, que Chestov envisage l'affectivité pour elle-même, une affectivité qui ne renvoie pas strictement à la présence d'un objet qui affecte (un objet présent dans l'intuition sensible), mais une affectivité comprise sur le mode d'une affection de soi, en deçà de la structure bipolaire de l'intentionnalité. À l'horizon de cette lecture levinasienne pointe, sans doute, le fait que le moi chestovien ne peut se satisfaire de la finitude à laquelle l'astreint la considération de son existence qui le confronte inexorablement à la mort : il ne peut concéder son existence à la finitude sans, du même coup, nier la vie qui pourtant la porte. Chestov aborde donc le problème de la mort dans une perspective qui diffère radicalement de Heidegger et ne l'envisage pas comme la possibilité d'une impossibilité et, en ce sens, l'impossibilité de toute existence en général, toute existence contenant en elle-même la possibilité de ne plus être. La mort n'est pas non plus le fait de la pure et simple destruction irréversible de la vie et n'est pas uniquement reconnue dans son statut d'issue fatale, mais elle place l'existant face à lui-même, dans une situation insurmontable ; elle est cet inintelligible par excellence qui le conduit à décider pour ou contre la transcendance, à faire un « saut » dans le mystère absolu, dans un « tout ou rien » ne relevant d'aucune garantie et ce au-delà de toute considération rationnelle. Quoi qu'il en soit de cette méditation de notre finitude, il y avait cependant lieu de montrer que Chestov et Levinas, dans leur renvoi respectif à Husserl, posent à leur manière la question de la dimension affective de l'existence et insistent sur la place programmatique de l'affectif dans le cadre d'une méditation philosophique, entre une philosophie de la raison purement théorique et une philosophie portant exclusivement sur le sentiment.

Conclusion

L'enjeu des développements précédents consiste à montrer en quel sens le terme « existence » ne se borne pas à constater une évidence, celle de la simple existence de l'homme et de la réalité de sa vie. Au contraire, le terme « existence » renvoie au mode spécifique dans lequel l'être humain existe, à la forme particulière avec laquelle s'accomplit en propre son existence. Une des ambitions majeures de la philosophie de l'existence est donc d'abord de dégager le mode d'être de l'homme, indépendamment des caractères de l'individu décelé par la psychologie, en faisant de l'existant humain lui-même, dans la dimension réelle et concrète de ce qu'il vit, le véritable sujet de la philosophie. Cette définition du projet philosophique suggère déjà que l'homme n'est pas un objet parmi d'autres objets, pas plus qu'il n'est un vivant parmi les autres. À ce titre, il fait certes partie d'une évolution de la nature et peut être analysé avec les outils mis en place par les sciences qui étudient le vivant en tant que tel, comme la biologie. Mais l'être humain est un être tout à fait spécifique et il s'agit de comprendre ce qui rend son existence différente de toute autre.

Dans une telle perspective, la phénoménologie, et le projet fondamental qui est le sien, a exercé une influence décisive sur le développement des philosophies de l'existence entre les deux guerres, une influence qu'elle ne doit ni au hasard ni à sa seule méthode. En assumant la tâche d'en revenir à notre rapport originaire au monde et aux autres, et celle de dégager les couches les plus élémentaires de la signification telles qu'elles émergent de l'existence même, la phénoménologie existentielle, s'inspirant à bien des égards des recherches de Husserl, dépasse les oppositions du monde et de la conscience, de la sensibilité et de la pensée, de la psychologie et de la philosophie. C'est donc bien l'être humain lui-même qui redevient le véritable sujet de la philosophie et la philosophie de l'existence répond en somme à un souci de fidélité à l'expérience humaine concrète, celle d'un sujet incarné luttant et souffrant qui n'accepte pas de se reconnaître dans les combinaisons de sensations anonymes qui lui sont parfois présentées comme l'image de son existence. C'est peut-être en ce sens que la consistance de cette philosophie se concentre dans son refus obstiné d'abstraire les événements de l'existence concrète du sujet qui les vit. Si la philosophie se veut être une expérience, elle ne peut nous placer au-dessus de notre condition humaine. C'est sans doute également en ce sens que l'œuvre de Chestov nous montre sans doute, dans le régime philosophique qui est le sien, que la vérité de l'être humain n'est pas en arrière de lui, dans un âge qui pourrait être tenu pour révolu; elle est davantage à conquérir dans l'acte jamais achevé de la révélation que le moi est toujours à lui-même et de lui-même.

OLIVIER SALAZAR-FERRER

Variations sur le silence et la nuit
chez Vladimir Jankélévitch

> « Une aile d'oiseau, cela ne pèse guère. Un souffle
> de printemps, cela ne fait pas de bruit. Ce silence
> que l'homme à la fois aménage et recherche est un
> silence déjà habité...Plus le silence s'approfondit,
> plus nous découvrons de nouveaux secrets dans
> cette intime profondeur... ».
>
> V. Jankélévitch, *Quelque part dans l'inachevé.*

En 1943, en pleine occupation allemande, Jankélévitch publie *Le nocturne*. Les mille exemplaires de cette plaquette furent publiés à l'initiative de Louis Faucon et diffusés clandestinement en zone occupée par quelques amis de la résistance[1]. Le philosophe y offre une singulière déambulation, une phénoménologie intuitive de la catégorie du nocturne, appuyée sur une investigation littéraire, picturale, philosophique, mais finalement définie par une analyse musicologique. Quelques essais sur la musique de Chopin, de Fauré, de Debussy reprendront ultérieurement ce thème, mais ce sont surtout les entretiens avec Béatrice Berlowitz qui l'orchestreront dans *Quelque part dans l'inachevé*[2]. Je voudrais montrer que cette approche transdisciplinaire, comme plus tard les analyses de Gilles Deleuze, inaugure une *philosophie de la nuance*. C'est sous le signe de ce renversement pascalien que se place le premier chapitre de *Nocturne* : « Quels secrets ont-ils donc surpris, tous ces noctambules du romantisme, et Novalis, et Mendelssohn, et Robert Schumann, dans leur voyage aux confins de la nuit ?[3] »

---

1   Vladimir Jankélévitch, *Le Nocturne*, Lyon, Baudin, 1943. Dans cette étude, je ferai référence à l'édition suivante : *Le Nocturne, Fauré, Chopin et la Nuit, Satie et le matin, avec 24 exemples musicaux*, Albin Michel, Paris, 1957.
2   Vladimir Jankélévitch et Béatrice Berlowitz, *Quelque part dans l'inachevé*, Paris, Gallimard, 1978.
3   Vladimir Jankélévitch, *Le Nocturne, op. cit.*, p. 16.

Les leçons de la nuit

Qu'est-ce donc que « L'éternel baroquisme de l'homme nocturne », si ce n'est une reprise du romantisme compensant l'homogénéisation abstraite de la révolution galiléenne, du mécanisme cartésien, bref d'un cosmos vivant devenu univers mathématique ? On peut y lire un rétablissement de la dignité de l'immanence sous le signe d'une co-existence des contraires, conçue non plus comme faute épistémologique ou comme conscience honteuse du poète, mais comme une reconquête existentielle. L'essai sur le *Nocturne* de 1942 assume parfaitement la filiation romantique avec les *Hymnes à la nuit* de Novalis, par exemple, et suit en cela la trace de l'ouvrage d'Albert Béguin qui venait de paraître : *L'Âme romantique et le rêve* (1939), et en particulier son chapitre intitulé : « les aspects nocturnes de la vie ». Mais l'originalité de Jankélévitch est d'élever le nocturne au rang d'une ascèse spirituelle, prélude à une véritable conversion, une *periagogê* platonicienne, quoique inversée puisque l'attention est conviée à se tourner non vers les essences, mais vers la vie, non pas vers d'éternelles structures mais vers une temporalité concrète qui est pure qualité. Cependant, en 1942, au plus profond de l'obscurantisme idéologique, que signifie un retour au nocturne ? Jankélévitch affronte alors la destitution, l'anti-sémitisme, la privation de la parole publique. Si berceuses, barcarolles, marches funèbres, nocturnes, réenchantent l'espace de la nuit, cet espace où les contraires co-existent est aussi un espace de féerie, de fantasmes, de fantaisie, où la nécessité et l'irréversible s'évanouissent. La passion du nocturne n'est-elle alors qu'une griserie désespérée en réponse à un réel implacable ? Le nocturne n'est-il qu'une fuite nervalienne vers les songes ?

Arrêtons-nous donc sur cette magie du nocturne. D'abord sur cette nuance qui distingue le nocturne de la nuit et qui atteste que l'espace analysé n'est pas une extinction inerte, définitive, de la visualité, mais plutôt sa métamorphose. La nuit elle-même n'est intéressante que parce qu'elle est prise dans son devenir. Le nocturne est un espace de transition phénoménologique. C'est pourquoi les termes s'échangent à la condition d'être compris comme des catégories dynamiques.

Par opposition au paradigme platonicien puis cartésien de la lumière qui valorise l'idée claire et distincte comme critère de toute évidence, le nocturne ouvre un espace libéré de la tyrannie du visible. Il invite à une ubiquité de la conscience faite d'un survol du passé et de l'avenir, d'une co-présence des successifs et des contraires, bref il approche les privilèges d'une conscience divine. Ailée, aérienne, elle est le propre d'« une conscience miraculée » qui devient apte aux totalisations, à l'abolition des parties discontinues qui étaient séparées par une extériorité réciproque dans l'espace. La nuit prélude donc à une ubiquité des âmes, mais invite aussi à nous libérer de la tragique disjonction de l'alternative, posée entre l'infini du possible et le fini de l'effectivité d'un acte que le philosophe avait abordée dans son ouvrage *L'Alternative* en 1938[4]. La lecture de *L'Âme romantique et le rêve* (1939) d'Albert Béguin, fut sans doute inspiratrice car elle pose de façon résolue la question de la libération poétique du nocturne en citant par exemple Schelling :

> Si dans la nuit même une lumière se levait, si *un jour nocturne et une nuit diurne* pouvaient nous embrasser tous, ce serait enfin le but suprême de tous les désirs. Est-ce pour cela que la nuit éclairée par la lune émeut si merveilleusement nos âmes et jette en nous le frémissant pressentiment d'une autre vie, toute proche ?[5]

Voilà qui définit par excellence « l'enchantement de minuit » et qui compense le triste désenchantement (*Entzauberung der Welt*) de l'homme copernicien constaté par Max Weber dans son célèbre essai de 1919 : « Le politique et le savant »[6]. À travers lui, la conscience renoue avec un cosmos vivant obéissant à la relation du microcosme et du macrocosme, au souffle d'une nature faite esprit par des jeux de correspondances, où la place anthropomorphique n'est plus décentrée, exilée de son

---

4   Vladimir Jankélévitch, *L'Alternative*, Paris, Alcan, 1938.
5   Albert Béguin, *L'Âme romantique et le rêve*, « les aspects nocturnes », José Corti, Paris, 1939, p. 86.
6   Max Weber, « Le métier et la vocation de savant » (1919) in *Le savant et le politique*, 10/18, Paris, 1959.

paradis. L'espace nocturne est donc une délivrance : « À minuit tout est permis, n'importe quoi déteint sur n'importe quoi et chaque être participe de tous les êtres [7]». Pour reprendre les termes de Jankélévitch lui-même : « l'armée immense des possibles envahit les chemins de la causalité et les contradictoires nouent dans l'ombre toutes sortes de paris occultes »[8]. Ne rencontrons-nous pas ici un équivalent poétique de l'espoir chestovien d'une libération de l'*Anankê* ?

La nuit nous soustrait à la perception de l'espace, mais non exactement à la sensation de l'espace ; elle suspend momentanément le visible, l'approfondit et l'interroge. Débarrassée de la *vita activa* et des finalités matérielles qui nous projettent sans cesse hors de notre présent, libérée du règne de l'efficace et de l'utile, elle révèle mieux que la réflexion diurne que nous sommes plongés dans une temporalité immanente à notre propre corps, plus profonde que la temporalité inhérente au déploiement de notre pensée structurée, organisée, hiérarchisée rationnellement par des fonctions qui doivent beaucoup aux propriétés logiques du langage. Bref, la nuit nous invite à une immanence à soi, et à une perception du monde dévoilée par cette immanence. Il est donc significatif que Jankélévitch oppose, comme plus tard Michel Henry, la tradition cartésienne aux écrits de Maine de Biran. Il y a là une promesse de ressaisissement de la vie par elle-même dans une appréhension intime de la durée d'un corps. « Le temps est une pensée du soir » écrit Jankélévitch[9] avec des accents bachelardiens. Il ne s'agit donc pas seulement d'une immanence à soi, close sur la révélation d'un corps qui serait le mien, mais d'une relation nouvelle à une totalité vivante, génératrice et cosmique.

Comme chez Bergson ou chez Simmel, le vitalisme évite le solipsisme en identifiant son principe même à cette vie qui ne lui appartient pas. Rilke avait suivi les cours de Georg Simmel, et nous pourrions sans doute retrouver chez lui un équivalent poétique de cette exploration de la nuit avec l'évocation du vent de la nuit chargé de l'espace des mondes des *Élégies à Duino*. Nous la retrouvons encore, cette

---

7   Vladimir Jankélévitch, *Le Nocturne, op. cit.*, p. 48.
8   *Idem.*
9   Vladimir Jankélévitch et Béatrice Berlowitz, *Quelque part dans l'inachevé, op. cit.*, p. 239.

nuit chère à Jankélévitch, dans l'immanence à soi d'une sensation qui n'est plus déployée dans un espace comme une forme visuelle, mais comme une surface sentie par la fraîcheur elle-même du vent : *O und die Nacht, die Nacht, wenn der Wind voller Weltraum uns am Angesicht zehrt, wem bliebe sie nicht, dei ersehnte, sanft enttäuschende, welche dem einzelnen Herzen mühsam bevorsteht.* [10]

Mais il est un autre privilège de la nuit qui est celui d'être connaturelle à la fluidité, aux imperceptibilités, à l'inexpressivité expressive de la phrase musicale. C'est pourquoi Jankélévitch parle de la nuit à travers ses équivalents musicaux : barcarolles, nocturnes, marches funèbres et sonates, de Liszt, de Chopin, de Fauré, d'Aubert ou de Debussy donnent mieux à sentir ce qui semble s'évanouir dans une expérience du nocturne. Pourtant, il lui faut se réfléchir malgré tout dans des objets de la culture, pour s'universaliser et se communiquer au lecteur. Nous sommes ici très proche de la subtilité simmélienne qui développe sa dialectique de la forme et de la vie jusque dans les objets culturels, par exemple dans *La Tragédie de la culture* (1919) ou dans ses essais sur le vase, le paysage ou les sculptures de Rodin[11].

Cet effacement momentané du langage, avec sa vigilance lexicale, ses réflexes de catégorisation, ses différenciations par phonèmes et monèmes où chaque valeur linguistique prend place dans un filet de relations différentielles, est une condition *sine qua non* de l'attention musicale. Par cet effacement, le *quod* s'affirme aux dépends du *quid*, la présence sur l'essence, la modulation sur la délimitation, le devenir sur l'identification. Nous sommes bien entendu très proche ici de la durée bergsonienne à laquelle Jankélévitch a consacré de magistrales analyses dans son *Bergson* publié en 1930, mais nous voyons aussi se former autre chose qui est une phénoménologie de l'imperceptibilité ou de l'évanouissement, investie dans l'expérience musicale. Ce qui lui est propre, me semble-t-il, c'est l'attention à la fugacité, à la fragilité ontologique. La nostalgie qu'elle cherche à saisir est une sur-

---

10   Rainer Maria Rilke, *Druineser Elegien, Werke, 2, Gedichte 1910 bis - 1926*, Insel Verlag, 1996.
11   Georg Simmel, « La philosophie du paysage » (1913) in *La Tragédie de la culture et autres essais*, trad. S. Cornille et P. Ivernel, Paris, Petite Bibliothèque Payot, 1988 ; *Michel-Ange et Rodin*, Paris, Rivages, 1990.

nostalgie, une nostalgie devançante par laquelle l'instant, avant de disparaître, est pleinement perçu dans sa potentialité de disparition. Elle est une nostalgie de l'instant *dans* cet instant. C'est pourquoi il semble si malaisé de parler de « plaisir musical ». Ou si l'on tient encore à évaluer une expérience musicale en termes de plaisir, il faudrait d'emblée l'inscrire dans un paradoxe : « La musique ne réveille que ce qu'elle a le pouvoir d'apaiser ; elle apaise en blessant, blesse en purifiant » note Jankélévitch[12]. La beauté musicale même est une souffrance, un avènement-évanouissement, qui se dérobe à l'avoir et à la possession. Le développement musical, en sollicitant nos affects, nos émotions, notre empathie, effectue le même mouvement qualitatif que le nocturne. Il ne s'agit plus alors d'identifier par subsomption sous des concepts, conformément à la description kantienne du jugement déterminant dans la *Critique de la Faculté de juger*. À cet égard, les analyses de *La Musique et l'ineffable* (1983) peuvent paraître cruelles pour les techniciens de l'écoute musicale – « la musique est nocturne en soi parce qu'elle échappe aux servitudes du langage, aux interdits du discours rationnel »[13]. C'est en ce sens que la musique peut être considérée comme d'essence nocturne et la nuit, comme secrètement musicale.

Voilà donc où nous a conduit l'expérience de la nuit. Privé de la grande diversion du monde visible, nous nous sommes rapprochés de l'essence de la durée, explorant une expérience intime de l'irréversible. Remarquons que nous accédons peut-être aussi à une ontologie de l'instant car la critique bergsonienne du néant assortie d'une analyse des pièges de la rétrospectivité se prolonge par une exploration du réel dans *Philosophie première* (1954). La nuit elle-même, loin d'ouvrir un espace fantasmatique et fantasmagorique, nous délivre des illusions de la rationalité arbitraire de la conscience du réel et nous invite à méditer la nature de l'instant.

C'est peut-être même son concept paradoxal qui pourrait contenir le secret du nocturne comme le suggère un passage de *Philosophie première* où la métaphysique est conçue comme un « naufrage des dimensions » : « L'instant transcende la fatalité

---

12   Vladimir Jankélévitch et Béatrice Berlowitz, *Quelque part dans l'inachevé, op. cit.*, p. 257.
13   *Ibidem*, XXIV, 247.

de l'option et de la disjonction ; l'instant, c'est l'absurdité accomplie et l'illogisme devenu événement réel…il est d'un 'tout autre ordre' que les principes de raison et d'alternative ! » [14] affirme Jankélévitch. L'intuition elle-même, par son aptitude à saisir l'instant dans son atopie et son achronie, participe donc du nocturne.

Les leçons du silence

Il est singulier que l'analyse du nocturne croise et complète chez Jankélévitch celle du silence qui offre une ouverture comparable sur une philosophie de la nuance. De même que la catégorie du nocturne est une catégorie dynamique, ce n'est naturellement pas le silence absolu qui importe ici, le silence asymptotique, l'abîme des physiciens ou celui des espaces infinis pascaliens, mais le silence relatif au vacarme, au bruit, à la violence sonore déstructurée ou mécanique qui paralyse l'intuition et l'enchaîne à un corps sensoriel prisonnier. De même que la nuit absolue, le silence absolu est stérile. Le silence est une réalité différentielle qui n'intéresse l'enrichissement de la conscience que par ses variations qualitatives : souffles, effleurements du pianissimo debussyste, bref par une ontologie du presque rien qui l'oblige à une véritable ascèse de la sensibilité.

Chez Jankélévitch, tout se passe comme si les expériences essentielles ne pouvaient pas se dire, mais seulement s'effleurer par les voies obliques du silence, mais aussi par celles de l'humour et de l'ironie. « La lueur timide et évasive, l'instant-éclair, le silence, les signes évasifs – c'est sous cette forme que choisissent de se faire reconnaître les choses les plus importantes de la vie » dit Jankélévitch en commentant l'apparition-disparition du Christ aux pèlerins d'Émaus[15]. Le dix-septième siècle, auquel Jankélévitch emprunte son concept du « je-ne-sais-quoi »[16], en particulier à L'Homme de cour de Baltasar Gracián, découvrit un usage mondain

---

14   Vladimir Jankélévitch, *Philosophie première*, Paris, P.U.F, 1954, p. 160.
15   Citant l'épisode de l'*Evangile selon Saint Luc*.
16   « Le je ne sais quoi est la vie des grandes qualités », Baltasar Gracián, *L'Homme de Cour*, « Le je ne sais quoi », Maxime CXXVII, traduit par Amelot de la Houssaye, Paris, L. Collin, 1808, p. 170.

de la nuance. L'imperceptible du je-ne sais-quoi est d'abord une vertu de cour et la marque d'une sensibilité aristocratique. Pour La Rochefoucauld, Montesquieu et Vauvenargues qui s'en emparent, les subtilités du cœur naissent des ruses illimitées de l'amour-propre cachées au plus profond des vertus. La notion s'offre pour ainsi dire d'elle-même aux moralistes de l'imperceptible. Car pour traquer l'imperceptible de l'amour propre, il faut une vertu de l'esprit aussi subtile que lui, c'est peut-être là que réside l'étonnante méthode des analyses morales de Jankélévitch qui conviennent tout autant aux nuances de l'expérience esthétique puisque c'est autour du « Yo-no-sé-que » de Saint Jean de la Croix, du « Despejo » et du je-ne-sais-quoi de Montesquieu que la délicatesse du goût tente de dire son impuissance à se dire.

Mais la phénoménologie du silence de Jankélévitch relève aussi probablement du dix-septième siècle par sa filiation leibnizienne. L'imperceptible se pense constamment chez lui sur le modèle des variations différentielles infinies. Chez Leibniz, le modèle de la symphonie réglée, dont l'effet d'ensemble résulte du concours des instruments particuliers convient à l'univers des monades. Le calcul infinitésimal lui donne également la possibilité de penser une infinité de variations dans une perception générale, comme celle du bruit de l'océan, tout comme l'infinité des prédicats composant les substances réglées par Dieu[17]. La subtilité, ou si l'on veut l'esprit de subtilité, est ainsi fondée par ses modèles mathématiques dans le système leibnizien.

Mais, dans ce modèle, le je-ne-sais-quoi n'est pas un élément manquant dans l'analyse, mais le caractère irréductible d'une totalité parcourue par un acte indivisible de la conscience. C'est l'intuition bergsonienne parcourant par un acte indivise une série infinie qui fournit à Jankélévitch son modèle de pensée complémentaire. Le je-ne-sais-quoi n'est donc pas une ignorance, mais une entrevision. L'essentiel ne relève jamais pour Jankélévitch de l'évidence analytique, mais des entrevisions irritantes, des qualités aériennes et subtiles qui défient la définition et la possession. Car ce presque-rien est assurément proche du rien. Les pianissimo et les frôlements harmoniques de La *Mer* ou bien des *Pas sur la neige*

---

17   Leibniz, *Monadologie*, § 14. *Nouveaux Essais sur l'entendement humain*, L.II. chap. IX.

de Debussy évoquent cette imperceptibilité en s'approchant le plus possible du silence. Le mystère et le charme, ces deux catégories du presque rien, se répondent. La qualité s'explique par la qualité, dit Jankélévitch, et le « charme » est une manifestation simple que la décomposition analytique ne peut que détruire : « Une sorte de charme d'indivision est l'essence même de l'existence biologique et la vitalité même de la vie »[18]. Sa composition infinie désamorce *a priori* l'explication du mystère. Car le mystère, à la différence du secret qui relève d'un processus intentionnel de dissimulation et de déchiffrage, n'est pas chiffré. Il possède la même négativité que le charme. « De cet impalpable, il n'y a donc pas de philosophie, sinon négative ou apophatique[19] » ; tout autre qu'il n'est, il est toujours ailleurs. Le charme et le silence et leurs incarnations musicales chez Fauré et Debussy apparaissent donc comme l'espace privilégié du mystère. C'est là que le mystère du moi, de la liberté, de la conscience morale peuvent s'exprimer et se retrouver.

Evidemment, le silence dans le discours qui le prend comme objet ne peut être que l'antithèse des défauts attachés à l'usage de la parole discontinue, linéaire, limitée par une syntaxe généralisante. L'ordre du discours est celui de la sollicitation réglée de l'autre : questions, interjections, supplications, reproches tissent un espace d'interlocution ou du langage performatif où l'imaginaire est pris perpétuellement en otage. Il ne s'agit pas des silences pragmatiques de la parole utilisés comme des fonctions performatives du discours. Si l'acteur les utilise en tant qu'effets pathétiques et si le sophiste les manie avec art pour modifier le comportement de ses auditeurs, ils s'inscrivent tous deux dans la sémantique réglée du dire. Le silence de la parole humaine suspend ce découpage syntaxique, et restitue une totalité qualitative inconnue. Ce n'est pas l'explicitation analytique qui donnera aux fluidités du silence ses évidences de pensée, mais l'intuition d'un autre genre capable de saisir une totalité. Ici, la fonction du langage est la même que celle du visible : l'attention est tenue de répondre, de s'impliquer, d'avoir souci des contraintes objectives du monde. Que viennent la nuit et le silence, et peu nous importe d'identifier, de savoir

18   Vladimir Jankélévitch, *La Manière et l'occasion,* Paris, Seuil, 1980, p. 53
19   Vladimir Jankélévitch, *Gabriel Fauré et ses mélodies,* Paris, Plon, 1938, p. 320.

et de répondre. Cela dit, Jankélévitch est conscient des risques encourus par une philosophie de l'indéfinissable : « Cette quasi nullité du presque rien favorise tous les malentendus, et en même temps qu'elle justifie les sarcasmes des esprits forts et qu'elle encourage dans leur incrédulité les chevaliers de l'évidence sensible et de la positivité tangible[20] ».

C'est à partir de cette suspension que la dimension temporelle elle-même peut s'ouvrir à autre chose qu'une efficacité d'une planification. La conscience est disponible à la nostalgie parce qu'une fois l'espace supprimé, il reste la dimension de la mémoire et de l'imaginaire. Le silence intérieur des pensées rationnelles, la musique et le silence ont en commun de suspendre l'activité identifiante pour nous introduire dans des zones de clair-obscur de la conscience. Ce ne sont pas le silence ou la nuit absolus qui contiennent ces potentialités, mais les passages, les intermédiaires, la mixité, les variations infinitésimales entre la lumière et les ténèbres. Ce n'est que dans ce clair obscur que peuvent être déjoués les pièges de l'apparence pour accueillir la confidence et le secret.

Toute méthode induit des trajectoires. Si l'analyse conceptuelle force le sens du psychisme à la suivre, le laisser-aller au silence suit la mémoire, ou plutôt les pistes incertaines de la réminiscence. Aussi la nuit et le silence éveillent-ils en nous le « mystère d'angoisse » qui est celui de la présence absente et de l'absence présente, « l'existence inexistante et l'inexistence de l'existence[21] ». Car la présence humaine ne se réduit jamais à ses manifestations sensibles, ni au discours, mais tient à un jeu intime de déchiffrement et de mémoire. Curieusement, au silence s'associe secrètement « le silence du pas-encore et le silence du déjà-plus[22] ». Dans l'état de « nescience » ou « d'entrevision », c'est le souvenir qui approfondit l'immanence, selon le jeu infini de ses résonances. La nostalgie lui offre ses teintes affectives, qu'elle soit nostalgie d'une réalité enfuie, nostalgie sans objet ou encore nostalgie inversée d'un possible. Le « je-ne-sais-quoi » chez Jankélévitch prend tout entier sa

---

20   Vladimir Jankélévitch, *La Manière et l'occasion, op. cit.*, p. 73.
21   Vladimir Jankélévitch, *Debussy et le mystère,* Neuchâtel, La Baconnière, 1949, p.14.
22   *Idem.*

source dans une nostalgie qui pressent l'essentiel sans en connaître le *quid*. Cette approche renoue avec un thème jadis traité par Maeterlinck de manière plus impressionniste, notamment dans *Le Trésor des humbles* (1896), mais qui touche de plus près à l'univers de Jankélévitch à travers le livret de *Péléas et Mélisande* de Claude Debussy[23]. Les exemples sont nombreux, rappelons simplement que c'est dans l'obscurité que Mélisande se rapproche de Péléas : « Non, non, restons ici... Je suis plus près de toi dans l'obscurité » murmure-t-elle. Dans la tradition monastique du silence, l'abnégation du « je », centre du rayonnement d'intérêts, conditionne l'attention à Dieu dans le silence du moi. La contemplation esthétique a pour fonction d'effectuer un vide phénoménologique dans l'attention elle-même pour disposer l'âme à Dieu : « La contemplation, en effet, est l'acte d'une âme qui s'oublie, immobile, devant quelque chose de plus beau qu'elle-même (telle est la nature de l'admiration, le pouvoir de la beauté contemplée, qu'elle nous débarrasse de ce que nous sommes, nous rend indifférent au « moi » dit un anonyme chartreux de façon significative[24]. Telle est la première leçon d'imperceptibilité que nous apporte le silence.

Avec la laïcisation progressive du champs philosophique, l'ineffable divin fait place à l'ineffable du monde. Le symbolisme, qui se trouve au carrefour du vacarme industriel du XIXe siècle et de la nostalgie d'un silence qui appartient déjà à une civilisation révolue, fait du silence un lieu spécifique, celui des événements invisibles de l'intériorité, notamment chez Georges Rodenbach et chez Maeterlinck dont les thèmes sont parfois si proches de ceux de Jankélévitch. Notons le fait que Maeterlinck insiste sur la « qualité du silence actif »[25], source et réceptacle de toutes les modifications intimes d'une conscience. En tant que fond originel de toutes les manifestations sensibles, le silence est transfiguré par la musique. Loin de s'opposer à elle, il reçoit d'elle sa qualité, ses réminiscences, ses entrevisions, et inversément,

---

23   Maurice Maeterlinck, *Pelléas et Mélisande*, drame lyrique en cinq actes, 1892, acte IV, scène 4.
24   Anonyme, *Amour et silence*, Paris, Seuil, 1977, p. 122.
25   Maurice Maeterlinck, « Le silence », in *Le Trésor des humbles*, Paris, Mercure de France, 1896.

elle reçoit de lui la qualité quasi cosmogonique de son surgissement : « du silence au silence, à travers le silence : telle pourrait être la devise d'une musique que le silence pénètre de toute part ! » remarque Jankélévitch en commentant Debussy[26]. Si le temps de l'action est fait de discontinuités techniques et de projections hors du présent, celui de la réflexion est jalonné de discontinuités conceptuelles. Seul le silence de l'action et du savoir qui accompagnent l'attention esthétique est capable de lui redonner une totalité perceptive. C'est lorsque nous entendons à nouveau le vent dans les branches, le froissement de l'eau sur les rives, et le bruit des pas dans les rues que nous disons : « quel silence ! » À cela, il faut ajouter que « le silence est le néant d'une seule catégorie de sensations dans la plénitude de toutes les autres [27] » et qu'il restitue une pluralité de l'être en la délivrant de la tyrannie du logos.

C'est ici que nous pourrions souligner combien cette pensée revalorise une approche qualitative de l'ontologie. Et je voudrais repartir du silence car le silence apparaît comme une nuit sonore, comme une condition *a priori* du musical, tissé lui-même de silences et vivant de silence. Cette façon de requérir et d'aiguiser la sensibilité, Dans un monde où le maximal quantitatif est systématiquement exalté comme critère axiologique, est presque subversive aujourd'hui. Car un presque rien dans la quantité peut correspondre à un presque tout dans la qualité. Cette disproportion, remarquons-le, se retrouve dans le je-ne-sais-quoi, dans un presque rien de l'identité qui se traduit par un presque tout dans l'intensité spirituelle. Le « pianissimo possible » de Debussy lui apporte la réalisation musicale de cet impondérable. Mais n'y a t-il pas un lien plus profond entre la musique et les impondérabilités de la présence ? « Je me suis servi du silence » disait Debussy à propos de *Péléas et Mélisande*. N'est-ce pas la difficulté d'être de Mélisande, ce « presque rien », selon les termes de Debussy lui-même, qui incarne le sens du silence chez Jankélévitch[28]. Maeterlinck n'entrevoyait là que motif à une communication des âmes par le « grand silence actif » : « deux âmes vont s'atteindre,

---

26 Vladimir Jankélévitch, *La Musique et l'ineffable, op. cit.*, p. 164.
27 *Idem.*
28 Claude Debussy, « Lettre de janvier 1894 à Ernest Chausson », Paris, *L'Avant-scène*, avril 1977.

les parois vont céder, des digues vont se rompre, et la vie ordinaire va faire place à une vie où tout devient très grave, où tout est sans défense, où plus rien n'ose rire, où plus rien n'obéit, où plus rien ne s'oublie... [29] ».

Quel est l'horizon de cette ouverture ? Opérativité, mais non conceptualisation, le charme « est la fascination de la présence, étant mystère, non point présence abstraite, mais de parousie concrète[30] ». Il en va du silence comme du charme : la conscience « charmée, comblée, ravie, au lieu d'adorer stupidement sa belle Hélène, son mannequin de luxe qui n'est sans doute qu'une Gorgone, cette conscience s'ouvre à l'autre[31] » Ainsi, l'avènement de l'imperceptible est homogène à toutes les directions phénoménologiques de l'attention : il y a un imperceptible conceptuel et un imperceptible moral qui entretiennent entre eux les secrets de la nuance. Celui qui renonce un instant au miroir du discours ne devient-il pas sensible à l'autre qui advient ? Est-il vraiment étonnant de retrouver une dimension éthique dans cette phénoménologie intuitive de la nuit et du silence ? Ne sont-elles pas par excellence des dimensions de la présence-absente ? La présence humaine, qui est au cœur de l'attention éthique, transcende le visible. C'est sa fragilité ontologique qui la désigne à l'essentiel.

Mais cette puissance révélatrice du silence ne doit pas faire oublier qu'il reste aussi indissociablement lié à l'extinction d'une subjectivité. Jankélévitch propose une distinction intéressante entre le silence de l'ineffable qui exprimerait une limite du langage immédiatement infléchie en musique, en chant et en poésie, et le silence de l'indicible que Jankélévitch rapporte à la mort et en général à toute incommensurabilité humaine. Nous retrouvons le premier dans le silence vivant de la nuit qui aiguise notre perception et notre compréhension. C'est aussi le demi-silence divin : « Le silence de Dieu, comme le sublime silence de la nuit, est un silence plein de voix lointaines et de musiques invisible qui chuchotent à l'oreille de l'homme quelque chose d'imperceptible et de confus[32] ». Son analogue musical est le silence

29   Maurice Maeterlinck, « Le silence », in *Le Trésor des humbles, op. cit.*
30   Vladimir Jankélévitch, *Gabriel Fauré et ses mélodies, op. cit.*, p. 321.
31   *Idem.*
32   Vladimir Jankélévitch, *La Mort*, Paris, Flammarion, 1966.

vibrant de la nuit étoilée des *Quatuors* de Fauré. Comme l'ascension ultime de l'âme devenue silencieuse au sommet de son ascension mystique chez Denis l'Aréopagite redescend en *apagogê* pour se répandre en paroles, le silence de l'ineffable « confie au poète le don des langues ».

La relation qui existe entre l'aptitude ontologique au silence et l'aptitude morale au silence est essentielle. La sensibilité est une disponibilité aux variations de plus en plus petites par lesquelles un concept, une forme, une teinte se différencient. C'est donc une potentialité de différenciation. Or la qualité n'est qu'une augmentation de la différenciation sensible. La sensibilité acquiert donc une attention qualitative faite d'une augmentation de différenciation comme un réseau de coordonnées de plus en plus fines. C'est ainsi que nous concevons la « finesse » par opposition à la « grossièreté » de la perception et du jugement qui réside dans l'usage indifférencié de types préconstitués du jugement. La grossièreté peut être définie comme une impuissance différentielle à la fois de la sensibilité et du jugement qui nivelle les valeurs au profit de la généralité d'une fonction. Toutes les nourritures se valent pour celui qui ne songe qu'à se nourrir. Dès lors, le critère d'évaluation dominant est la quantité, la numérisation, l'accumulation, qui sont des catégories de l'avoir et non de l'être. En lisant Jankélévitch, on ne peut qu'être frappé par le fait que cette tension vers l'affinement de la perception de l'être définie dans *Philosophie première* ne saurait se limiter à un dévoilement ontologique. Car les nuances infinitésimales de la qualité morale sont analogues aux variations infinitésimales de qualité que nous découvre le silence. Mieux, l'exercice de la nuance devrait s'appliquer à toutes les sphères existentielles : esthétique, éthique, morale. De même, le sentiment esthétique défie l'analyse des parties de son objet et donc la démonstration. Il en ira de même du je-ne-sais-quoi en musique qui différenciera l'interprétation virtuose de l'interprétation magistrale. L'ineffable et l'inexprimable prennent bien leur place dans l'irréductibilité des valeurs essentielles au logos analytique.

En relisant la fin de l'essai *Le Nocturne* de Jankélévitch, on ne peut être que frappé aujourd'hui de ses inflexions secrètes vers un espoir. La conversion qu'elle présuppose n'est pas une fuite du monde, mais un retour au monde vrai après un détour par le nocturne. Le lecteur, convié à un voyage musical, ne peut que tenter d'effectuer lui-même une fugue aux limites de l'exprimable. C'est la figure de l'Eros vagabond et chaplinesque qui illustre le mieux ses valeurs secrètes de création et de renaissance : « Qu'au fantasque, à l'amant et au gueux elle ne refuse pas cette lueur d'espérance qui s'allume tous les soirs dans la profonde ébène de minuit [33]». En cela, le nocturne est bien initiation au poétique et c'est bien en ce sens qu'Albert Béguin avait posé la question en refusant de sacrifier à la nuit absolue et en exigeant une réintégration du régime diurne : « s'il lui a fallu pour cela renier toute la part diurne de lui-même, il se retournera finalement vers la conscience [34]».

Tout comme René Char dans ses *Feuillets d'Hypnos* faisant retour vers l'essentielle humanité de Georges de Tour dans le silence décidé, Jankélévitch, en écrivant un essai sur le nocturne, ne signe pas une fuite du réel, mais un rétablissement paradoxal de la lucidité. À l'heure où l'édition clandestine et la pensée libres se réfugient dans le « minuit de la pensée » pour mieux exister, au moment où la guerre projette *ipso facto* les êtres humains dans une extériorité, dans la fascination quantitative, dans les discours chocs, dans un langage armé, bref dans le cauchemar du mécanisme le plus élémentaire, la philosophie, en déployant toutes les ressources du nocturne, a su montrer qu'elle peut-être irréductible, elle aussi, aux violences de l'histoire.

---

33   Vladimir Jankélévitch, *Le Nocturne, op. cit.*, p. 79.
34   *Ibidem*, p. 402.

ANNA YAMPOLSKAYA

Le problème du don et de l'échange chez Jankélévitch

Parmi les questions les plus étudiées de la philosophie contemporaine celle du don se présente comme l'une des plus intéressantes. Les écrits séminaux de Mauss, de Bataille et de Heidegger nous ont conduits à repenser les liens entre la problématique purement éthique du don avec celle de la phénoménologie, de la théologie et de la politique ; les ouvrages plus récents de Derrida, de Levinas et de Marion offrent un cadre aux discussions actuelles.

L'approche développée par Vladimir Jankélévitch diffère substantiellement du courant magistral de la philosophie du don ; en restant complètement étranger à cette tendance d'élargir le domaine de la recherche, il se contente d'étudier le problème du don comme un problème de philosophie morale. Or, son approche classiciste lui permet de s'évader de certaines limitations imposées par une optique multidisciplinaire ; en décrivant le don (et le pardon en tant que don gratuit et gracieux), comme n'appartenant qu'à la sphère de la vie privée de l'homme, à la sphère des relations interhumaines concrètes, Jankélévitch réussit à se libérer de l'héritage augustinien définissant le don comme excluant toutes les formes d'échange. Il s'agit de réinventer la notion même de l'échange comme ce qui n'est pas gouverné par la logique du contrat, et plus largement, de la causalité. Il s'agit d'éclaircir les liens entre certaines formes d'échange interpersonnel et l'enrichissement mutuel et de le placer dans le cadre de la communication et de la collaboration créatives et proprement humaines. La comparaison de la position de Jankélévitch sur la question du don et de l'échange avec celle de Derrida va nous servir de fil conducteur.

La critique derridienne de Jankélévitch

Dans un certain nombre de textes passionnants que Derrida a consacré aux sujets de l'hospitalité, du don, du pardon, du parjure et du témoignage, et surtout dans *L'impardonnable et l'imprescriptible*[1] et *Le siècle et le pardon*[2], Jankélévitch est perçu comme un de ses opposants préférés. Je me permets de répéter ici les points principaux de la critique derridienne de Jankélévitch :

Il y a deux analyses bien différentes de pardon chez Jankélévitch : une analyse proprement philosophique dans *Le pardon*, et la deuxième, « pamphlétaire », dans *L'imprescriptible*, qui exprime « une colère du juste » ; dans *L'imprescriptible* Jankélévitch « se livre… à une sorte de repentir »[3] par rapport à son travail précédent. Si dans *Le pardon* Jankélévitch embrasse l'idée d'un pardon absolu, dans *L'imprescriptible*, au contraire, il succombe à la « logique conditionnelle de l'échange ».

La thèse de Jankélévitch qu'on ne peut pas, ne doit pas pardonner quand le coupable (les coupables) n'a pas avoué sa faute et n'a pas demandé le pardon est interprétée par Derrida de la façon suivante : le pardon est accordé comme en échange de cet aveu et de cette demande de pardon. « Il y a là une transaction *économique* qui à la fois confirme et contredit la tradition abrahamique »[4].

Cette demande du pardon et cet aveu expriment un repentir et des remords, qui jouent le rôle de l'expiation partielle de son crime du côté du coupable ; grâce à cette expiation le coupable peut s'identifier avec la victime. Mais le pardon *pur* que Derrida cherche « *au nom même du même héritage* » abrahamique est situé « par-delà toute *économie* identificatoire…, par-delà même de toute expiation »[5]. C'est-à-dire que, selon Derrida, la nécessité de l'aveu, proclamé par Jankélévitch, fait remplacer le pardon par les notions voisines, celles de l'expiation et de la réconciliation. Le pardon

---

1   Jacques Derrida, *L'impardonnable et l'imprescriptible*, Paris, L'Herne, 2005.

2   Jacques Derrida, *Foi et savoir* suivi par *Le siècle et le pardon*, Paris, Seuil, 2000.

3   Jacques Derrida, *L'impardonnable et l'imprescriptible, op. cit.*, p. 21.

4   Jacques Derrida, *Foi et savoir* suivi par *Le siècle et le pardon, op. cit.*, p. 110.

5   Jacques Derrida, *L'impardonnable et l'imprescriptible, op. cit.*, p. 27.

pur – *s'il existe* – pardonnerait le coupable en tant que coupable, sans que le repentir et les remords ne le transformassent en quelqu'un d'autre que celui que s'est rendu coupable[6].

Si le coupable se repent et se confesse en vue d'un rachat, voire d'une rédemption et d'une réconciliation, cela indique que le pardon espère atteindre un certain but ; il faut que le pardon ait un *sens*, qui serait étroitement lié à la problématique du salut et même du sacrifice.

> [...] chaque fois que le pardon est au service d'une finalité, fût-elle noble et spirituelle (rachat ou rédemption, réconciliation, salut), chaque fois qu'il tend à rétablir une normalité (sociale, nationale, politique, psychologique) par un travail de deuil, par quelque thérapie ou écologie de la mémoire, alors le pardon n'est pas pur – ni même son concept. Le pardon n'est, il ne *devrait être* ni normal, ni normatif, ni normalisant[7].

Or le refus de Jankélévitch de pardonner les auteurs de crimes « monstrueux » et « inexpiables » (et ce sont les mots que Jankélévitch lui-même utilise) présuppose que le pardon doit rester « à la mesure de l'humain »[8]) ou bien « une possibilité humaine »[9]. Derrida insiste sur le fait que Jankélévitch, aussi bien que Hanna Arendt, fait du pardon « un corrélat de punir » ; dans cette perspective le sujet accordant le pardon soit nécessairement le sujet d'un « je peux ». Ainsi le pardon devient une « affirmation de souveraineté » du moi ; le pardon se modifie en « pouvoir du pardon ». Cependant un pardon *pur* et « digne de ce nom, ce serait un pardon sans pouvoir : *inconditionnel mais sans souveraineté* »[10].

Premièrement je voudrais questionner la thèse de Derrida sur l'écart profond entre la description du pardon dans « le livre philosophique » de Jankélévitch et dans les articles polémiques rassemblés dans « L'imprescriptible ». En réalité, Jankélévitch

---

6   Cf. Jacques Derrida, *Foi et savoir,suivi par Le siècle et le pardon, op. cit.*, p. 114.
7   Jacques Derrida, *ibidem,* pp. 107-108.
8   Jacques Derrida, *L'impardonnable et l'imprescriptible, op. cit.*, p. 25.
9   Jacques Derrida, *Foi et savoir,suivi par Le siècle et le pardon, op. cit.*, p. 112.
10   *Ibidem.*, p. 133.

dit que ces deux textes seulement *semblent se contredire* ; et ce n'est pas tout à fait la même chose qu'une contradiction pure et dure. En tout cas, dans le chapitre final du « Pardon » nous découvrons les mêmes affirmations sur l'exigence préalable du repentir, des remords, aussi bien que la référence salutaire que Derrida trouve dans *L'Imprescriptible*. Jankélévitch écrit très clairement :

> Le pardon ne connaît pas l'impossibilité ; et pourtant nous n'avons pas dit encore *la première condition* sans laquelle le pardon serait *dénué de sens*. Cette condition élémentaire, c'est la détresse et l'insomnie et la déréliction du fautif ; et encore que ce ne soit pas au pardonnant à poser lui-même cette condition, cette condition est pourtant ce sans quoi la problématique entière du pardon devient une simple bouffonnerie... Mais la victime *ne se repentira pas* à la place de coupable...il faut que le criminel *se rédime* tout seul[11].

On retrouve également ici la nécessité de la demande du pardon, de l'aveu de la faute :

> Pour que nous pardonnions, il faudrait d'abord, n'est pas ? qu'on vienne nous demander le pardon. Nous a-t-on jamais demandé pardon ? Non, les criminels ne nous demandent rien...et d'ailleurs ils n'ont rien à se reprocher. Pourquoi pardonnions-nous à ceux qui regrettent si peu et si rarement leurs *monstrueux* forfaits ? [12]

Et aussi l'évocation de la réconciliation et de la fraternité entre les hommes qui ont à s'instaurer dans le pardon ; cet empressement à *fraterniser* avec les bourreaux et cette *réconciliation* hâtive sont une grave indécence et une insulte à l'égard des victimes.[13]

---

11   Vladimir Jankélévitch, *Philosophie morale*, Paris, Flammarion, *Mille et une pages*, 1998, p. 1142 (c'est moi qui souligne).
12   *Idem.*
13   *Ibidem*, p. 1143.

Il n'y a donc pas de rupture radicale dans la pensée du pardon chez Jankélévitch ; mais peut-être cela signifie seulement que la position de Derrida est bien fondée et que Jankélévitch ne sait pas penser la vraie gratuité du pardon ? Et pourtant Jankélévitch dit à plusieurs reprises que le pardon est « un cadeau gratuit de l'offensé à l'offenseur »[14], qui est accordé « en plus et par-dessus le marché et en dehors de compte »[15]. Afin de répondre à cette question, il nous faut regarder de plus près les textes de Derrida et de Jankélévitch sur l'essence de pardon en tant que *don gratuit et gracieux.*

L'achat du pardon : Derrida et Saint Augustin

Derrida pense la gratuité du pardon à partir du concept de don qu'il construit dans le cadre général de la problématique maussienne. Derrida décrit le don dans les termes de retour du « cadeau » au donateur et de cercle économique de l'échange :

> S'il y a don, le *donné* du don (*ce qu'*on donne, *ce qui* est donné, le don comme chose donnée ou comme acte de donation) ne doit revenir au donnant... Pour qu'il y ait don, il faut qu'il n'y ait pas de réciprocité, de retour, d'échange, de contre-don ni de dette... [Le don] s'annule chaque fois qu'il y a restitution ou contre-don[16].

Le donataire peut donc effectivement détruire l'événement du don en rendant quelque chose après le moment du don ou en faisant des actions qui le fassent (partiellement) « méritant » de recevoir ce qui est *donné.*

Quand cette structure est appliquée à la question du pardon, le donataire de cet acte de donation est un offenseur, un coupable ; pour qu'il y ait pardon, il faut que ce coupable ne fasse pas déjà son repentir ; qu'il n'avoue pas sa faute, ne « commence à se racheter, à transfigurer sa faute, à s'en dissocier lui-même pour m'en demander

---

14   *Ibidem*, p. 1004.
15   *Ibidem*, p. 1005.
16   Jacques Derrida, *Donner le temps*, Galilée, 1991, p. 18, 24, 25.

pardon »[17]; tout court – qu'il ne mérite pas son pardon. L'activité du coupable (dont le repentir, la demande de pardon, l'aveu) rend le pardon impossible ; elle est une condition même de l'impossibilité de pardon en tant que don gratuit.

On peut remarquer que la thèse derridienne que le repentir, la demande de pardon et l'aveu prennent la place d'équivalent symbolique dans l'achat du pardon, présente des traits de ressemblance avec la métaphysique augustinienne de la grâce. Dans sa polémique avec les semi-pélagiens, dont les « massiliens » du sud de la Gaule, Saint Augustin explique que la grâce divine n'est une grâce que si elle est accordée au pécheur encore à l'état du péché. Un début de repentir, de la foi, d'une inclination aux bonnes actions annuleraient la gratuité même de la grâce : la grâce qui permet au pécheur d'accomplir tout cela deviendrait une rémunération pour le commencement de ses actes :

> Or, si Dieu opère notre foi, en nous amenant à croire par son action mystérieuse dans nos cœurs; devons-nous craindre qu'il ne puisse pas accomplir toute son œuvre, de telle sorte que l'homme s'en attribue le commencement, et se flatte de mériter par là que Dieu vienne y mettre la dernière main ? S'il en est ainsi, voyez s'il est encore possible d'admettre que la grâce nous est donnée selon nos mérites, d'où il suivrait que la grâce n'est plus une grâce. En effet, ne devient-elle pas une véritable dette, au lieu de rester un don purement gratuit?[18]

Nous rencontrons chez Saint Augustin la même approche de la question de l'activité positive du donataire de la grâce que chez Derrida: pour qu'il ait grâce (ou don, ou pardon en tant que don gratuit) comme grâce, pour qu'il ait grâce en tant que grâce, il faut que le pécheur persévère encore dans son péché, il faut que le méchant garde sa méchanceté :

> Pour qu'il y ait pardon, ne faut-il pas au contraire pardonner et la faute et le coupable en tant que tels, là où l'une et l'autre demeurent, aussi irréversiblement que le mal,

---

17 Jacques Derrida, *L'Impardonnable et l'imprescriptible, op. cit.*, pp. 77-78.
18 Saint Augustin, *Predestinatio,* II, 6.

comme le mal même, et seraient encore capables de se répéter, impardonnablement, sans transformation, sans amélioration, sans repentir ni promesse ? [19]

Cette proposition est inacceptable pour Jankélévitch, qui, dans la dernière phrase de son livre, a proclamé que « le pardon [est] fort comme la méchanceté, mais il n'est pas plus fort qu'elle »[20], et qui dans *L'Imprescriptible* a donné à cet énoncé sa forme célèbre : « le pardon est fort comme le mal, mais le mal est fort comme le pardon »[21]. Dieu peut gracier le pécheur en le transformant par sa grâce rénovatrice ; mais l'homme ne doit pas coopérer au mal radical, au mal qui ne renonce pas.

Or l'affirmation de Jankélévitch selon laquelle il n'est pas de question de pardon sans demande de pardon ne signifie pas nécessairement qu'il cède à la logique conditionnelle et économique du pardon, dénoncée par Derrida. Si Derrida, qui développe son discours sur la gratuité du pardon sur les traces de Saint Augustin, est obsédé par la question des mérites, Jankélévitch, lui, appartient plutôt à la tradition des opposants de Saint Augustin, les semi-pélagiens, aussi bien qu'à la tradition judaïque[22], qui lui permettent d'échapper à « l'incommensurabilité apparente entre l'inconditionnalité du pardon et la conditionnalité de la demande du pardon »[23].

Afin de comprendre le discours d'un auteur dans sa plénitude, il ne suffit pas d'étudier ses thèses, il faut découvrir les questions qui orientent sa pensée. En commentant la position de Saint Augustin dans la controverse anti-pélagienne, Berdiaev a écrit :

Le problème même de la liberté était amoindri et déformé. Vous contraindre à poser faussement un problème, c'est vous amener à lui donner une réponse erronée. Pélage

---

19   Jacques Derrida, *Foi et savoir suivi par Le siècle et le pardon*, *op. cit.*, p. 114.
20   Vladimir Jankélévitch, *Philosophie morale*, *op. cit.*, p. 1149.
21   Vladimir Jankélévitch, *L'Imprescriptible*, Paris, Le Seuil, 1986, p. 15.
22   Et surtout à Emmanuel Levinas, cf. *Quatre lectures talmudiques*, Paris, Minuit, 1968, nouvelle édition in coll. « Critique », 1976, pp. 45-48.
23   Paul Ricœur, *La Mémoire, l'histoire, l'oubli*, Paris, Seuil, 2000, p. 630

envisageait le problème de la liberté d'un point de vue rationaliste et saint Augustin renonça à la liberté.[24]

Les théologiens pravoslaves de St Jean Cassien de Marseille à Berdiaev et Vladimir Lossky ont perçu les relations entre homme et Dieu comme une collaboration libre, *synergia*, qui n'annule pourtant pas la gratuité de la grâce divine, parce que la grâce est incommensurable aux efforts d'un être fini qui est homme :

> L'homme, dans sa faiblesse, aura beau faire tous les efforts qu'il voudra, il ne pourra pas s'égaler à la récompense future ; et avec tous ses efforts, il ne diminue pas la grâce divine, en sorte qu'elle ne demeurerait pas toujours gratuite[25].

La position de Jankélévitch est très proche de celle des pravoslaves ; en discutant la question si la reconnaissance annule le don, si elle peut être regardée comme son équivalent symbolique, Jankélévitch explique pourquoi la logique de l'économie ne peut pas être appliquée là où il y a des relations entre les personnes. D'après Jankélévitch :

> La gratitude gracieuse s'adresse, par delà le bienfait, au bienfaiteur : si elle disait simplement merci pour le don, elle ne serait rien de plus qu'une manière symbolique et conventionnelle d'être quitte et une façon de rembourser la dette, non en rendant la somme elle-même, mais en prononçant la mot magique et rituel ; la gratitude serait donc un simple appendice à la justice.[26]

Nous voyons que Jankélévitch se rend compte de toute la problématique maussienne qui hante Derrida; or la solution qu'il propose diffère complètement de la position purement rationaliste de ce dernier :

---

24   Nicolas Berdiaevf, *Esprit et liberté*, Paris, Je sers, 1933, p. 147 (*Бердяев Н.*, Философия свободного духа, стр. 94).

25   Saint Jean Cassien, *Confer.* XIII, 13. Pour la traduction française de ce fragment cf. J.-C. Guy, *Jean Cassien. Vie et doctrine spirituelle*. Paris, Lethielleux, 1961, pp. 139-140.

26   Vladimir Jankélévitch, *Philosophie morale, op. cit.*, p. 1129.

Mais en fait la gratitude vise l'être de la personne au-delà de l'avoir, l'ipséité de donateur au-delà de la chose donnée. Ouverte sur un horizon infini, la gratitude est à la mesure non pas seulement d'un bienfait, ni seulement d'une bienfaisance, mais d'une bienveillance pour laquelle il n'existe pas de *quitus* : car le bénéficiaire d'une bonté que rien n'épuise ni ne compense, ce bénéficiaire est un éternel débiteur[27].

La persévérance du coupable dans son état de culpabilité n'a rien à faire avec les conditions de pardon précisément à cause du fait que l'on ne pardonne pas le coupable *parce qu'*il est coupable. Jankélévitch nous explique que le pardon est étranger à tous les *parce que* et *malgré que* ; « le pardon transcende toute causalité »[28].

Le pardon est pensé par Jankélévitch comme un dialogue, ou plutôt comme un travail commun avec autrui. Dans la pensée de Jankélévitch l'échange-coopération est juxtaposé à l'échange mercenaire et économique et la conception dialogique du pardon le présente comme une certaine *collaboration* entre le coupable et l'offensé, où chacun a son rôle à jouer : pour l'offensé – celui de pardonner, pour le coupable celui de se repentir et d'avouer sa repentance.

Le remords, le repentir et la sincérité de l'aveu chez Jankélévitch

Mais d'où vient cette nécessité aiguë des remords et du repentir chez le coupable ? Si la faute est une « matière du pardon », sa « présupposition existentielle », comme la nomme Paul Ricœur[29], comment un travail interne du coupable et son expression verbale peuvent-ils contribuer à un certain anéantissement de la faute, qui constitue le mystère propre du pardon ? Nous rencontrons ici la problématique préférée de Jankélévitch, dont celle de la mauvaise conscience, de l'irréversibilité et de l'irrévocabilité. Il nous faudrait relire ce qu'il a écrit à ce sujet

---

27   *Ibidem.*
28   Vladimir Jankélévitch, *Philosophie morale, op. cit.*, p. 1128.
29   Paul Ricœur, *La Mémoire, l'histoire, l'oubli, op. cit.*, p. 593.

afin de répondre à la question directrice : « quelle force rend capable de demander, de donner, de recevoir la parole de pardon »[30] ?

La faute est essentiellement dans le passé, elle est une *res facta*, une chose faite ; et le fait-d'avoir-fait ne peut pas être défait. Les conséquences de la faute peuvent être défaites et réparées ; mais l'événement même qui a eu lieu reste pour toujours hors de la prise humaine. Jankélévitch dit que « l'irrévocabilité correspond à une certaine expérience affective et temporelle de l'identité »[31], et aucune douleur psychique ne peut nous libérer de cette identité d'avoir-eu-lieu. L'homme coupable est prisonnier de son propre passé ; le douleur du remords naît de cette irréversibilité du temps[32]. Bien sûr, le temps nous change, nous altère ; mais cette altération relative n'est jamais assez radicale pour nous libérer de nous-mêmes, pour nous détacher de nous-mêmes.

Bien sûr, le repentir peut devenir une attitude active, « une certaine façon de se comporter »[33], quand la réflexion, cette compagne constante de notre conscience, fait qu'on prend conscience de notre propre désespoir. Une telle introspection, voire l'esthétisation de la douleur, détruit l'acte moral en tant qu'acte moral. Ici on trouve chez Jankélévitch le même pathos anti-économique que chez Derrida : si le coupable se repent pour gagner son pardon, pour expier sa faute, au moyen du calcul et de l'hypocrisie, le pardon n'est qu'une « marchandise qu'on trafique comme le seizième siècle monnayait les indulgences »[34]. Avec son ironie incomparable, Jankélévitch écrit :

> Tandis que la mauvaise conscience apparaît déprimée et hostile à elle-même, l'âme contrit déborde de douces espérances ; confiante et affectueuse, elle n'en est plus à contempler ses blessures ouvertes : elle a déjà faite peau neuve, elle se sait

---

30   *Ibidem*, p. 630.
31   Vladimir Jankélévitch, *Philosophie morale, op. cit.*, p. 95.
32   *Ibidem*, p. 99.
33   *Ibidem*, p. 118.
34   *Ibidem*, p. 123.

pardonnée. Elle se sait si bien pardonnée qu'elle s'offre parfois le luxe de mériter ensuite son pardon ; elle joue la comédie en toute bonne foi[35].

Par contre, la douleur stérile du remords qui n'attend rien, est nécessaire ; même si elle ne rachète pas et ne sait pas réparer le péché, elle est témoin que le coupable est prêt à renoncer sa disposition intentionnelle précédente ; qu'il n'essaye plus d'oublier sa faute : « souffrir, c'est affronter sa faute tout entière »[36]; que, en bref, « le péché est déjà inoffensif »[37].

Pourtant, le souffrir du remords ne sait pas se convertir au discours ; l'irrévocable est essentiellement indicible, nous dit Jankélévitch. « Rien à dire, rien à faire »[38]. Le coupable est « condamné du soliloque », au mutisme. « L'homme du passé irrévocable dans son cachot scellé est emmuré vivant »[39]. Le tragique de la mauvaise conscience est une solitude : on ne peut pas avouer à soi-même, donc on n'a pas accès au langage parlé.

Cette description de « l'identité étouffante »[40] du temps qui coule sans produire la nouveauté, où « l'autre est réitération du même », nous rappelle les analyses du temps chez Levinas. Pour Levinas, comme pour Jankélévitch, le présent éternel de la solitude peut être brisé seulement de l'extérieur :

> Nous pensons que dans l'instant suivant, le « je » n'entre pas identique et impardonné... pour faire une nouvelle expérience dont la nouveauté ne le débarrasse pas de son enchaînement à soi... *La « personnalité » de l'être est son besoin même du temps* comme d'une fécondité miraculeuse dans l'instant lui-même par lequel il recommence comme autre. Mais cette altérité, il ne peut se la donner. L'impossibilité

---

35   *Ibidem*, p. 120.
36   *Ibidem*, p. 161.
37   *Ibidem*, p. 153.
38   Vladimir Jankélévitch, *L'Irréversible et la nostalgie*, Paris, Flammarion, 1983, p. 300.
39   *Ibidem*, p. 273.
40   *Ibidem*, p. 302.

de constituer le temps dialectiquement est l'impossibilité de se sauver par soi-même et de se sauver tout seul[41].

Selon Levinas, la vraie temporalité, où « le définitif n'est plus définitif »[42], où l'ordre de l'identique est rompu par la nouveauté de l'autre, est née de ma relation à Autrui :

> Ce n'est pas parce que Autrui est nouveauté qu'il « donne lieu » à un rapport de transcendance – c'est parce que la responsabilité pour Autrui est transcendance qu'il peut y avoir du nouveau sous le soleil[43].

Levinas comme Jankélévitch insistent sur le fait que le seul remède de la solitude est la parole adressée à Autrui. « La mauvaise conscience se libère par le dialogue », écrit Jankélévitch[44]. Or mentionner simplement la faute ne constitue pas un aveu : « ni la profession cynique, ni la confidence bavarde »[45], ni la confession imposée ne sauraient être un aveu libérateur, car elles ne savent pas casser la solitude. Si on avoue *parce qu'*on veut obtenir un pardon, si la confession n'est qu'un moyen en vue de la fin, elle n'est pas sincère, elle est un mensonge. Le *vrai* aveu est un aveu *véridique* ; mais sa véracité (aussi bien que la véracité de la parole en général) ne peut pas être réduite à la véracité de contenu d'une expression verbale.

Pour que le pardon puisse accéder au dialogue, en tant que collaboration ou coopération, il faut que le coupable entre en rapport avec la victime par son acte même de parler ; un tel aveu est capable de briser la solitude essentielle du coupable. De la même façon, la blessure laissée par la faute devient la bouche ouverte qui permet à la victime de donner lieu aux mots du pardon. Dans cette perspective, la demande du pardon n'est pas seulement la condition du pardon, elle en est la part

---

41   Emmanuel Levinas, *De l'Existence à l'existant*, Paris, J. Vrin, 1978, nouvelle édition, 1993, pp. 157-159.
42   Emmanuel Levinas, *Transcendance et intelligibilité*, Genève, Labor et Fides, 1984, nouvelle édition 1996, p. 314.
43   Emmanuel Levinas, *De Dieu qui vient à l'idée*, Paris, J. Vrin, 2ᵉ édition revue et augmentée 1992, p. 32.
44   Vladimir Jankélévitch, *Philosophie morale, op. cit.*, p. 163.
45   *Ibidem*, p. 162.

essentielle. Mais ce type de communication verbale doit être véridique ou sincère, dans le sens spécifique que Jankélévitch prête à ces termes.

Le mensonge chez Derrida, Levinas et Jankélévitch

Jankélévitch s'obstine à parler sur la véracité et la sincérité eux-mêmes ; sa méthode – comme dans le cas du pardon – est d'accéder à son objet de recherche en décrivant ce qu'il n'est pas. « Seule est réellement possible, par le fait, une philosophie apophatique ou négative du pardon », écrit Jankélévitch[46]. Il en est de même pour la véracité. Alors, pour comprendre comment Jankélévitch pense la véracité, il nous faut regarder au plus près ses écrits sur le mensonge et le malentendu.

Jankélévitch a traité cette question plusieurs fois ; cela prouve que le thème du mensonge a été très important pour lui. Pendant la guerre, Jankélévitch a consacré au mensonge une étude spéciale *Du mensonge*, mais il est revenu sur ce sujet dans *L'austérité et la vie morale*, dans *le Pur et l'Impur*, et surtout dans *L'ironie*, ou sa fameuse distinction entre l'ironie et le mensonge occupe une place importante.

Qu'est-ce donc que le mensonge ? Tout le monde le sait, n'est-ce pas ? Celui qui parle veut cacher un certain secret à son interlocuteur et parle afin d'atteindre son but : soit il parle en évitant de discuter du sujet sensible, soit en racontant une histoire inventé, « mensongère ». On peut définir *grosso modo* le mentir par la présence d'un conflit entre la disposition de la conscience du sujet parlant et le contenu thématique de son discours. Dans un mensonge, il y a toujours une certaine disposition intentionnelle – « on ne ment jamais sans le vouloir », nous dit Jankélévitch[47].

À ce moment, Jankélévitch fait une remarque très simple, presque évidente, mais cruciale dans sa simplicité même. Il nous dit que le menteur se sert *du langage* comme d'un système des signes qu'il peut manipuler comme on manipule les moyens

---

Vladimir Jankélévitch, *Philosophie morale*, *op. cit.*, p. 1000.
Vladimir Jankélévitch, *Philosophie morale*, *op. cit.*, p. 217.

en vue d'une fin. Le menteur « *abuse du logos* pour se faire mécomprendre »[48]. Cet abus du logos lui-même, la réduction du langage à une cryptologie, constitue l'essence de l'intention mensongère. Elle substitue au langage en tant qu'organe de communication entre les hommes le moyen de soumettre autrui à son influence.

> La maniabilité suprême des signes du langage, pour une conscience qui a surmonté sa première franchise réflexe, représente à cet égard le comble de la souplesse de la liberté… Ce langage qui était fait pour exprimer et révéler, voilà qu'il nous sert à dérober ; – ou mieux : le rapport d'expression devient un rapport oblique et indirect[49].

C'est justement à cause de ce « manque de respect pour le langage » [50]que le menteur est condamné à la solitude ; la solitude est le prix que le menteur paye pour sa tromperie. À la place de la communication, « il fabrique une apparence d'échange »[51]. Mais sans échange, sans communication, sans coordination, sans coopération il n'y a pas de communauté entre les hommes :

> Le menteur n'est pas une conscience qui communique avec d'autres consciences dans l'égalité, la réciprocité et l'amitié, mais une surconscience qui retient sa dupe dans l'inconscience, et perpétue avec elle non pas un rapport d'échange et de coordination, mais un rapport irréciproque de belligérance et de subordination[52].

Ainsi le mensonge est « littéralement un vol de confiance », parce que « il n'y a pas de communauté possible dans le mensonge » [53].

La comparaison des écrits de Derrida et de Jankélévitch sur le mensonge nous permet d'éclaircir la spécificité de l'approche de Jankélévitch sur les questions de communauté et de langage. Selon Derrida, la communication doit être décrite dans

---

48   *Ibidem*, p. 431
49   *Ibidem*, p. 221.
50   *Ibidem*, p. 282.
51   *Ibidem*, p. 271.
52   *Ibidem*, p. 739.
53   *Ibidem*, p. 232.

les termes de mon acte de communication à autrui plutôt que dans les termes d'un échange verbal entre les interlocuteurs. La question de confiance joue ici un rôle principal, mais la nature de la confiance est interprétée par Derrida hors de la perspective communautaire que nous venons de rencontrer chez Jankélévitch.

Pour Derrida la communication réelle avec autrui peut être caractérisée par un pacte implicite : je suppose que mon interlocuteur me dit la vérité, ou plutôt que je suppose qu'il me dit ce qu'il croit lui-même être la vérité, et mon interlocuteur me le promet par le fait même de sa participation à la communication. Quand l'énoncé « le ciel est bleu » apparaît dans la communication, il devient l'énoncé « je crois que le ciel est bleu » ou même « je te promets de dire la vérité sur ce que je pense au sujet de la couleur du ciel, et voilà je te le dis : je crois que le ciel est bleu ». Cette structure, que Derrida l'a empruntée chez Austin en la transformant, il l'appelle « un performatif axiomatique ». En un certain sens, toute parole adressée à l'autre est un témoignage. La vérité du témoignage est fondée sur ce pacte implicite entre les interlocuteurs : l'un promet d'être sincère, et l'autre promet de lui faire confiance :

> L'acte de foi exigé par l'attestation porte, par structure, au-delà de toute intuition et de toute preuve, de tout savoir ("Je jure que je dis la vérité, non nécessairement la "vérité objective", mais la vérité de ce que je crois être la vérité, je te dis cette vérité, crois-moi, crois à ce que je crois, là où tu ne pourras jamais voir ni savoir à la place irremplaçable et pourtant universalisable, exemplaire, depuis laquelle je te parle; mon témoignage est peut-être faux, mais je suis sincère et de bonne foi, ce n'est pas un faux témoignage").[54]

Derrida pense la parole véridique comme un témoignage de ma propre sincérité, comme un serment implicite avec lequel je jure à mon interlocuteur l'absence d'une intention mensongère de ma part. Subséquemment, chaque mensonge est essentiellement *un faux témoignage*. En mentant, le menteur brise la confiance en tant que ce pacte implicite qui est la foi jurée, le « gage testimonial », et, à la fin de

---

54   Jacques Derrida, *Foi et savoir suivi par Le siècle et le pardon, op. cit.*, p. 97.

compte, le serment, *sacramentum*[55]. Le mensonge devient un parjure, et la confiance devient un phénomène politico-religieux qui est fondée sur la sacralité de ce *sacramentum* originel.

Le monde de Derrida, où « *déjà nous parlons latin* » est un monde essentiellement politique, dans lequel Dieu lui-même est une nécessité politique ; dans chaque communication qui peut être véridique ou mensongère, donc dans chaque témoignage attestée par le serment, Dieu est « produit » en tant que « témoin absolu » :

> Présupposée à l'origine de toute adresse, venue de l'autre même *à son adresse*, la gageure de quelque promesse assermentée ne peut pas, prenant aussitôt Dieu à témoin, ne pas avoir déjà, si l'on peut dire, engendré Dieu, quasi machinalement[56].

Selon Derrida, ce Dieu, ou plutôt ce qu'on nomme Dieu quand on a besoin de communiquer, donc de « s'engager à répondre », fait condition de tout témoignage. Si nous comparons cette vision de témoignage avec celle de Levinas, par exemple (et ce n'est pas n'importe quel exemple), nous rencontrons une toute autre vision de cette problématique.

La solution levinassienne de la question de la véracité et du mensonge diffère de celles de Jankélévitch et de Derrida ; pour lui, cela n'est pas le point de départ. Pour que le problème du caractère vrai ou faux d'un énoncé communicatif puisse être abordé comme tel, il me faut déjà être en rapport avec mon interlocuteur en tant qu'autrui. Il me faut percevoir ses paroles en tant que l'expression de son visage. Le contenu thématique de la parole d'Autrui peut être faux ; et même son intention peut être mensongère, parce qu'il s'exprime plutôt qu'il me donne son intériorité ; mais l'expression elle-même en tant que l'épiphanie de son visage, « est, en quelque sorte,

---

55   *Ibidem*, p. 44.
56   *Idem.*

une parole d'honneur »[57]. Cette « parole d'honneur d'un visage » joue chez Levinas le rôle de la confiance originaire, sans laquelle on ne peut pas parler du mensonge.

Mais si on compare la nature de cette confiance chez Derrida et chez Levinas, la différence devient très claire. Comme on l'a vu, pour Derrida, la confiance originaire est fondée sur un engagement, ou bien un pacte implicite, qui est renforcé par le serment devant le « témoin absolu » toujours absent ou même mort. Pour Levinas, au contraire, accueillir un visage avec sa parole d'honneur est la même chose qu'assumer la responsabilité an-archique d'Autrui et pour Autrui. À son tour, tout engagement est possible seulement à la base de cette responsabilité an-archique qui est *naase ve-nishma*, le primat du faire sur l'entendre. En reconnaissant cette responsabilité, je dois manifester à autrui ce que le visage d'autrui est pour moi, je dois manifester que j'accepte sa parole d'honneur. Je dois lui dire « me voici ». Ceci est le témoignage, mais non le témoignage de ce que je viens de dire, du contenu thématique de mes paroles, mais le témoignage de l'Infini, de Dieu.[58] Chez Levinas, Dieu n'est plus le « témoin absolu », il est plutôt le « témoigné absolu », le seul témoigné possible.

Jankélévitch, qui partage avec Levinas la thèse sur la primauté de la praxis sur l'activité théorique de la raison dans la question du mensonge, reste complètement étranger à la problématique testimoniale qui joue un rôle clé chez Levinas et Derrida. Pour cela, Jankélévitch a une très bonne raison : pour lui l'essence de parole est impensable hors la communication réelle, qui inclut non seulement l'énoncé de celui qui parle, mais aussi la réaction de son interlocuteur. Selon Jankélévitch, on ne peut pas séparer la parole et la compréhension de cette parole. Si donc pour Derrida le paradigme du mensonge est le parjure, pour Jankélévitch c'est plutôt le malentendu, *недоразумение*.

---

57   Emmanuel Levinas, *Transcendance et intelligibilité, op. cit.*, p. 221. À l'opposé de cette « droiture » du visage Levinas place l'absence même du langage, dont le silence, le rire et l'incantation. Pour conserver son caractère éthique le langage doit se préserver ; en tant que logos, il doit rester raisonnable et prosaïque.

58   Cf. par exemple, Emmanuel Levinas *Dieu, la mort et le temps*, Le Livre de Poche, coll. « Biblio-essais », 1995, p. 229.

Le malentendu et la question de la réciprocité chez Jankélévitch

« Le malentendu est l'échec », nous dit Jankélévitch[59]. C'est un échec de la coopération entre les sujets parlants, le manque du travail commun de l'interprétation, « une espèce de demi-bonne foi »[60]. La forme naturelle du malentendu est le *silence*, l'absence de rapports »[61], c'est un entretien dans lequel « ni l'un, ni l'autre n'écoute son interlocuteur »[62]. Si « toute parole, étant directement expressive d'un sens littéral, est faite pour être crue, et par conséquent sollicite la créance impulsive »[63], la crédulité aveugle est à son tour désapprouvée par Jankélévitch.

L'autre conscience exprime ou bien ce qu'elle pense, ou bien autre chose, qui peut être plus, ou moins, ou même le contraire de ce qu'elle pense, ou bien elle exprime à demi-mot, par allusion et suggestions partitives... Il y a donc une archéologie immédiate par laquelle l'auditeur interprète, reconstitue et régénère l'intention totale[64].

Donc chaque communication présuppose une certaine herméneutique, un travail de déchiffrage[65]. Il faut se rendre compte de cette insistance de Jankélévitch sur la nécessité d'une certaine mutualité dans les relations humaines : tandis que Levinas propose de mettre entre parenthèses le fait que je suis le prochain de mon prochain, Jankélévitch, au contraire, refuse d'exempter l'un des interlocuteurs de sa responsabilité de faire son mieux afin de comprendre ce qui lui est dit. Il parle de l'exigence d'établir une sympathie, de créer un certain « être-ensemble », d'instaurer « un colloque fraternel » et il mentionne même une réciprocité de l'amour. Nous

---

59 Vladimir Jankélévitch, *Philosophie morale, op. cit.*, p. 244
60 *Idem.*
61 *Ibidem*, p. 268.
62 *Ibidem*, p. 270.
63 *Ibidem*, p. 425.
64 *Ibidem*, p. 430.
65 Mais bien souvent l'auditeur cède à la parole de persuasion, qui est mensongère, parce qu'il préfère croire en illusion, parce que ces paroles lui font plaisir, parce qu'il préfère être trompé. Le cadre de cet exposé ne me permet pas de développer en détail le thème de l'apparence qui, à mon avis, prend la place principale dans la philosophie de Jankélévitch, et surtout dans son interprétation du mensonge, du malentendu et de l'ironie.

touchons ici un point décisif dans la différence entre les éthiques de Levinas et de Jankélévitch, le sens du désintéressement moral, notion qui joue un rôle central pour ces deux penseurs.

Levinas et Jankélévitch sont d'accord sur la thèse principale de « la préférabilité inconditionnelle d'autrui par rapport à moi »[66]: l'espace éthique est essentiellement asymétrique, je suis le seul être humain qui n'est pas égal aux autres. « Tous les devoirs m'incombent à moi, tous les droits d'abord dus aux autres », dit Levinas, en résumant la position de Jankélévitch[67]. Mais si nous regardons au plus près comment chacun d'eux fonde cette attitude morale, nous apercevrons une grande différence. Pour Jankélévitch, la préséance d'autrui sur moi peut être expliquée seulement à partir du fait « inexplicable » de l'amour, de l'amour *philanthropique* sans moindre favoritisme qui aime tout le genre humain sous l'espèce de son prochain :

Cet amour qui aime l'hominité de l'homme – et l'aime d'amour, non par raison – qui aime le genre humain comme on aime quelqu'un, qui aime le genre humain incarné dans la personne et la personne élargie aux dimensions de l'humanité, cette amour est évidemment paradoxal. Comme il n'existe pas sur la planète d'autres sujets moraux que les hommes, un amour philanthropique est nécessairement un amour œcuménique... Il n'y a pas d'autre exception que le sauf-moi, l'injustifiable exception à mes dépens, le mystère impénétrable du sacrifice ! [68]

La position de Jankélévitch est donc la position noble de l'humanisme de la nature humaine, de l'humanisme des sujets moraux. Le point de vue de Levinas est complètement différent ; son « humanisme de l'autre homme » n'a rien à faire avec les notions traditionnelles de la nature humaine, du genre humain. Pour Levinas, la

66   Vladimir Jankélévitch, *Le Paradoxe de la morale*, *op. cit.*, p. 46.
67   Emmanuel Levinas, *Hors Sujet*, Le Livre de Poche, coll. « Biblio-essais », 1997, p. 119.
68   Vladimir Jankélévitch, *Le Paradoxe de la morale*, *op. cit.*, p. 45.

base même de l'humanisme traditionnel – l'humanité de l'humain – « est absente »[69]. En critiquant Heidegger il écrit :

L'antihumanisme moderne, niant le primat qui, pour la signification de l'être, reviendrait à la personne humaine, libre but d'elle-même, est vrai par-delà les raisons qu'il se donne. L'humanisme ne doit être dénoncé que parce qu'il n'est pas suffisamment humain[70].

Mais qu'est-ce que signifie « être suffisamment humain » pour Levinas, si l'humanité, l'essence de l'humain n'existe pas comme telle ? « Être humain, cela signifie : vivre comme si l'on n'était pas un être parmi les êtres »[71] ; si pour Jankélévitch le désintéressement éthique est l'amour désintéressé, pour Levinas le désintéressement est exactement cette absence de l'*esse* commun de moi et mon prochain. Tandis que pour Levinas mon obligation infinie envers autrui vient de mon unicité d'élu, et donc en fin de compte du Sinaï, pour Jankélévitch la même obligation infinie s'ouvre comme un mystère sacrificiel de l'amour.

Sur ce point Levinas et Jankélévitch sont à la fois très proches et très loin l'un de l'autre. Les deux penseurs rejettent toute causalité comme base possible de l'attitude morale, les deux penseurs décrivent l'altérité de l'Autre comme « cause de cette absence de cause »[72]. Mais l'insistance sur le caractère sacrificiel, voire salutaire, que nous venons de rencontrer chez Jankélévitch, de mon devoir moral envers autrui est bien étrangère à Levinas ; au contraire, Levinas souligne que :

[…] le *pour-l'autre* du sujet… ne saurait s'interpréter comme complexe de culpabilité, ni comme bienveillance naturelle (comme un « divin instinct ») – et pas non plus comme tendance au sacrifice[73].

---

69   Emmanuel Levinas, *Ethique et infini*, Paris, Fayard, coll. « L'Espace intérieur », 1982, p. 96.

70   Emmanuel Levinas, *Autrement qu'être ou au-delà de l'essence*, Paris, Le Livre de Poche, coll. « Biblio-essais », 1990, p. 203.

71   Emmanuel Levinas, *Ethique et infini*, *op. cit.*, p. 97.

72   Vladimir Jankélévitch, *Le Paradoxe de la morale*, Paris, Seuil, 1981, pp. 47-48.

73   Emmanuel Levinas, *Dieu, la mort et le temps*, *op. cit.*, p. 209.

Il faut saisir cette différence entre les approches de Levinas et Jankélévitch sur la question du sacrifice, parce qu'elle nous permettra d'éclaircir notre sujet principal, c'est-à-dire la problématique économique dans la pensée de Jankélévitch.

L'économie, le moindre mal et la subjectivité souveraine

Levinas insiste que dans le *pour-l'autre* « l'Autrui nous affecte malgré nous », que la responsabilité n'est pas une initiative du moi libre et souverain ; au contraire, la subjectivité se constitue à travers l'hétéro-affection par mon prochain :

> Le moi ne commence pas dans l'auto-affection du moi souverain, susceptible dans un deuxième temps de compatir pour autrui, mais à travers le traumatisme de sans commencement, antérieur à toute auto-affectivité, du surgissement d'autrui[74].

Pour Levinas, il n'y a pas de concept de l'autre, de l'« autre en général ». Chaque fois, autrui m'affecte et me blesse par son unicité même, ou plutôt il me crée en tant qu'unique par sa propre unicité d'un autre être humain. Sans doute, la critique derridienne de la subjectivité souveraine est un développement de cette pensée levinassienne.

Jankélévitch, à son tour, reste fidèle à « l'idée rationaliste de l'universellement humain »[75]. Les devoirs de l'homme sont enracinés dans l'initiative libre d'un moi qui aime les autres hommes sans aucune restriction de la qualité ou de degré de cet amour ; indépendamment de tout *quatemus* et de tout *hactemus*. Mais ici Jankélévitch immédiatement dévoile le paradoxe principal de sa philosophie morale : cet amour d'un être fini qui est homme ne peut pas être un amour infini : « La finitude de pouvoir coupe court aveuglément à l'infinité de devoir »[76]. Pour aimer, il faut être : l'être même d'un être humain est « l'organe-obstacle », à la foi l'organe et l'obstacle

---

74 *Idem.*
75 Vladimir Jankélévitch, *Le Paradoxe de la morale, op. cit.*, p. 43.
76 *Ibidem*, p. 81.

de l'amour. D'où vient la nécessité de ce que Jankélévitch nomme « le battement oscillatoire » entre le minimum d'être et le maximum d'amour.

La même logique est appliquée par Jankélévitch à la question du don : si un être infini est capable au don total, parce que ses ressources sont inépuisables,

> [...] les dons de l'humble amour quotidien... tendent parfois à se confondre avec les dons gratuits de la charité, mais ils ne touchent cette limite que fugitivement, d'une tangence impalpable et infiniment légère. L'amour indigent est laborieusement, douloureusement prélevé sur les ressources qui ne se renouvellent pas à l'infini. Un don à la mesure des possibilités humaines implique toujours quelque chose de partitif.[77]

Le caractère essentiellement partitif du don, sur lequel insiste Jankélévitch, reflète la finitude essentielle de l'être humain, qui est un être faible et impur. Mais la même finitude permet aux hommes d'approfondir leurs relations dans la réciprocité de l'amour, dans la mutualité du travail sur la tâche commune de l'entente des volontés et des cœurs. En un certain sens, cette collaboration entre les êtres finis peut être comprise comme l'antidote à la souveraineté, qui détruit l'illusion de l'omnipotence du moi et restaure ma dépendance originaire de l'autre.

La position de Jankélévitch ne peut être réduite ni à l'économie primitive de la bonne moyenne, ni à « l'économie sage » de la tiédeur morale. Au contraire, cette économie du sacrifice (qui à son tour est un certain sacrifice d'économie) nous permet de penser un échange essentiellement prodigue en termes d'innocence et de coopération.

---

77   *Ibidem*, p. 122.

TOBY GARFITT

Jean Grenier entre Chestov et Jankélévitch

C'est le philosophe et critique littéraire Jules de Gaultier qui publie *L'Idée du bien chez Tolstoï et Nietzsche (philosophie et prédication)* de Chestov en 1925. Un ami de Jules de Gaultier, Edmond Lambert, contrôleur des contributions à Saint-Brieuc et homme d'une grande culture, est impatient de découvrir Chestov, dont il arrive à faire la connaissance en décembre 1923. Dans la correspondance qu'il entretient avec ses deux jeunes protégés briochins qui commencent leur carrière à Paris, Jean Grenier et Louis Guilloux (qui se passionnent pour la littérature russe et prennent modèle respectivement sur Dostoïevsky et Tolstoï), il dit tout son enthousiasme pour cet étrange Russe qui « voit en dehors du 'jugement des yeux' », et qui lui avait fait une lecture à haute voix du *Livre d'Isaïe*[1].

La Nuit de Gethsémani avait été publiée par Daniel Halévy en juin 1923, dans la collection « Les Cahiers verts » qu'il dirige chez Grasset, et Chestov devient un familier des célèbres samedis du quai de l'Horloge. Ce ne sera pas avant la fin de 1926 ou le début de 1927, alors que Jean Grenier travaille aux Éditions de la Nouvelle Revue Française, qu'il fera lui-même la connaissance du philosophe (car il passe trois ans loin de Paris : à Alger de 1923 à 1924 et à Naples de 1924 à 1926), sans doute lors d'un de ces samedis, ou lors d'un dîner auquel il est invité avec Chestov et Henri Gouhier[2]. C'est en septembre-octobre 1928, alors qu'il est très proche d'Halévy, que Grenier annonce à Guilloux : « Je commence à lire Chestov. Apothéose du dépaysement et Dostoïevsky plus Nietzsche (Schiffrin). J'admire cela. » Il fréquente peut-être le philosophe à ce moment-là. Pour son ami Henri Petit, Grenier semble avoir en grande partie adopté l'opinion de Lambert, qui voit en Chestov l'héritier de Dostoïevsky et même de Plotin : « Quand je dis Chestov, je dis

---

1   Lettres de Lambert à Grenier (13 février 1924, Bibliothèque Nationale, Fonds Grenier) et à Guilloux (27 février 1924, archive privée).

2   Lettre d'Halévy à Grenier, 4 janvier 1927, Bibliothèque Nationale.

aussi Dostoïevsky », « Chestov qui le prolonge » ; « Qui sait si Chestov n'est pas un autre Plotin, très prudent. Plotin allait jusqu'au bout. Chestov s'arrête, énigmatique, au seuil de la contemplation »[3]. En effet, dans le compte-rendu qu'il fait en 1936 de *Kierkegaard et la philosophie existentielle*, Grenier fait encore écho au jugement de Lambert : « Chestov, lui, veut refuser tout héritage […]. Mais Chestov ne nous mène pas plus loin. Sa théologie est toute négative, ce qui fait que nous restons en suspens. Mais il est si persuasif […] que nous sommes tentés, l'ayant lu, de devenir des misologues, malgré Platon, et de quitter l'École d'Athènes pour la Jérusalem céleste[4]. » Il y reviendra en 1941 dans *Le Choix* : « ce qui pour Chestov est un idéal ne nous paraît être qu'un point de départ. L'étonnement philosophique doit céder à une révélation philosophique : nous ne croyons pas à la valeur d'une philosophie pathétique en tant que telle […][5] ».

Chestov n'en restera pas moins un point de référence constant pour Grenier, qui pratique une forme d'enseignement inhabituelle faisant appel aux traditions les plus diverses, et notamment à celles qui fournissent des exemples de philosophies poussées à l'extrême (Caligula, ou les « saints du désespoir » du soufisme, ou les « sages » taoïstes…). Il avait été parmi les premiers à analyser le nouvel intérêt porté par l'Occident en crise à la pensée « de l'Orient », terme qui comprenait à la fois la Russie, l'Inde et la Chine[6]. Ce professeur de philosophie devait citer Chestov à ses élèves, et sans doute leur prêter des livres de lui, comme il avait l'habitude de faire pour d'autres auteurs qu'il aimait. Albert Camus a dû ainsi entendre le nom de Chestov des lèvres de Grenier. On en trouve la première mention dans ses « Notes de lecture » d'avril 1933, juste avant les remarques que le jeune homme consacre au recueil d'essais lyriques de Grenier, *Les Îles*, qui fait sur lui une forte impression[7]. Quand Camus passe en Faculté, il suit les cours de René Poirier sur Kierkegaard et

---

3   Lettre de Grenier à Guilloux, s.d. (septembre-octobre 1928), Bibliothèque Municipale de Saint-Brieuc ; lettres de Lambert à Guilloux, 27 février et 15 avril 1924.
4   *NRF*, 278, novembre 1936, pp. 906-908.
5   Jean Grenier, *Le Choix*, Paris, Presses Universitaires, 1941, p. 6.
6   Voir « Jean Caves » (Jean Grenier), « Le nihilisme européen et les appels de l'Orient »,, *Philosophies*, 1 (mars 1924) et 2 (mai 1924), pp. 51-65, 185-196.
7   « Écrits de jeunesse d'Albert Camus », in *Cahiers Albert Camus*, 2, Paris, Gallimard, 1973, pp. 203-204.

Husserl, deux des grands intérêts de Chestov. Poirier lui recommande probablement les récents articles sur Kierkegaard de Jean Wahl, qui s'intéresse également à Chestov, et qui a pu ainsi ramener ce nom à l'attention de Camus. Pour son essai sur l'absurde (qui deviendra *Le Mythe de Sisyphe*) Camus consulte *Le Pouvoir des clefs*, mais en l'occurrence il se fiera essentiellement au livre de Rachel Bespaloff *Cheminements et carrefours*, que Grenier lui envoie d'ailleurs pendant l'été 1939 (après lui avoir consacré une note des plus courtes – pseudonyme en plus – dans la *NRF* de novembre 1938) et qui comporte un chapitre sur Chestov[8]. C'est seulement quand il se met à travailler sérieusement à son *Homme révolté* que Camus fait une lecture assidue des textes, y compris de plusieurs de Chestov.

Grenier était resté en contact avec le philosophe russe, et en 1933 celui-ci l'avait invité chez lui pour faire la connaissance d'un ami, le professeur Lazarew ou Lazareff, un des seuls spécialistes du philosophe breton Jules Lequier (parfois appelé le Kierkegaard français) sur qui Grenier travaillait alors pour sa thèse[9]. Grenier continuera à parler de Chestov avec ses amis, devant ses auditeurs et pour ses lecteurs. Dans un chapitre de *L'Existence malheureuse* (1957) intitulé « La liberté absolue » il nous propose ainsi une nouvelle fois la perspective infiniment séduisante envisagée par Chestov (comme d'ailleurs par Lequier) :

> Cette grande idée de Dostoïevsky exprimée de manière sarcastique, toujours éloquente, parfois sublime, a donné naissance au thème principal de la philosophie de Chestov, très bien résumé par ce titre : *la Lutte contre les évidences*. [...] Chestov paraît cependant aller beaucoup plus loin que Dostoïevsky en jetant par-dessus bord avec désinvolture ces effroyables barrières que la nature, la raison, la justice dressent devant les hommes. Dostoïevsky au moment même où il proteste contre elles a un vif

---

8   Lettre de Camus à Grenier, s.d. (août 1939), in *Albert Camus – Jean Grenier, Correspondance 1932-1960*, Paris, Gallimard, 1981, pp. 36-37 (Lettre 23). La note que Grenier consacre au livre de Rachel Bespaloff, où il salue des « analyses [...] d'une profondeur et d'une acuité exceptionnelles » se trouve dans la *NRF*, novembre 1938, p. 878 (note attribuée à « Jean Guérin »).

9   Lettre de Chestov à Grenier, 22 juillet 1933, Bibliothèque Nationale de France.

sentiment de leur caractère infranchissable ou de leur renaissance éternelle. Il se rapproche plutôt de Pascal à ce point de vue [...][10].

Bien avant la publication de *L'Existence malheureuse*, Grenier avait eu l'occasion de rencontrer Vladimir Jankélévitch, et même de travailler à ses côtés. En effet, ils étaient tous les deux rattachés à l'Université de Lille, mais il a fallu quelques années pour que leurs trajectoires se croisent. Jankélévitch, ayant soutenu sa thèse en 1933, trouve bientôt un poste, et, après Toulouse, est nommé à Lille en 1938. Grenier, pour diverses raisons, n'aura son premier poste qu'en 1942, année où il est nommé à Lille en remplacement justement de Jankélévitch, révoqué par le régime de Vichy. En 1945 Grenier est mis à la disposition du Ministère des Affaires Étrangères pour enseigner en Égypte, d'abord en Alexandrie et ensuite au Caire, d'où il ne revient qu'en 1950. Entre-temps Jankélévitch a pu retrouver son poste, mais avec moins d'ancienneté que Grenier, qui sera désormais chef du département, épaulé par Raymond Polin et Olivier Lacombe. C'est ainsi qu'il sont collègues pendant l'année 1950-1951, jusqu'à l'élection de Jankélévitch à la Sorbonne. Grenier ne l'y suivra qu'en 1962, mais alors ils travailleront dans la même institution jusqu'en 1968, année où Grenier part à la retraite.

Leurs carrières ont d'autres points en commun. Grenier enseigne quelque temps à l'Institut Français de Naples, Jankélévitch à celui de Prague. Celui-ci publie un livre intitulé *L'Alternative* en 1938, et trois ans plus tard celui-là fait paraître *Le Choix*. Tous les deux privilégient la métaphysique, et ont en horreur l'esprit de système : l'*Essai sur l'esprit d'orthodoxie* de Grenier, cité par Camus dans *L'Homme révolté*, est de 1938. C'est sans doute en partie un accident historique qui les a empêchés de travailler plus étroitement ensemble. Tous les deux connaissaient bien Jean Wahl, qui avait publié un important essai de Grenier dans *Recherches philosophiques* en 1936, et sans son absence en Égypte, Grenier aurait sans doute participé aux travaux du Collège philosophique, comme Jankélévitch ou Levinas. Et si Grenier ne pressent pas Jankélévitch pour l'ouvrage collectif *L'Existence*, premier et seul volume de la

---

10   Jean Grenier, *L'Existence malheureuse*, Paris, Gallimard, 1957, pp. 179-180.

collection « La Métaphysique » qu'il lance chez Gallimard en 1945 avec la collaboration de Camus, Fondane, Gandillac, Gilson, Lavelle, Le Senne, Parain et Waelhens, cela peut s'expliquer par l'éclipse professionnelle subie par l'auteur de *L'Alternative*. Grenier connaissait pourtant *Du mensonge*, car il en avait parlé, deux fois même, dans des revues[11]. Par la suite Grenier se tournera vers d'autres centres d'intérêt, par exemple vers son œuvre romanesque, mais aussi et surtout vers la critique d'art, qui lui vaudra enfin la chaire d'Esthétique et de Science de l'Art à la Sorbonne. Mais juste avant de quitter Lille, Grenier consacre une émission radiophonique à Jankélévitch, dans la série « Philosophie » de « L'Heure de culture française » qu'il assure de 1959 à 1963. Dans une lettre inédite, Jankélévitch se dit ravi : « Mon cher collègue, Je suis très heureux qu'on s'occupe de moi à la Radio (ce qui ne m'est jamais arrivé), et plus heureux encore que ce soit vous. Je vais devenir célèbre, grâce à vous ! Votre exposé est parfait. Non vraiment, je ne méritais pas tant ! [...] Je suis très fier de succéder à Bachelard dans vos exposés[12]. »

Mais si ces deux individualistes ont été apparemment peu liés, si bien que personne n'a jamais eu l'idée de les étudier ensemble, peut-on néanmoins dégager des ressemblances au niveau de leur pensée ou de leur expression ? Il me semble que oui.

Grenier apparaît comme un philosophe-essayiste dans la tradition de Montaigne, ouvrant des perspectives, et refusant toute systématisation. Sa méditation part du problème du mal, et il trouve chez Renouvier et Lequier un approfondissement des rapports entre le mal et le bon usage de la liberté. Son œuvre lyrique se développe en parallèle avec ses travaux d'érudition, et là le point de départ est la sculpture de la Grèce antique, et en particulier les stèles funéraires. Dans les essais recueillis dans *Les Îles* (1933) et *Inspirations méditerranéennes* (1941), il évoque la fragile beauté du monde, proclamant « dans un langage inimitable, dit son élève Albert Camus, que ces apparences étaient belles, mais qu'elles devaient périr et

---

11 *Études philosophiques*, 1-2-3-4, 1942, p. 60-61; *Revue d'histoire de la philosophie*, n° 36, octobre-décembre 1943, p. 374.
12 Lettre de Jankélévitch à Grenier, 21 février 1961, Bibliothèque Nationale de France.

qu'il fallait alors les aimer désespérément [...]. Les Îles venaient, en somme, de nous initier au désenchantement ; nous avions découvert la culture[13]. » Avec la culture, Camus avait également découvert la philosophie. Dans un des essais d'*Inspirations méditerranéennes* Grenier dit : « Ne vivons que pour ces instants où la frêle pellicule qui nous cache tous les jours notre mystère intérieur est crevé. Du fond de cette désolation un chant jaillira[14]. » C'est la traduction lyrique de la première phrase du *Choix* : « Nous ne sommes pas au monde, telle est la première pensée qui donne le branle à la philosophie[15]. »

Une des notions centrales de ces textes est celle de l'instant : instant de plénitude mais aussi de vide, où le temps s'arrête et où l'on perd le sentiment de l'existence individuelle pour entr'apercevoir une identité plus profonde. En faisant appel à l'idée de révélation ou d'illumination, Grenier rejoint non seulement le mysticisme occidental mais aussi des traditions de pensée non-européenne, car il avait pensé consacrer sa thèse aux rapports entre la philosophie grecque et celle de l'Inde, avant de choisir Lequier. Il ne semble pas avoir trouvé ces idées chez Chestov, qui développe pourtant la notion d'un réveil philosophique, ni chez René Daumal, mais ici j'ouvre une parenthèse pour évoquer un projet qui date des années de guerre et où Grenier était associé aux travaux de René Daumal. Il s'agit d'un recueil de « Souvenirs déterminants » auquel Grenier est invité à collaborer par Jacques Masui. Ce volume, qui n'existera jamais en fait sous cette forme, devait réunir les témoignages de Daumal et de plusieurs autres au sujet des moments d'illumination. On peut trouver dans cette invitation l'origine d'un essai qui s'intitule « L'Attrait du vide » et qui commence ainsi : « Il existe dans toute vie et particulièrement à son aurore un instant qui décide de tout. » Dans les *Cahiers de la Pléiade*, en effet, le texte fait partie d'une section intitulée « Souvenirs déterminants », à côté d' « Une expérience fondamentale » de Daumal. Tout en niant qu'il ait connu un « instant privilégié à partir duquel mon être aurait pris un sens », Grenier raconte une

---

13   Jean Grenier, *Les Îles*, Paris, Gallimard, 1959, p. 9-10 ; Camus, *Essais*, Paris, Bibliothèque de la Pléiade, 1967, pp. 1157-1158.

14   Jean Grenier, *Inspirations méditerranéennes*, Paris, Gallimard, 1961, p. 70.

15   Jean Grenier, *Le Choix, op.cit.*, p. 3.

expérience qu'il aurait fait du « néant », quand à l'âge de six ou sept ans il avait vu le ciel « basculer et s'engloutir dans le vide ». Cette expérience aurait alors donné lieu à un sentiment d'impermanence et de quasi indifférence, lié à la conviction que quelque part, dans ce monde ou ailleurs, il doit y avoir un idéal, un absolu. La vie permet parfois d'entrevoir cette perfection, et dans ces moments-là, « [a]u vide se substitue immédiatement le plein ». Grenier conclut ainsi :

> Quand je revois ma vie passée il me semble qu'elle n'a été qu'un effort pour arriver à ces instants divins. Y ai-je été déterminé par le souvenir de ce ciel limpide que je passais si longtemps dans mon enfance, couché sur le dos, à regarder à travers les branches et que j'ai vu un jour s'effacer[16] ?

Il évoque à plusieurs reprises l'impossibilité de multiplier les instants, et « de les rapprocher au point qu'ils forment un trait continu (telle la Grande Ourse paraît aux yeux du navigateur, et non une série d'étoiles arbitrairement réunies sous ce nom)[17] ». Il reconnaît par exemple que : « Tous mes bonheurs ne sont que des grains dont je n'arrive pas à faire un chapelet. Je puis posséder tout, un instant après il ne me reste rien. *Todo, pues nada*[18]. » Ce chapelet brisé reste un bel emblème de l'esthétique littéraire mais aussi philosophique de Grenier, tout comme la « marqueterie mal jointe » dont parle Montaigne.

Approfondissons un peu plus cet instant greniérien. C'est ce concept qui donne la clé de son esthétique de la création. Grenier fait observer que les grands moments de création sont souvent précédés par un silence. Dans un essai qui s'appelle « Les îles Fortunées », juste avant de faire le récit d'un « instant » dans sa propre vie où il avait senti une telle plénitude qu'il lui avait semblé gagner « d'un coup tout ce qui pouvait être gagné », il écrit : « Au moment où le tumulte d'une passion atteint son paroxysme, à ce moment même il se fait dans l'âme un grand silence. [...] On sent bien qu'une seconde après cet instant la vie va reprendre – mais en attendant elle est

---

16   Jean Grenier, *Les Îles, op. cit.*, p. 24-29; *Cahiers de la Pléiade*, 1, avril 1946, pp. 163-165.
17   Jean Grenier, *Inspirations méditerranéennes, op.cit.*, p. 164.
18   *Ibidem*, p. 83.

suspendue à quelque chose qui la dépasse infiniment[19]. » La vraie créativité se caractérise non par la liberté angoissante de faire un premier commencement, comme dans le texte de Lequier qui s'appelle « La Feuille de charmille », mais plutôt par une kénose, une attente de la révélation, de cet *appel* qui peut venir de l'extérieur ou bien des profondeurs de soi. La préparation est bien sûr importante, et il est finalement impossible de dire si l'artiste agit plutôt en récepteur ou en créateur. Si Grenier évoque moins souvent la musique que Jankélévitch, il se sert dans son roman *Les Grèves* d'une image musicale, celle de la mesure pour rien, associée à une image littéraire, pour suggérer que l'attente est tout aussi importante que ce qui va suivre : « Je goûte maintenant ces pages des livres où il ne se passe rien en apparence, et que je sautais autrefois impatiemment; elles servent de préparation à ce qui va venir [...]. N'est-ce pas qu'elles sont belles, ces mesures pour rien[20] ? »

Et dans un autre texte où il est question de Rembrandt (il avait déjà évoqué « le silence des pèlerins d'Emmaüs » du peintre dans « Les îles Fortunées ») il utilise le terme musical du point d'orgue, défini par le *Petit Robert* comme « temps d'arrêt qui suspend la mesure sur une note dont la durée peut être prolongée à volonté ». Dans son analyse du « Philosophe en méditation » Grenier écrit :

> Derrière le philosophe immobile les marches de l'escalier nombreuses et rapprochées forment avec la spirale qu'elles décrivent un large tourbillon. Sur le côté par une grande croisée très haute fait irruption une nappe de lumière. Entre ces deux forces la présence de l'homme marque un point d'orgue [...]. L'homme est complètement indifférent à la lumière comme à l'ombre, situé qu'il est au point d'intersection[21].

Le point d'orgue est justement cet espace où tout peut arriver, ou rien : ornementation, cadence brillante, ou silence. Et le philosophe de Rembrandt qui occupe cet espace jouit d'une totale liberté d'indifférence.

---

19   Jean Grenier, *Les Îles*, *op.cit.*, pp. 88-89.
20   Jean Grenier, *Les Grèves*, Paris, Gallimard, 1957, p. 10.
21   Jean Grenier, « L'escalier », *NRF*, 221, mai 1971, p. 55.

Comment concilier cet idéal avec celui du créateur ? Grenier se montre sceptique à l'égard de la tendance moderne de favoriser l'action aux dépens de la contemplation, mais celle-ci mène facilement au culte stérile d'un Absolu inaccessible, et par la suite à une doctrine d'indifférence dont il trouve des exemples historiques dans le stoïcisme ou le taoïsme. Il reconnaît les dangers de « la pente sur laquelle je glisse[22] », et s'il ne trouve pas d'arguments proprement philosophiques en faveur d'un autre comportement, il accepte que dans la vie l'immobilité cède presque toujours le pas au mouvement. Les îles Kerguélen représentent un extrême de désolation, mais il y a également les îles Fortunées, qui sont beaucoup plus accueillantes et riches en rencontres : dans les deux cas, d'ailleurs, il s'agit d'archipels, qui pour Deleuze invitent à une gamme de réponses. « Fleurs qui flottez sur la mer et qu'on aperçoit au moment où on y pense le moins, [...] ah, mes îles fortunées! Surprises du matin, espérances du soir [...][23]. » Entre l'exigence de la pensée de l'Absolu et l'action difficilement justifiable, dans ce que Grenier appelle « l'entre-deux », on peut trouver des éléments proches, modestes, quotidiens, comme ces fleurs, des « presque rien » qui vous retiennent quand même sur la pente.

Le philosophe de Rembrandt, représente-t-il d'ailleurs une indifférence totale ? Dans un autre essai, Grenier suggère que la lumière qui arrive par la fenêtre et « bondit avec une violence irrésistible », « donne le seul équivalent que nous ayons eu de main d'homme d'une révélation du surnaturel », mais ne peut-on pas donner un sens positif à l'ombre également ? Il le dit quelques lignes plus haut à propos des cadrans solaires, qui parlent le langage de l'ombre pour exprimer le sens du soleil : « Si notre corps reçoit la vie du soleil, notre esprit ne peut le connaître que par ses lacunes... J'aime ces absences, signe d'une présence ineffable : le mystique lui aussi se retire dans sa cellule pour voir Dieu ; ses yeux ne peuvent le fixer[24]. » Dans ce cas, le philosophe ne serait pas indifférent, car il serait en train de se donner à la contemplation non d'un absolu stérilisant mais de quelque chose de divin.

---

22   Jean Grenier, *Les Îles, op.cit.*, p. 79.
23   *Ibidem*, p. 93.
24   Jean Grenier, *Ombre et lumière*, Montpellier, Fata Morgana, 1986, pp. 14-15.

« J'aime ces absences, signe d'une présence ineffable » : Grenier choisit souvent de parler d'absence plutôt que de présence, et en cela il trahit l'influence de l'*Advaïta* indien (*a-dvaita*, non-dualisme) autant que des traditions occidentales du discours négatif. Dans son analyse de l'essai comme genre littéraire, Georges Lukacs parle de l'effort pour saisir et rendre la lumière intérieure, la vérité du sujet, à la manière d'un portraitiste[25]. Cela convient tout à fait à Grenier, dont les premiers essais constituent une sorte d'auto-portrait ironique. Dans son *Lexique,* il définit le portrait comme suit : « Le portrait qu'on fait involontairement de soi (tel ce lexique) est le plus ressemblant. Il n'en demeure pas moins déroutant, puisqu'il réunit arbitrairement les fragments les plus hétéroclites de la pensée. C'est l'itinéraire d'un aveugle ; c'est une mosaïque dont le dessin n'apparaît qu'au recul[26]. » Un tel portrait ne sera jamais définitif, mais son caractère oblique peut lui conférer une certaine qualité de ressemblance. Jankélévitch dirait que l'ipséité ne se laisse pas approcher directement. Dans sa *Philosophie première*, il dit : « Philosopher sur le fondement, c'est donc parler d'autre chose. [...] Le fait fondamental est comme ces étoiles presque invisibles dans le ciel : on ne les distingue qu'en regardant à côté ou en promenant l'œil rapidement tout autour[27]. » On pourrait dire la même chose des tentatives de Grenier pour explorer le mystère de la création artistique : là où la perspective d'une création ex nihilo paralyse l'imagination, la mise en valeur du « presque rien » ou même du cadre peut donner des résultats. « Comment peut-on écrire autrement qu'en ellipses[28] ? » demande Grenier dans son *Nouveau Lexique* ; et il dit encore dans *Le Choix* : « Une statue nous émeut par son contour mais plus encore par le prolongement qu'elle laisse imaginer de ses lignes : ce vide, c'est à notre esprit de le remplir[29]. » L'essai trouve sa justification dans le geste qu'il fait, comme Lukacs, vers l'œuvre d'art, dans le « pas encore » de la critique ; et avec

---

25   Georges Lukács, « Nature et forme de l'essai », in *L'Âme et les formes*, Paris, Gallimard, 1974.

26   Jean Grenier, *Lexique*, Montpellier, Fata Morgana, 1981, p. 84.

27   Vladimir Jankélévitch, *Philosophie première. Introduction à une philosophie du « Presque »*, Paris, Quadrige/PUF, 1986, p. 122.

28   Jean Grenier, *Lexique*, p. 24, s.v. « Caprichos ».

29   Jean Grenier, *Le Choix, op. cit.*, p. 13.

l'essai, les autres formes fragmentaires comme le lexique ou l'aphorisme, choisi par Nietzsche ou par Chestov. Jankélévitch emploie le verbe effleurer[30] : voilà un mot qui conviendrait bien au projet de Grenier, et celui-ci s'en sert d'ailleurs, par exemple à propos de la flânerie.

Cette image de la flânerie, chère à Rousseau et à Nietzsche (on peut noter qu'au cours d'une même année, 1958, Grenier donne des préfaces tant aux *Rêveries du promeneur solitaire* qu'à *Zarathoustra*), se trouve en effet chez nos deux penseurs. Dans *Les Grèves,* Grenier écrit : « Pour ma part j'aimerais prendre avec un compagnon anonyme le chemin des écoliers, me laisser aller à ce penchant de la flânerie qui me conduit d'un endroit à un autre sans aucun guide. [...] Dès lors au bout de la journée, au bout de la vie, j'aurai effleuré beaucoup de choses, je n'en aurai mené à bien aucune, mais j'aurai joui de la diversité du spectacle », et il cite Montaigne, qui « se retrouve entier dans chacun des fragments de miroir qu'il tient successivement dans sa main[31] ». Jankélévitch, pour sa part, préconise à la fin de *L'Alternative*, le loisir comme remède à l'ennui : « Voilà la vraie liberté, celle qui est permission de tout faire, celle qui n'est pas tellement libertaire que libérale, et qu'on pourrait définir l'art de flâner. [...] Les hasards charmants naissent et se fanent dans toutes les allées, il ne faut pas bâiller pendant ce temps-là[32] ». Mais suivant sa morale de l'ordre, il nous met en garde aussi contre « l'inaction vide ou l'aimable farniente » qui menace toujours un esprit comme celui de Grenier. Les flâneries que Grenier entreprend au bord de l'océan peuvent sembler loin de ces sentiers des Alpes évoqués par Chestov à la fin de *Sur les confins de la vie*, et qui « côtoient les abîmes ; ils sont étroits, abrupts, et seuls s'y aventurent les montagnards qui ne craignent pas le vertige [...] : *Nur für Schwindelfreie*[33] ! » Mais leur fonction est semblable, à savoir celle de faire ressortir la seule valeur, l'Absolu.

30   Voir par exemple Vladimir Jankélévitch, *L'Ironie*, Paris, Flammarion, 1964, p. 35, 101.
31   Jean Grenier, *Les Grèves, op.cit.*, pp. 258-259.
32   Vladimir Jankélévitch, *L'Alternative*, Paris, Alcan, 1938, p. 206, 219.
33   Léon Chestov, *La Philosophie de la tragédie, suivie de Sur les confins de la vie*, Paris, Flammarion, 1966, p. 339.

Qu'en est-il du « presque rien » que nous venons d'évoquer ? Pour le critique Pierre-Henri Simon, dans son analyse du roman *Les Grèves*, « il y a toujours quelque part un presque qui est l'objet de l'analyste consciencieux et qui, d'ailleurs, appelle la nuance où se reconnaît le jugement d'un moraliste équilibré, subtil. [...] L'intelligence, dans sa plénitude, aperçoit le presque, le pense, vérité précieuse sur laquelle le cœur peut encore construire la foi, l'estime et l'amour – comme, inversement, le mystique, dans son enivrante certitude, aperçoit la lacune, "ces trous béants dans lesquels, à chaque moment, il peut tomber"[34] ». C'est dire que chez Grenier le presque rien n'est pas l'instant lui-même, comme chez Jankélévitch, mais plutôt la contingence. Dans un texte curieux qui s'apparente à l'élégie, et qui s'appelle *Sur la mort d'un chien*, nous lisons ceci :

> J'aime ces prévenances qu'ont leurs proches pour les malades, leurs enfants pour les vieillards et certaines gardes-malade pour leurs patients. Changer l'oreiller est peu de chose; mais quand on ne peut rien faire d'autre? On laisse à la Nature (je ne dis pas à Dieu) le soin de tuer à petit feu, et on la contrarie dans la mesure du possible, c'est-à-dire de presque rien. Ce "presque rien" me touche, c'est la marge de l'humain[35].

Le concept du « presque rien » traduit ainsi un élément de contingence, au sens de liberté, que comporte l'existence humaine. Il y a une distance infinie entre l'Absolu et l'être individuel, mais il y a aussi un intervalle entre celui-ci et le monde nécessaire : c'est cet intervalle qui constitue à la fois le fardeau et le privilège de l'homme. « Que l'homme appartienne à la Nature, pas de doute. Dans la mesure où il ne lui appartient pas, c'est son malheur » ; mais cette marge d'ironie, comme l'appellerait Jankélévitch, lui donne également l'occasion d'exprimer son humanité vraie par le bon usage de toute la liberté qu'il possède. Fait paradoxal, l'amour dont Grenier avait parlé dans le quatrième chapitre de *L'Existence malheureuse*, et le « besoin vital de faire du bien », ces expressions de l'humanité, sont provoquées

---

34 Pierre-Henri Simon, « L'humanisme de Jean Grenier », *Revue de Paris*, 6, juin 1958, pp. 155-156.
35 Jean Grenier, *Sur la mort d'un chien*, Paris, Gallimard, 1957, p. 47.

moins par d'autres êtres humains que par des animaux, à cause de l'inégalité des rangs. Cela fournit des raisons de croire à un « Dieu proche »: si l'homme éprouve de la pitié pour les animaux, Dieu n'en éprouve-t-il donc pas pour l'homme dans sa misère absolue, et ne voudra-t-il pas le sauver ? La possibilité d'un tel amour compatissant constituerait non seulement la marge de l'humain, mais celle de l'activité divine dans le monde de l'humanité. À la fin de *L'Existence malheureuse*, Grenier fait remarquer : « Il faut se demander [...] si la faiblesse humaine ne comporte pas une signification, même malgré nous[36] », et dans le paragraphe final de *Sur la mort d'un chien*, il propose une interprétation plus étendue de cette signification : « N'usons pas nos faibles forces à convaincre. Ne croyons pas à nos mérites. Acceptons avec empressement la faveur insolite qui nous est accordée. Une main écarte le rideau qui nous isole, elle se tend vers nous ; hâtons-nous de la saisir et de la baiser. » Dans le cadre de cet appel, qui représenterait l'irruption dans l'existence humaine de la valeur absolue, la liberté humaine au sens de contingence, d'indépendance, d'indétermination, subirait la même dévalorisation dont celui qui aurait une attitude différente, pourrait entacher toutes ses actions. Si la main est celle de l'amour, alors « si elle se retire tu n'as plus rien, car tu n'es toi-même rien que par cet acte d'amour[37] ».

Sur la mort d'un chien ne prétend pas être un traité intellectuel, et il diffère des essais plus formels par la façon dont le problème du mal y est abordé. Les solutions théoriques, comme celle de l'immaculée connaissance, exercent toujours un attrait considérable sur Grenier, et elles ne sont pas entièrement absentes de ce livre, mais des considérations pratiques, humaines, y prennent plus d'importance. Publié en même temps que *L'Existence malheureuse*, il représente son complément indispensable : on pourrait même dire que ces deux livres font preuve d'une même façon de comprendre la liberté, et qu'il ne faut qu'une infime variation pour faire pencher la balance d'un côté plutôt que de l'autre.

---

36   Jean Grenier, *L'Existence malheureuse*, op.cit., p. 212.
37   Jean Grenier, *Sur la mort d'un chien*, op.cit., p. 55.

Le domaine du « presque rien » est également celui de « l'entre-deux ». Comme saint Jean de la Croix, l'artiste moderne est « écartelé entre deux modes d'existence qui semblent n'avoir pas de contact entre eux[38] » : d'une part la vision apocalyptique de l'absorption de l'esprit dans quelque chose de supérieur, et de l'autre la boue de l'existence humaine dans toute sa réalité sociale et temporelle. La grandeur de l'artiste se mesure non à l'audace dont il ferait preuve en créant quelque chose d'inédit, mais au succès de sa tentative pour maintenir ensemble les deux termes de son existence. Grenier cite, dans les *Entretiens avec Louis Foucher*, le cas de Rembrandt : « Il a réalisé l'idéal de Pascal: "On ne montre pas sa grandeur pour être à une extrémité, mais bien en touchant les deux à la fois, et remplissant tout l'entre-deux"[39] ». Ailleurs, Grenier propose la solution de l'art comme un moyen de sortir du chaos : « l'art, c'est la création sans l'arbitraire ni la violence ». C'est l'art des statues grecques, avec le soupçon d'un sourire : « ce sourire, c'est un entre-deux. J'aime cette reconnaissance courageuse d'une fragilité; cette intelligence d'un obstacle qui permet à l'esprit de saisir quelque chose qui le dépasse et de transformer un Destin amorphe en une destinée personnelle. » Leurs yeux sont fixés sur un but qui est Ailleurs — ou du moins on nous le laisse penser. Leur attitude est la suivante: « c'est, par un désespoir raisonnable, approcher le plus qu'il est possible du divin[40] ».

Mais l'art et la poésie ont leurs limites. Où trouver un lien durable avec l'Absolu? L'unité est impossible, l'union mystique est fugitive; l'union par un Médiateur est-elle pensable ? Ce n'est pas dans le caractère de Grenier de donner une réponse franche. Cependant, il résume ici ses explorations antérieures et il propose des pistes à suivre dans l'avenir. Dans un sens, il revient aux sentiments exprimés dans « Interiora rerum » avec son admiration pour la sculpture grecque et pour l'attitude qu'elle traduit. Mais en même temps, il s'engage d'une façon plus positive dans l'expérience artistique et dans une exploration des concepts de l'existence et de la valeur et de leurs rapports l'un avec l'autre. La question « la liberté-pour-quoi-

---

38   Jean Grenier, *L'Art et ses problèmes*, Lausanne, Éditions Rencontre, 1970, p. 198.
39   Jean Grenier, *Entretiens avec Louis Foucher*, Paris, Gallimard, 1969, p. 88.
40   Jean Grenier, *Inspirations méditerranéennes*, *op.cit.*, p. 190.

faire ? » annonce les *Entretiens sur le bon usage de la liberté*. L'intérêt que Grenier porte au quotidien est également anticipé, et malgré les références ici à la possibilité d'un Médiateur, l'attrait du taoïsme ne saurait surprendre. Futur auteur d'un livre sur *L'Esprit du Tao*, Grenier se laisse séduire par l'exemple historique d'une indifférence radicale, ou plutôt d'un abandon total et volontaire. Il ne suit pas lui-même cette voie, mais comme il le dit à Louis Foucher, « Ce qui m'attire et m'effraie beaucoup dans le taoïsme, c'est que derrière la porte il n'y a rien[41] ». Cela suggère un rapprochement avec le Debussy de Jankélévitch, qui pratique « l'extrême brièveté au-delà de laquelle il ne reste que le silence, tel le presque-rien au-delà duquel il n'y a rien[42] ! »

Comment alors situer Grenier par rapport à Jankélévitch et à Chestov ? Nous avons relevé beaucoup de traits communs, et d'abord la primauté de la valeur absolue aux dépens des systèmes humains. Tout en étant sensible au pari de Chestov, comme à celui de Lequier, Grenier s'apparente à Jankélévitch en cherchant du côté de la création artistique un humanisme authentique, qui s'exprime également dans le refus des orthodoxies qui oppriment et l'affirmation des fidélités qui délivrent. Tous les deux trouvent dans « l'instant » un point privilégié de tangence avec l'éternel. Ils se méfient tous les deux des définitions, préférant l'ellipse et le « presque », mais les ouvrages de Jankélévitch font preuve d'un travail d'exégèse et d'analyse qui a parfois raison de cette méfiance, tandis que Grenier s'adonne à une flânerie qui risque de mener à la dispersion. Tous les deux attachent une grande importance à l'oral (Jankélévitch aimait rappeler que chez Platon la partie orale est beaucoup plus importante que la partie écrite[43]), et c'est pourquoi ils jouissaient d'un tel prestige auprès de leurs auditeurs, étudiants ou autres, qu'ils formaient par une maïeutique toute socratique. C'est avec raison que l'intitulé du colloque de Cerisy appelait Jankélévitch un « passeur »[44], et le mot conviendrait également à Grenier. Si la

---

41   « Jean Grenier, poète des lieux », émission d'Olivier Germain-Thomas, France Culture, 24 mars 1976.

42   Vladimir Jankélévitch, *De la musique au silence*, t. 2, *Debussy et le mystère de l'instant*, Paris, Plon, 1976, p. 263.

43   « Radioscopie », avec Jacques Chancel, France Inter, 8 octobre 1979.

44   *Vladimir Jankélévitch : l'empreinte du passeur* (Colloque de Cerisy, mai-juin 2003), Paris, Éditions le Manuscrit, 2007.

pensée de celui-ci a eu moins d'envergure jusqu'ici, sauf dans le cas de Camus, elle a beaucoup à offrir au monde d'aujourd'hui, surtout peut-être par son ouverture aux courants non-européens : l'Inde, la Chine, le monde islamique. Et sa fidélité à la pensée chrétienne de Lequier, mais aussi de Pascal, de Kierkegaard et de Dostoïevski, donne à Grenier une place honorable dans l'histoire de la pensée existentielle.

JÜRGEN BRANKEL

Le paradoxe chez Jankélévitch et Chestov

Avant de procéder à une discussion du paradoxe chez Chestov et Jankélévitch, il faudrait rappeler que, dans l'histoire de la philosophie, le paradoxe est entendu comme une forme de pensée qui s'oppose à l'opinion commune, à la *communis opinio*, donc il est en contradiction avec la mode. Telle était la signification dans l'Antiquité, par exemple chez Démosthène ou, plus tard, chez Cicéron. Telle était encore la signification chez Diderot, il écrit dans le *Paradoxe sur le comédien* : « C'est un beau paradoxe. Je prétends que c'est la sensibilité, qui fait les comédiens médiocres ; l'extrême sensibilité, les comédiens bornés ; le sens froid et la tête, les comédiens sublimes. »[1] Pour Kant, le paradoxe est la nécessité, « d'examiner son jugement propre par rapport à l'entendement d'une autre personne »[2].

Ce n'est qu'avec le romantisme allemand que change la signification du paradoxe qui devient quelque chose d'incompréhensible : « Est-ce que le principe suprême devrait contenir dans sa tâche le paradoxe suprême ? être une proposition qui ne permet aucun repos – qui exerce toujours une attraction et une répulsion – qui deviendrait toujours à nouveau incompréhensible chaque fois où l'on pense l'avoir comprise ? »[3]. Le paradoxe sert donc chez Novalis à fixer quelque chose d'incompréhensible par les moyens insuffisants de la langue[4]. C'est dans ce sens que la logique moderne, à partir de Bertrand Russell, comprend, sous le mot de paradoxe, le cercle vicieux de la pensée logique. Et c'est dans ce sens que j'entends le mot dans la suite de l'exposé.

---

1   Denis Diderot, *Correspondance*, éd. par G. Roth 9 (Paris 1963) 213, à Grimm, Novembre 1769.

2   Emmanuel Kant, *Anthropologie,* 1, §2.

3   Novalis, i.e. Friedrich Hardenberg, *Schriften,* éd. P. Kluckhohn et R. Samuel, 2nde éd. 1960, t. 1, p. 563.

4   cf. *Historisches Wörterbuch der Philosophie*, éd. par J. Ritter et K. Gründer, Bâle, Schwabe & Co., 1989, Article « Paradox ».

Il me semble que le paradoxe chez Jankélévitch et chez Chestov est à la fois semblable et différent. Il est semblable en ce que les deux penseurs dépassent l'éthique quotidienne ou l'éthique traditionnelle. Mais ici se pose immédiatement la question de savoir si Chestov voulait vraiment fonder une éthique, s'il n'aspirait pas à quelque chose de supérieur. Effectivement, si on lit son livre *Kierkegaard et la philosophie existentielle*, on voit qu'il place Job au-dessus de ses amis détracteurs qui opposent aux lamentations de Job l'éthique traditionnelle du « Ce que Dieu a donné, il le reprend. » Même si l'on prend le cas d'Abraham, Chestov – avec Kierkegaard – ne condamne pas la tentation du meurtre d'Isaac. Abraham est – aux yeux des deux penseurs – un « criminel », car lorsqu'on quitte la morale traditionnelle, on devient un hors-la-loi. Même si Job a accusé Dieu par ses lamentations, il a fait preuve de foi en Dieu et il se projette au-delà de la mort ; je cite Kierkegaard selon Chestov : « La foi est opposée à la raison : la foi est chez elle au-delà de la mort[5]. » Qu'est-ce que cet « au-delà de la mort » veut nous dire ? S'agit-il d'une manière de dire, d'une métaphore qui veut simplement dire que la foi dépasse en importance la mort, ou s'agit-il d'une prévision qui concerne la vie après la mort ? Par conséquent, il est difficile de décider s'il s'agit d'une métaphore ou d'un vrai dépassement de la mort. Pour répondre à cette question, il est nécessaire de rappeler ici que, pour Chestov, les relations spatio-temporelles et donc l'éternité elle-même font partie de l'empirie ; la mort est chez lui un fait empirique et la foi est un fait métempirique, pour employer un mot cher à Jankélévitch. La foi est donc quelque chose d'absolu, tandis que le comportement moral reste, selon Kierkegaard et Chestov, imbriqué dans le domaine de la Nécessité.

C'est le devoir, le « tu dois », qui est la conséquence immédiate de la nécessité de se plier aux lois de la Nature et des Dieux grecs. C'est contre l'empire de la Nécessité que Chestov a écrit son livre *Athènes et Jérusalem* où il oppose la pensée de Socrate aux révélations de l'*Ancien Testament*. La nécessité est l'empire de l'empirie et contre celle-ci se dirige non seulement Chestov, mais aussi Jankélévitch. On se souvient du premier chapitre de *Philosophie première*, où Jankélévitch traque

---

5   Léon Chestov, *Kierkegaard et la philosophie existentielle*, Vrin, 1972, p. 116.

l'empirie qu'elle soit du domaine de la physique ou de celui des mathématiques, de celui de l'astrophysique ou de celui de la microbiologie. Mais là où Chestov attaque de front l'empirie avec sa nécessité et avec sa prison constituée par les murs de la logique éternelle, Jankélévitch adopte une attitude plus pédagogique ; Jankélévitch ne s'adresse t-il pas à un public quelconque, à tout le monde, avec le but d'inciter à la conversion ?

Je dirais que Chestov présuppose déjà la conversion, autrement le lecteur non averti ne le suivrait pas dans ses attaques contre la pensée hellénique. Il me semble que le plan d'exposition des deux penseurs n'est pas le même chez l'un et l'autre. Jankélévitch décortique ses buts personnels en tant qu'écrivain et en tant que philosophe, en partant de la réalité et de l'empirie. Chez lui il y a une critique sociale qui n'est rendue possible que parce qu'il a une visée de morale sur la réalité du milieu, et c'est cette critique qui l'a amené à devenir un résistant luttant contre l'occupation allemande. On sait l'importance de l'organe-obstacle chez Jankélévitch mais cela montre que Jankélévitch ne perd pas ses attaches avec la réalité empirique.

Ces attaches avec la réalité n'empêchent pas Jankélévitch de chercher la possibilité d'aller au-delà de la réalité, et il trouve cette possibilité confirmée dans l'expérience de l'intuition mystique. Celle-ci n'est d'ailleurs pas explicable par les mots de la rationalité discursive ; elle reste en quelque sorte une expérience purement subjective dont on ne peut pas rendre compte. L'intuition mystique est une expérience instantanée, une expérience de l'instant, et l'on peut dire que, normalement, l'homme moyen ne fait d'expérience que de l'intervalle. Vivre consciemment l'instant est, pour Jankélévitch, aussi impossible que vivre éternellement, mais exceptionnellement, l'homme peut avoir accès à l'expérience de l'instant. Vivre l'instant consciemment, c'est comme la métaphore de la vie éternelle qu'éprouve, en réalité, chaque être humain par la semelfactivité de sa vie dans le cours éternel de l'univers. Il y a donc symétrie entre l'instant et l'éternité, du point de vue de la demi-gnose. On peut dire, par contre, que Chestov se place d'emblée sur le plan de la transcendance ; nulle part, Chestov ne nous dit qu'il faut partir de la réalité immédiate pour atteindre le surnaturel ; au contraire, il dit que l'emplacement de l'homme, dans la réalité immédiate, est un fait duquel nous ne pouvons pas nous départir. De là résulte son exigence de lutter contre la nécessité des lois naturelles. Peut-être pourrait-on dire que, si l'univers de Jankélévitch reste, quant à l'expérience mystique, moniste, celui de Chestov est bien dualiste.[6]

D'où la conséquence que la lutte contre la nécessité, chez Chestov, est un paradoxe, vu que la raison doit, selon Socrate, Platon et Aristote, se plier à cette nécessité même. Si l'on admet que le domaine de la raison est celui de la spéculation universalisante, généralisante, la lutte chestovienne contre la nécessité, donc en quelque sorte contre la rationalité, rétablit la particularité personnelle de chaque homme, par exemple de Søren Kierkegaard. C'est en cela que non seulement Kierkegaard, mais aussi Chestov lui-même sont existentiels. Existentiel, Jankélévitch l'est aussi par sa réévaluation de l'instant et de l'unicité de chaque vie humaine dans le parcours des temps immémoriaux.

En même temps, doit-on reconnaître que la transcendance absolue n'exclue pas, mais, à mon avis, implique la foi également chez Jankélévitch. D'ailleurs, l'un des participants au Colloque de 2005 a dit que Jankélévitch n'était pas croyant, qu'il était athée. J'en doute, et mes doutes par rapport à ce sujet se réfèrent aux chapitres VII et IX de *Philosophie première*. Je voudrais citer quelques phrases du chapitre VII intitulé « Le Lui-même ». C'est bien Dieu dont il s'agit et Jankélévitch nous donne ici une première approche à sa définition de Dieu qui suivra au chapitre IX. Le sous-titre porte : « Le pur sujet irrelatif ». Je cite : « D'autre part ce Lui-même lui-même qui est autre non seulement que tous les autres (car il pourrait encore, en ce cas, désigner de façon univoque la dernière place vide du dernier inconnu et de la dernière haeccéité), mais qui est autre même que lui-même ! »[7] Il y a d'abord quelques problèmes d'interprétation ; est-ce que le mot « autre » désigne un neutre, une chose quelconque ou une personne ? Est-ce que l'on doit lire : « … qui est une autre personne non seulement que toutes les autres personnes ? » ou doit-on lire

---

6   La question du monisme ou dualisme est une question académique et qui provient surtout de la comparaison de Kant avec la pensée hégélienne.
7   Vladimir Jankélévitch, *Philosophie première*, Paris, Quadrige/PUF, 1986, p. 125.

« … qui est une autre chose que toutes les autres choses ? » Lors de la traduction vers l'allemand, il s'agissait de savoir si on doit traduire le « lui-même » par « *er* » ou par « *es* », c'est-à-dire par le masculin ou par le neutre. Je me suis décidé, en dernière instance, pour le masculin parce que ma propre inclination vers un Dieu personnel a influencé ma traduction. En revanche, je crois qu'il est nécessaire de maintenir l'indécision de la langue française quant à savoir s'il s'agit d'un masculin ou d'un neutre, mais si on prend en considération la traduction grecque que propose Jankélévitch, à savoir *állos* et *autós* au lieu du neutre *állo* et *autó*, on voit que le lui-même est bien une forme masculine, même si Jankélévitch ne croit pas du tout en un Dieu personnel et qu'il croit, vraisemblablement, que Dieu se tient à distance et est absent, mais non pas inexistant.

La raison pour laquelle j'ai cité cette phrase est bien celle de montrer que Jankélévitch part du concret, à savoir du « dernier inconnu » et de la « dernière haeccéité ». Cependant, est-ce que la phrase relative « qui est autre même que lui-même » est compréhensible ? C'est une limite de la logique, on peut le dire, mais peut-on le penser vraiment ? Pour pouvoir en imaginer quelque chose, Jankélévitch revient toujours à l'empirie pour dire que ce dont il parle n'est pas à la manière de l'empirie : « Car tel est le paradoxe auquel il nous fait faire face : l'autre de la basse allégorie est un autre que Lui-même, *állos* et *autós* ; par contre le Lui-même est à la fois lui-même et toujours autre [...]. » La basse allégorie est tout à fait pensable, il n'y a pas de doute. Jankélévitch veut nous faire comprendre ce qu'est le Lui-même par voie apophatique, c'est-à-dire négative. Il y a dans le lui-même qui n'est pas lui-même, une dialectique – Jankélévitch en parle lui-même quelques lignes plus loin –, mais cette dialectique ne devient pensable qu'à condition de ne pas penser simultanément ses termes. Et pourtant, Jankélévitch nous y invite : « Dire que Lui-même n'est rien et pas même lui-même (et surtout pas lui-même !) c'est exprimer en termes dialectiques le caractère instantané, plus que météorique et décevant de sa révélation, c'est convenir qu'à peine trouvé il est sur-le-champ reperdu et qu'il n'est jamais capté que par acrobatie sur le seuil presque inexistant de l'*allos* et de l'*autos*. »[8]

Quatre moments attirent ici notre attention : la dialectique, le caractère instantané de sa révélation, l'acrobatie et le presque inexistant. La question qui se pose est celle de savoir si on peut penser deux choses à la fois. Il me semble que c'est, en quelque sorte, impossible. C'est pourquoi Jankélévitch parle de dialectique et d'acrobatie. On pourrait se demander si ce qui est exigé ici n'est pas l'intuition ? L'intuition qui nous inviterait à passer rapidement de l'un à l'autre, de l'*allós* à l'*autós*. Jankélévitch parle plutôt d'un « impossible problème » : « Voici donc notre impossible problème : le Lui-même, comme étant le sujet de tous les sujets et le plus pur de tous les sujets ou, pour mieux dire, le seul sujet absolument pur, est le terme premier de la philosophie première ; et pourtant ce sujet purissime, n'étant rien, pas même soi, est tout le contraire d'une " substance "! »[9] Si on fait abstraction de la définition du Lui-même comme étant lui-même et l'autre à la fois et si on se rapporte donc immédiatement à ce sujet purissime, il nous semble qu'on peut peut-être le concevoir comme une révélation instantanée. Une révélation qui ne dure qu'un petit instant. Jankélévitch continue, au sous-chapitre II intitulé : « Perdre en trouvant » : « Ce qu'on peut chercher méthodiquement et qu'on finit petit à petit par conquérir, on peut aussi le garder durablement ; et inversement ce qu'on rencontre d'un seul coup, par illumination soudaine, on le reperd d'un seul coup et à la seconde sans pouvoir le pérenniser ni le stabiliser ni le capitaliser. Ainsi on passe sans transition du *Nondum* au *Jamnon*, et cependant il y a un point presque inexistant où le pas-encore n'est déjà plus, où le déjà-plus n'est pas encore : ce seuil imperceptible, ce *Kaïros* insaisissable est l'intuition, dont nous avons montré qu'elle désigne la fine pointe de la contemporanéité, l'acumen du présent flagrant et opportun, l'Occasion semelfactive. »[10]

---

8   *Ibidem*, p. 125.
9   *Ibidem*, p. 126.
10   *Ibidem*, p. 134.

Tout ceci présente le passage d'une description dialectique vers une description existentielle ; et, en effet, il faut avoir vécu ces moments privilégiés de l'intuition pour pouvoir en parler, pour pouvoir en parler le plus clairement possible. Est-ce que Jankélévitch a pour autant quitté le rationnel, le domaine de la logique ? Je pense qu'il ne l'a pas plus quitté que Sartre qui, dans *La Nausée*, nous donne une description psychotique d'une racine d'arbre, description qui reste complètement claire, et qui est cependant extraordinaire. C'est dans la mesure où nous excluons la vie, la *Lebenswelt*, que tout le mouvement existentiel doit être considéré comme étant irrationnel, et c'est dans la mesure où Jankélévitch est un penseur qui peut être rangé parmi les existentiels, que ses explications sur le Lui-même restent du domaine du vécu et sont, pour autant, compréhensibles. Compréhensibles, mais quelque peu mystiques, et peut-être même illogiques, donc paradoxales ; le paradoxe serait donc irrationnel (incompréhensible), mais concevable. C'est que le paradoxe est la façon de penser ou mieux, de présenter l'impensable. Mais c'est le même manque de totalité logique que nous rencontrons dans la définition de l'aura que nous donne Walter Benjamin dans son ouvrage *Das Kunstwerk im Zeitalter seiner technischen Reproduzierbarkeit*, et on a généralement loué la clarté de l'exposé de Benjamin. Je cite dans ma traduction : « Qu'est-ce qu'est au fond l'aura ? Un réseau très fin d'espace et de temps : l'apparition unique d'un lointain aussi proche qu'il peut être. Être assis l'après-midi en été et suivre des yeux une montagne à l'horizon ou une branche qui jette son ombre sur la personne qui se repose – voilà ce que veut dire respirer l'aura de ces montagnes, de cette branche »[11]. Le saut de l'empirie vers l'au-delà est peut-être plus clair dans l'exemple de l'aura que dans l'instant mystique chez Jankélévitch, et j'ose dire que Jankélévitch s'efforce de réduire la distance dialectique de ce saut en sorte que ce qu'il veut désigner par le Lui-même, devient dicible, pour ne pas dire rationnel, au moins pour un instant ; car c'est cette instantanéité que Jankélévitch désigne par l'expression « trouver en perdant ». Mais si le vécu auratique de Benjamin reste en quelque sorte une transcendance qui est immanente à la réalité, la transcendance de Jankélévitch – et de Chestov – va au-delà de toute

---

11   *Gesammelte Schriften, Band I, 2*, Frankfurt am Main, Suhrkamp, 1991, p. 440.

réalité. Et l'affirmation d'un au-delà transcendant toute réalité, n'est-elle pas également une affirmation religieuse, une déclaration de foi ?

Croit-on en Dieu si on n'a pas une certitude constante de l'Être Suprême ? Mais la constance de la foi, elle ne me semble pas donnée au commun des mortels, et croire en Dieu est une interrogation que l'on doit recommencer chaque jour. Kierkegaard a dit, selon les termes de Chestov : « Accomplir le dernier, le paradoxal mouvement de la foi, m'est tout simplement impossible. »[12] C'est parce que la découverte du Lui-même par un saut analogique de l'empirie du *autós* vers les dernières instances de la possibilité de la loi d'identité, parce que cette découverte est instable et se perd aussitôt que faite, que l'on a pu dire que Jankélévitch n'est pas croyant – je ne saurais dire si Vladimir Jankélévitch était croyant ou athée, il demeure que la définition du Lui-même me semble être une définition de Dieu, comme je l'ai déjà dit. Aussitôt qu'on a entrevu ce que le Lui-même veut dire, aussitôt la compréhension de ce terme disparaît. En revanche, l'aura de Benjamin a quelque chose de stable, elle peut être captée par les artistes, par les musiciens aussi bien que par les peintres de l'impressionnisme. Il se pose la question de savoir si l'aura de Benjamin[13] est immanente et si la transcendance de Chestov n'est pas d'emblée transcendante et si celle de Jankélévitch, du moins du point de vue de l'intuition, ne l'est pas également.

Ce détour par Benjamin nous a été utile pour préparer une perspective plus large concernant le paradoxe, car la définition de Benjamin contient aussi le paradoxe consistant en une jonction simultanée du lointain et du proche. C'est en effet utile pour comprendre Chestov, car celui-ci a écrit son ouvrage *Athènes et Jérusalem* animé par l'intuition de la grandeur de l'*Ancien Testament*. Chestov doit, à mon avis, être lu comme quelqu'un qui vit constamment dans le paradoxe qu'est l'impensable même de la plainte de Job et de la tentative d'Abraham, tentative du meurtre de ce qu'il a le plus cher au monde, à savoir son fils. On peut donc dire que le paradoxe est

---

12   Cf. Léon Chestov, *Kierkegaard et la philosophie existentielle*, Vrin, 1972, p. 96.

13   Et de François Wahl dans son livre *Le Perçu*, Paris, Fayard, 2007.

la juxtaposition de deux plans incompatibles : celui de la réalité, de la nécessité et de la raison et celui de foi, de la protestation et de l'obstination.

Si la démarche de démonstration des thèses chez Jankélévitch est dialectique, analogique et apophatique, il reste qu'elle est habitée par les règles de la logique et de la logique inductive. Au contraire, celle de Chestov est simplement affirmative sans nous introduire dans le dédale d'une logique. Chestov procède en principe par opposition entre la philosophie grecque de l'âge classique et les propositions de l'Ancien Testament. Ainsi il pose la thèse que l'Ancien Testament nous enseigne la liberté et que la philosophie hellénique nous enseigne les chaînes de la nécessité, son procédé de démonstration est, si l'on peut dire, déductif ; il s'agit d'une démonstration de la thèse de son livre *Athènes et Jérusalem*. Je ne veux pas dire que Jankélévitch atteint le but de sa thèse par induction démonstrative ; il l'atteint, au contraire, par une déduction à partir d'une intuition posée dès le début des exposés de ses livres, mais le style de ses exposés est anagogique et nous mène d'un degré vers le suivant en respectant les ordres d'une certaine logique intérieure.

En revanche, chez Chestov, il s'agit dans *Athènes et Jérusalem* d'une longue suite d'idées qui suivent généralement le cours de l'histoire occidentale. Le premier chapitre est une discussion des erreurs de Socrate ; le deuxième celle de la philosophie de Spinoza, Hegel, Kant, Kierkegaard et Nietzsche ; le troisième celle d'un exposé sur la philosophie du Moyen Âge, exposé qui suit en principe le livre d'Étienne Gilson *L'Esprit de la philosophie médiévale*[14] ; le quatrième et dernier chapitre discute ses thèses générales.[15] Le point de départ de Chestov est le suivant et se trouve dans le quatrième chapitre : « 'Ce qui existe par soi-même', c'est-à-dire indépendamment de celui qui connaît, n'est pas du tout 'ce qui existe véritablement' »[16]. Le sous-chapitre 16 du 4e chapitre contient une discussion sur la base de la phénoménologie husserlienne. Michael R. Michau nous dit dans son article

14   Étienne Gilson, *L'Esprit de la philosophie médiévale*, Paris, 1932.
15   L'édition française d'*Athènes et Jérusalem* est actuellement épuisée et je ne puis m'appuyer que sur la traduction allemande produite par Hans Ruoff et éditée par la maison Matthes & Seitz, 1994 ; j'utilise donc la première édition de 1938 pour le citer.
16   Léon Chestov, *Athènes et Jérusalem*, Paris, J. Vrin, 1938, p. 400.

paru dans le n° 6 des *Cahiers Léon Chestov*, que Chestov a été l'un des « last associates » de Husserl. Dans le sous-chapitre 15 du 4ᵉ chapitre, Chestov nous dit qu'aujourd'hui la majorité des philosophes se vantent d'utiliser seulement un « minimum de métaphysique », et il nous rappelle que « Platon et Plotin […] aspiraient au maximum de métaphysique » (p. 400). Chestov – en accord en ceci avec Jankélévitch – aspire aussi à un maximum de métaphysique. Je dirais que la métaphysique chestovienne est le résultat d'une *époché* phénoménologique, et que son principe vaut aussi pour l'œuvre de Jankélévitch. *Athènes et Jérusalem* a été écrit sous l'impulsion d'une grande intuition née de son érudition. Le seul chapitre un peu pédant est le 3ᵉ où Chestov suit de trop près le livre de Gilson. Quant au rapport de la démarche chestovienne à la logique, je renvoie le lecteur à mon article paru dans le n° 6 des *Cahiers Chestov*.

Dans le troisième moment de mon exposé, je voudrais comparer deux phrases, l'une de Chestov, l'autre de Jankélévitch. Chestov dit dans son *Kierkegaard et la philosophie existentielle* : « De plus, il est peu probable que nous soyons à même de « savoir » quelque chose de l'état d'innocence. »[17] Et Jankélévitch dit : « L'heureuse innocence, elle, se situe aux deux extrémités de cette vie ; elle en est le commencement et le dénouement ; elle est la double pureté qui, en deçà et au-delà de l'intervalle soucieux, encadre notre vie de conscience. »[18] On peut supposer que Jankélévitch a lu le livre en question de Chestov, puisque lui aussi ne sait pas d'emblée ce qu'est l'innocence. La différence entre Chestov et Jankélévitch réside dans l'approche du phénomène de l'innocence. Chestov discute largement l'état de l'homme avant la chute originelle, c'est-à-dire qu'il admet la Bible comme une référence sérieuse. Jankélévitch renvoie au contraire à l'état d'innocence dans les mythes : « Nous n'avons à notre disposition que des mythes pour l'imaginer : car la réminiscence mythique est la mémoire immémoriale de la conscience, la mémoire de ceux qui n'ont aucun souvenir. »[19] Chestov s'efforce de restituer la conscience de

---

17   Léon Chestov, *Kierkegaard et la philosophie existentielle*, op.cit., p. 132.
18   Vladimir Jankélévitch, *Traité des vertus*, édition complète, t. 3, *L'innocence et la méchanceté*, Paris, Bordas, p. 175.
19   Léon Chestov, *Kierkegaard et la philosophie existentielle*, pp. 175-6.

l'état de l'homme avant la chute sans y arriver, et c'est pourquoi il analyse les passages de Kierkegaard qui s'y rapportent : « L'angoisse du Néant cause du péché originel, cause de la chute du premier homme – voilà l'idée fondamentale de l'ouvrage de Kierkegaard. »[20] Chestov fait suivre cette interprétation de l'idée maîtresse kierkegaardienne à une citation qui précède immédiatement : « « Cet état (c'est-à-dire l'état d'innocence) comporte la paix et le repos ; mais en même temps, il implique autre chose qui n'est ni la discorde, ni la lutte, car il n'y a rien contre quoi combattre. Qu'est-ce donc ? Le Néant. Mais quel effet produit le Néant ? Il engendre l'angoisse. Le profond mystère de l'innocence c'est qu'elle est en même temps angoisse. »[21] Et Chestov de demander si Kierkegaard a « le droit d'expliquer ainsi le mystère de l'innocence ? »[22] Chestov procède dans tout ce livre à la manière d'un historien des idées, et il se permet de critiquer Kierkegaard en rapportant sa description à la Bible. Chestov nous dit que Kierkegaard a peut-être été influencé par la Gnose ou par « certains penseurs modernes ayant subi l'influence des gnostique »[23]. Quant à l'exactitude des références historiques chez Kierkegaard, la thèse de Chestov est que Kierkegaard n'a pas su se libérer complètement ni des anciens grecs, ni de Hegel. À maintes reprises, Chestov nous montre les influences de la pensée grecque sur Kierkegaard. Pour pouvoir les apprécier, je renvoie à la lecture de son œuvre maîtresse, à savoir *Athènes et Jérusalem*.

Ce qui est important, c'est le parallèle entre la pensée chestovienne et jankélévitchienne. Je cite Chestov : « Kierkegaard écarte le serpent, disant qu'il ne parvient pas à s'en faire une idée précise. Je ne songe pas à nier que le rôle du serpent est "incompréhensible" pour notre raison. Mais Kierkegaard lui-même nous répète sans cesse que vouloir à toute force 'concevoir', 'comprendre'[24] la chute prouve seulement que nous ne voulons pas sentir toute la profondeur et toute l'importance du

---

20   *Ibidem*, p. 131.
21   Kierkegaard, cité d'après Chestov, *ibidem*, pp. 130-131.
22   *Ibidem*, p. 131.
23   *Ibidem*, pp. 131-132.
24   Je renvoie le lecteur à la distinction cartésienne entre « concevoir », « penser » d'un côté et « comprendre » de l'autre. Ainsi, on peut concevoir un chiligone sans pouvoir le comprendre pour autant.

problème qu'elle pose. La compréhension n'est ici d'aucune utilité, elle est gênante même : nous avons pénétré dans la région où règne "l'Absurde" avec ses "soudain" qui s'allument et s'éteignent à tout instant. »[25] Chez Kierkegaard, le terme « absurde » et le terme « paradoxe » sont équivalent[26]. Si on se rappelle du début de mon exposé où j'ai cité l' « acrobatie » pour capter le Lui-même, pour capter le paradoxe du « même » étant « l'autre » que l'on trouve en perdant, on convient que « l'Absurde » avec ses « soudain » qui s'allument et s'éteignent à tout instant » n'est pas loin des idées de Jankélévitch. Et en effet, lorsque Jankélévitch dit dans le 3ᵉ volume du *Traité des vertus* : « le même sera innocent sans conscience et conscient sans innocence », il s'appuie à coup sûr sur l'exposé de Chestov qui se trouve dans le chapitre « L'angoisse et le néant » du livre *Kierkegaard et la philosophie existentielle*. Chestov nous dit, en effet, au chapitre suivant intitulé « Le génie et le destin » : « Kierkegaard remarque, en passant il est vrai, que tant qu'Adam était innocent, il ne pouvait comprendre le sens des paroles de Dieu lui défendant de goûter aux fruits de l'arbre de la science du bien et du mal, car il ignorait le bien et le mal. »[27]

C'est en morale que Jankélévitch se montre complètement chestovien, il dit en effet : « Mais la vie morale s'inscrit en faux contre les truismes de l'arithmétique, comme elle s'inscrit en faux contre le principe de conservation et de non-contradiction. Ce qui est fait n'est nullement fait. »[28] On voit que Jankélévitch fait intervenir la vie, donc le temps dans ses jugements moraux, alors que la logique au sens strict, fait abstraction du temps et prétend à la pérennité des jugements.

On pourrait compléter ces rapprochements en s'appuyant sur *Philosophie première* de Jankélévitch, mais je n'ai voulu montrer que l'influence de Chestov sur Jankélévitch et comparer leur démarches dans leurs livres. Pour conclure, je voudrais ajouter que Jankélévitch n'a probablement jamais écrit une phrase comme celle-ci : « J'ajouterais de mon côté qu'il [Chestov parle de Socrate] est peut-être ce pécheur qui selon le Livre éternel sera accueilli aux cieux avec plus de joie que dix justes ; il

25   Léon Chestov, *Kierkegaard et la philosophie existentielle*, *op. cit.*, p. 133.
26   Voir le *Philosophie lexikon*, traduit du danois, Hamburg, Rowohlt, 1991, article « Absurd ».
27   Léon Chestov, *Kierkegaard et la philosophie existentielle*, *op. cit.*, p. 148.
28   Vladimir Jankélévitch, *Traité des vertus*, *op. cit.*, t. 1, p. 128.

n'en est pas moins un pécheur. »[29] Ceci montre que Chestov affirme ouvertement sa foi, alors que Jankélévitch nous place devant le dilemme de la lutte pour la foi. Chestov dit sur Kierkegaard dans son livre *Kierkegaard et la philosophie existentielle* : « C'est pourquoi il disait que la foi est une lutte insensée pour le possible. La philosophie existentielle est la lutte de la foi contre la raison pour le possible, plus exactement pour l'impossible » (p. 378). Et ne pourrait-on pas rapprocher de cette citation la lutte de Jankélévitch pour montrer le « Tout autre » qui n'est pas un ordre ? De façon que l'on peut dire que Jankélévitch reste « sérieux » là où Chestov montre un certain humour en parlant librement de la foi. Il y aurait peut-être de quoi se demander si toute la liberté que prend Chestov de parler de la toute puissance de Dieu n'est pas l'expression d'un certain humour tragique, mais ceci n'est pas le sujet mon étude et nous mènerait trop loin.

Je dois dire qu'à mon avis Jankélévitch était croyant, peut-être pas dans le sens de l'orthodoxie juive, mais tout de même. Une lecture attentive de *Philosophie première* nous en convaincra. Il est en effet impossible de dire que l'homme se place entre l'animalité et le divin, c'est-à-dire qu'il est presque divin, si on n'a aucune idée de ce que pourrait être le Dieu d'Abraham.

En guise de conclusion, je voudrais proposer la thèse suivante : là, où Jankélévitch essaie de fonder une ontologie comme dans *Philosophie première*, il se montre plus prudent que le Chestov d'*Athènes et Jérusalem*. Jankélévitch procède par voie négative et essaie de saisir l'instant, l'intuition et l'être suprême par une « acrobatie » logique, alors que Chestov se montre plus libre vis-à-vis des lois de la logique. Les deux penseurs s'efforcent de fonder l'ontologie non pas sur la matière comme le font, en particulier, Aristote et, avec lui, Avicenne, mais sur la semelfactivité de l'instant ; de l'instant mystique chez Jankélévitch et chez Chestov de la lutte instantané contre l'empire de la nécessité. Dans le domaine de la morale, on peut dire que Jankélévitch est nettement influencé par la pensée chestovienne et on peut rappeler à ce propos que Jankélévitch aimait à dire : « Je suis Chestov.[30] »

---

29   Léon Chestov, *Kierkegaard et la philosophie existentielle*, *op. cit.*, p. 147.
30   Ainsi que me l'a rappelé M. Pierre-Michel Klein.

BIBLIOGRAPHIE

LÉON CHESTOV

Qu'est-ce que le bolchevisme ?, Berlin, Otto Elsner, 1920.

Les Révélations de la mort. Dostoïevsky-Tolstoï, trad. et préface de Boris de Schlœzer, Paris, Librairie Plon, 1923 ; repris en 1958.

La Nuit de Gethsémani : Essai sur la philosophie de Pascal, « Les Cahiers Verts », Paris, Grasset, 1923.

L'Idée de bien chez Tolstoï et Nietzsche, trad. T. Beresowki-Chestov et Georges Bataille, Paris, Éditions du Siècle, 1925 ; 2ᵉ édition, Paris, Librairie philosophique J. Vrin, 1949.

La Philosophie de la tragédie : Dostoïewsky et Nietzsche, trad. Boris de Schlœzer, Paris, Éditions de la Pléiade, 1926 ; 2ᵉ édition, Paris, Au Sans Pareil, 1929 ; 3ᵉ édition, Paris, J. Vrin, 1936.

Sur les confins de la vie. L'Apothéose du dépaysement, trad. de Boris de Schlœzer, Paris, Editions de la Pléiade, 1927 ; repris par Au Sans Pareil, 1929 et par J. Vrin en 1936.

Le Pouvoir des clefs, trad. de Boris de Schlœzer, Paris, Schiffrin, 1928 ; repris par Au Sans Pareil, 1929 et par J. Vrin, 1936 ; nouvelle édition critique annotée par Ramona Fotiade, Paris, Le Bruit du Temps, 2010.

Kierkegaard et la philosophie existentielle, Paris, J. Vrin, 1948.

Sola fide. Luther et l'église, trad. de Sophie Sève, Paris, Presses Universitaire de France, 1957.

Sur la balance de Job. Pérégrination à travers les âmes, introduction : lettre de l'auteur à ses filles, trad. de Boris de Schlœzer, Paris, Plon, 1958 ; 2ᵉ édition, Paris, Flammarion, 1971.

La Philosophie de la tragédie. Sur les confins de la vie, trad. et préface, «°Lecture de Chestov » par Boris de Schlœzer, Paris, Flammarion, 1966.

Athènes et Jérusalem, trad. Boris de Schlœzer, Paris, Flammarion, 1967 ; Paris, Aubier, 1993 (avec une préface de Yves Bonnefoy).

Spéculation et révélation, trad. de Sylvie Luneau, Lausanne, L'Âge d'Homme, 1981.

Les Grandes veilles, trad. de Sylvie Luneau et Nathalie Sretovitch, Lausanne, L'Age d'Homme, 1985.

Les Commencements et les fins, trad. de Boris de Schlœzer et Sylvie Luneau, Lausanne, L'Âge d'Homme, 1987.

Ouvrages et articles sur Léon Chestov

Nathalie Baranoff-Chestov, *La Vie de Léon Chestov*, t. 1 : *L'Homme du souterrain, 1866-1929* ; t. 2 : *Les Dernières Années, 1928-1938*, trad. Blanche Bronstein-Vinaver, Paris, Éditions de la Différence, 1991-1993.

—, *Bibliographie des œuvres de Léon Chestov*, Paris, Institut d'Études Slaves, 1975.

—, *Bibliographie des études sur Léon Chestov*, Paris, Institut d'Etudes Slaves, 1978.

André Désilets, *Léon Chestov. Des Paradoxes de la philosophie*, Québec, Éditions du Beffroi, 1984.

Benjamin Fondane, « Sur la route de Dostoïevski. Martin Heidegger », *Cahiers du Sud*, VIII, 141, Marseille, 1932, pp. 378-392.

—, « Léon Chestov, Søren Kierkegaard et le serpent », *Cahiers du Sud*, n° 164, Marseille, 1934, pp. 534-554.

—, *La Conscience Malheureuse*, Paris, Denoël, 1936.

—, « Léon Chestov et la lutte contre les évidences », *Revue philosophique de la France et de l'étranger*, juillet-août 1938, pp. 113-150.

—, « Le lundi existentiel et le dimanche de l'Histoire », in Jean Grenier (éd.) *L'Existence*, Paris, Gallimard, 1945, pp. 25-53.

—, *Rencontres avec Léon Chestov*, Paris, Plasma, 1982.

Ramona Fotiade, *The Tragic Discourse. Shestov and Fondane's Existential Thought*, Oxford, Peter Lang Publishers, 2006.

—, « 'La fin du fini' : la temporalité et la suspension de l'éthique », dans Monique Jutrin et Gisèle Vanhese (dir.), *Une poétique du gouffre*, Rubbettino, 2004, pp. 65-76.

—, *Conceptions of the Absurd: From Surrealism to Shestov's and Fondane's Existential Thought*, Oxford, EHRC/ University of Oxford, 2001.

—, « Evidence et conscience. Léon Chestov et la critique existentielle de la théorie de l'évidence chez Husserl », dans *Léon Chestov. Un philosophe pas comme les autres ?*, *Cahiers de l'émigration russe*, Paris, IRENISE, 1996, pp. 111-125.

Geneviève Piron, *Léon Chestov, philosophe du déracinement*, Lausanne, L'Âge d'Homme, 2010.

Alexis Philonenko, *La Philosophie du malheur*, t. I & II, Paris, Librairie J. Vrin, 1998-1999.

Michaela Willeke, *Lev Šestov: Unterwegs vom Nichts durch das Sein zur Fülle. Russisch-jüdische Wegmarken zu Philosophie und Religion*, Berlin, Lit Verlag, 2006.

VLADIMIR JANKÉLÉVITCH

I. Philosophie :

Henri Bergson, Paris Alcan, 1931 ; 3e édition augmentée, Paris PUF, 1959 ; 2e éd. Quadrige, 1989.

L'Odyssée de la conscience dans la dernière philosophie de Schelling, Paris, Alcan, 1933 ; nouvelle édition, Paris, L'Harmattan, 2005.

Valeur et signification de la mauvaise conscience, Paris, Alcan, 1933.

La Mauvaise Conscience, Paris, Aubier-Montaigne, 1966 ; 2e édition. 1982.

L'Ironie, Paris, Alcan, 1936.

L'Ironie ou la bonne conscience, 2e édition, Paris, PUF, 1950 ; 3e édition, Paris, Flammarion, 1979.

L'Alternative, Paris, Alcan, 1938 ; chap. 2 : *L'Aventure, l'Ennui, le Sérieux*, Paris, Aubier-Montaigne, 1963 ; chap. 8 : *Premières et Dernières Pages*, Paris, Seuil, 1994.

Du mensonge, Lyon, *Confluences*, 1942 ; 2e édition 1945.

Le Mal, *Cahiers du Collège philosophique*, Paris, Arthaud, 1947.

Traité des vertus, Paris, Bordas, 1949.

Philosophie première, introduction à une philosophie du presque, Paris, PUF, 1954 ; 2e édition 1968, 3e édition, Quadrige, 1985.

L'Austérité et la vie morale, Paris, Flammarion, 1956.

Le Je-ne-sais-quoi et le presque-rien, Paris, PUF, 1957 ; 2ᵉ édition augmentée, Paris, Seuil, 1980 ; t. I : *La Manière et l'Occasion*, t. II : *La Méconnaissance. Le Malentendu*, t. III : *La Volonté de vouloir*.

Le Pur et l'Impur, Paris, Flammarion, 1960 ; 2ᵉ édition, 1978.

L'Aventure, l'Ennui, le Sérieux, Paris, Aubier-Montaigne, 1963 ; 2ᵉ édition 1976.

La Mort, Paris, Flammarion, 1966 ; 2ᵉ édition 1977.

Le Pardon, Paris, Paris, Aubier-Montaigne, 1967.

Traité des vertus, réédition complète, t. I : *Le sérieux de l'intention*, Paris, Bordas, 1968 ; 2ᵉ édition, Paris, Flammarion, 1984 ; t. 3 : *L'Innocence et la Méchanceté*, Paris, Bordas, 1972 ; 2ᵉ édition Paris, Flammarion, 1986.

Traité des vertus, réédition complète, t. 2 : *Les Vertus et l'Amour*, Paris, Bordas, 1970 ; nouvelle édition Paris, Flammarion, 1986.

Pardonner, Paris, Le Pavillon, Roger Maria Éditions, 1971.

L'Imprescriptible, Paris, Seuil, 1986.

L'Irréversible et la nostalgie, Paris, Flammarion, 1974 ; 2ᵉ édition 1983.

Quelque part dans l'inachevé (en collaboration avec B. Berlowitz), Paris, Gallimard, 1978 ; 2ᵉ édition 1987.

Le Je-ne-sais-quoi et le presque rien, nouvelle édition remaniée, t. 1 : *La Manière et l'Occasion* ; t. 2 : *La Méconnaissance. Le Malentendu* ; t. 3 : *La Volonté de vouloir*, Paris, Seuil, 1980.

Le Paradoxe de la morale, Paris, Seuil, 1981.

Sources, t. 1 : *Lectures ; Tolstoï, Rachmaninov* ; t. 2 : *Ressembler, dissembler* ; t. 3 : *Hommages : X. Léon, J. Wahl, L. Brunschvicg* ; recueil établi par Françoise Schwab, Paris, Seuil, 1984.

II. Musique

Gabriel Fauré et ses mélodies, Paris, Plon, 1938; *Gabriel Fauré, ses mélodies, son esthétique*, 2e édition augmentée, Paris, Plon, 1951; *Fauré et l'Inexprimable*, Paris, Plon, 1974.

Maurice Ravel, Paris, Rieder, 1939 ; 2e édition, Paris, Seuil, 1995.

Le Nocturne, Lyon, Marius Audin, 1942; 2e édition, Paris, Albin Michel, 1957 ; *La Musique et les heures*, Paris, Seuil, 1988.

Debussy et le mystère, Neuchâtel, La Baconnière, 1949; *Debussy et le mystère de l'instant*, Paris, Plon, 1976.

La Rhapsodie verve et improvisation musicale, Paris, Flammarion, 1955.

La Musique et l'ineffable, Paris, Armand Colin, 1961 ; 2ᵉ édition, Paris, Seuil, 1983.

La Vie et la mort dans la musique de Debussy, Neuchâtel, la Baconnière, 1968.

Fauré et l'Inexprimable, t. 1 : *De la musique au silence*, Paris, Plon, 1974.

Debussy et le mystère de l'instant, t. 2 : *De la musique au silence*, 1976 ; 2ᵉ éd. 1989.

Liszt et la Rhapsodie : essai sur la virtuosité, t. 3 : *De la musique au silence*, Paris, Plon, 1979 ; 2ᵉ édition 1989.

La Présence lointaine, Albéniz, Séverac, Mompou, Paris, Seuil, 1983.

III. Publications posthumes (établies par Fr. Schwab)

L'Imprescriptible (Pardonner. Dans l'honneur et la dignité), Paris, Seuil, 1986.

La Musique et les heures. Satie et le matin, Rimski-Korsakov et le plein midi, Joie et tristesse dans la musique russe d'aujourd'hui. Chopin et la nuit, Le Nocturne, Paris, Seuil, 1988.

Premières et dernières pages, Paris, Seuil, 1994.

Penser la mort ? Entretiens, Paris, Liana Levi, 1994.

Une vie en toutes lettres. Correspondance, Paris, Liana Levi, 1995.

Plotin, Ennéades I. 3. Sur la dialectique, édition établie avec Jacqueline Lagrée, préface de Lucien Jerphagnon, Paris, Editions du Cerf, 1998.

Liszt rhapsodie et improvisation, Paris, Flammarion, 1998.

Philosophie morale, Paris, Flammarion 1998 ; Mille et une pages reprend : *La mauvaise conscience* (1966), *Du mensonge* (1945), *Le Mal* (1947), *L'Austérité et la vie morale* (1956), *Le Pur et l'Impur* (1960), *L'Aventure, l'Ennui, le Sérieux* (1963), *Le Pardon* (1967).

Cours de philosophie morale de Vladimir Jankélévitch, Paris, Seuil, 2005.

Ouvrages et articles sur Jankélévitch

Lucien Jerphagnon, *Jankélévitch ou De l'effectivité*, Paris, Seghers, coll. « Philosophes de tous les temps », 1969.

Guy Suarès, *Vladimir Jankélévitch (Qui suis-je)*, Paris, Éd. La Manufacture, 1985.

Critique, n° 500-501, janvier-février, Paris, Minuit, 1978.

L'Arc, n° 75, Paris, 1979.

Messager européen, n° 5, novembre 1991.

Autrement, « La rencontre », n° 135, février, série « Mutations », 1993.

Françoise Schwab, « L'empreinte du passeur », *Magazine littéraire*, numéro spécial Vladimir Jankélévitch, Paris, 1995.

Lignes, n° 28, mai 1996.

Jean-Jacques Lubrina, *Vladimir Jankélévitch. Les dernières traces du maître*, Lyon, Éd. Josette, 1999 ; republié aux Éditions du Félin, 2009.

Isabelle de Montmollin, *La Philosophie de Vladimir Jankélévitch : sources, sens, enjeux*, Paris, PUF, 2000.

Jean-Marc Rouvière et Françoise Schwab (dir.), *V. Jankélévitch, l'empreinte du passeur*, Paris, Éd. Le Manuscrit, 2007.

Enrica Lisciani Petrini (dir.), *En dialogue avec Vladimir Jankélévitch*, Paris, Éds. J. Vrin et Mimesis, 2010.

Bibliographie générale

Aristote, *Ethique à Nicomaque*, Paris, Édition G. Budé, 1990.

Nicolas Berdiaev, *De la destination de l'homme. Essai d'éthique paradoxale*, Lausanne, L'Âge d'Homme, 1979.

—, *De la destination de l'homme. Essai d'éthique paradoxale*, Lausanne, L'Age d'homme, 1979

Yves Bonnefoy, *L'improbable et autres essais*, Paris, Gallimard, « Idées », 1983.

—, *Entretiens sur la poésie*, Paris, Mercure de France, 1990.

Martin Buber, *Je et Tu*, Paris, Aubier, 1970.

Albert Camus, *Le Mythe de Sisyphe*, in *Essais*, Paris, Coll. Pléiade, Gallimard, 1981.

André Clair , *Pseudonymie et paradoxe*, Paris, J. Vrin, 1976.

Jacques Derrida, *Donner le temps*, Galilée, 1991.

—, *Foi et savoir*, Paris, Éditions du Seuil, 1996.

—, *L'impardonnable et l'imprescriptible*, Paris, L'Herne, 2005.

Ludwig Feuerbach, *L'Essence du christianisme* (1841), traduction de J.-P. Osier, Paris, Éditions Maspero, 1982.

Étienne Gilson, *L'Esprit de la philosophie médiévale*, Paris, 1932 :

Baltasar Gracián, *L'Homme de Cour*, traduit par Amelot de la Houssaye, Paris, L. Collin, 1808.

Jean Grenier, *Le Choix*, Paris, Presses Universitaires, 1941.

—, *L'Existence malheureuse*, Paris, Gallimard, 1957.

—, *Sur la mort d'un chien*, Paris, Gallimard, 1957.

—, *Les Grèves*, Paris, Gallimard, 1957.

—, *Les Îles*, Paris, Gallimard, 1959.

—, *Inspirations méditerranéennes*, Paris, Gallimard, 1961.

—, *Entretiens avec Louis Foucher*, Paris, Gallimard, 1969.

—, *L'Art et ses problèmes*, Lausanne, Éditions Rencontre, 1970

—, *Lexique*, Montpellier, Fata Morgana, 1981.

—, *Ombre et lumière*, Montpellier, Fata Morgana, 1986.

Martin Heidegger, *Les Chemins qui ne mènent nulle part*, Paris, Gallimard, 1986.

Søren Kierkegaard, *Ou bien...ou bien, La reprise, Stades sur le chemin de la vie, La Maladie à la mort*, trad. P.H. Tisseau, Coll. « Bouquins », Robert Laffont, 1993.

—, *La Reprise*, trad et notes Nelly Viallanex, Paris, Flammarion, 1990.

Emmanuel Levinas, *La théorie de l'intuition dans la phénoménologie de Husserl*, Paris, Alcan, 1930.

—, « Compte-rendu de *Kierkegaard et la philosophie Existentielle* », *Revue des Études Juives*, 2, 1937, pp. 139-141.

—, *De l'Existence à l'existant*, Paris, J. Vrin, 1978.

—, *Ethique et infini*, Paris, Fayard, coll. « L'Espace intérieur », 1982

—, *Transcendance et intelligibilité*, Genève, Labor et Fides, 1984.

—, « Ecrit et Sacré » in Francis Kaplan et Jean-Louis Vieillard-Baron, *Introduction à la philosophie de la religion,* Paris, Éditions du Cerf, 1989.

—, *Autrement qu'être ou au-delà de l'essence*, Paris, Le Livre de Poche, coll. « Biblio-essais », 1990

—, *De Dieu qui vient à l'idée*, Paris, J. Vrin, 2ᵉ édition revue et augmentée 1992.

—, *Dieu, la mort et le temps*, Le Livre de Poche, coll. « Biblio-essais », 1995.

—, *Hors Sujet*, Le Livre de Poche, coll. « Biblio-essais », 1997.

Georges Lukács, *L'Âme et les formes*, Paris, Gallimard, 1974.

Pascal, *Pensées*, édition Lafuma, Paris, Seuil, 1962.

Hélène Politis, *Kierkegaard en France au XXe Siècle - Archéologie d'une réception*, Paris, Éditions Kimé, 2005.

Paul Ricœur, *La mémoire, l'histoire, l'oubli*, Paris, Seuil, 2000.

Rainer Maria Rilke, *Le livre de la pauvreté et de la mort*, trad. Arthur Adamov, Arles, Actes Sud, 1992.

—, *Druineser Elegien, Werke, 2, Gedichte 1910 bis - 1926*, Insel Verlag, 1996.

Gershom G. Scholem, *Le Messianisme juif. Essais sur la spiritualité du judaïsme*, traduction de Bernard Dupuy, Paris, Calmann-Lévy, 1974.

Georg Simmel, *La Tragédie de la culture et autres essais*, trad. S. Cornille et P. Ivernel, Paris, Petite Bibliothèque Payot, 1988.

Léo Strauss, « Sur l'interprétation de la Genèse » in *Pourquoi nous restons juifs ? Révélation biblique et philosophie*, trad. Olivier Sedeyn, Paris, La Table Ronde, 2001.

—, « Jérusalem et Athènes, réflexions préliminaires » in *Etudes de philosophie politique platonicienne,* trad. Olivier Sedeyn, Paris, Belin, 1992.

INDEX DES NOMS

Aristote, 20, 21, 33, 63, 66, 74, 76, 77, 218, 227, 234

Bataille, 177, 229

Benjamin, Walter, 221, 222

Berdiaev, Nicolas, 69, 70, 120, 184, 234

Bespaloff, Rachel, 128, 130, 137, 201

Blanchot, Maurice, 59, 67

Bonnefoy, Yves, 80, 82, 229, 234

Camus, Albert, 45, 74, 75, 76, 200, 201, 202, 203, 204, 214, 234

Derrida, Jacques, 109, 110, 177, 178, 179, 180, 181, 182, 183, 184, 186, 189, 190,
    191, 192, 193, 235

Dostoïevski, F. M., 40, 41, 43, 44, 57, 66, 71, 75, 92, 95, 107, 109, 117, 118, 120,
    122, 124, 125, 127, 131, 142, 230

Fondane, Benjamin, 39, 47, 48, 49, 55, 56, 91, 92, 114, 122, 124, 125, 126, 127, 128,
    129, 130, 131, 132, 137, 203, 230

Gandillac, Maurice de, 203

Gilson, Étienne, 67, 203, 223, 224, 235

Grenier, Jean, 39, 199, 200, 201, 202, 203, 204, 205, 206, 207, 208, 209, 210, 211,
    212, 213, 214, 230, 235, 242

Guilloux, Louis, 199, 200

Halévy, Daniel, 128, 199

Hegel, G. W. F., 44, 64, 76, 94, 95, 97, 98, 121, 122, 127, 151, 156, 223, 225

Heidegger, Martin, 19, 67, 87, 91, 94, 96, 107, 113, 115, 116, 117, 118, 119, 120,
    122, 123, 124, 125, 126, 127, 128, 129, 130, 131, 132, 147, 153, 158, 177, 196,
    230, 235

Husserl, Edmund, 91, 94, 113, 114, 115, 116, 118, 119, 126, 127, 128, 130, 142, 145,
    146, 147, 148, 149, 150, 151, 152, 153, 154, 156, 157, 158, 159, 201, 224, 231, 235

Jaspers, Karl, 94

Kant, Immanuel, 14, 43, 65, 75, 76, 117, 137, 156, 215, 218, 223

Kierkegaard, Søren, 27, 39, 44, 46, 66, 91, 92, 93, 94, 95, 96, 97, 98, 99, 100, 101, 102, 103, 104, 105, 106, 107, 108, 109, 110, 111, 113, 119, 120, 121, 122, 123, 124, 125, 126, 127, 128, 129, 130, 131, 136, 137, 138, 144, 152, 154, 155, 156, 200, 201, 214, 216, 218, 222, 223, 224, 225, 226, 227, 229, 230, 235, 236, 241

Leibniz, G. W., 63, 98, 156, 168

Lequier, Jules, 201, 203, 204, 206, 213, 214

Levinas, Emmanuel, 59, 61, 62, 67, 95, 111, 147, 152, 153, 154, 155, 157, 158, 177, 183, 187, 188, 189, 192, 193, 194, 195, 196, 197, 202, 235

Lukács, Georges, 208, 236

Nietzsche, Friedrich, 19, 30, 34, 46, 49, 50, 51, 73, 93, 95, 100, 121, 128, 137, 199, 209, 223, 229

Novalis, 161, 162, 215

Pascal, Blaise, 25, 40, 70, 138, 139, 141, 142, 202, 212, 214, 229, 236

Petit, Henri, 199

Plotin, 40, 41, 49, 56, 75, 95, 100, 199, 224, 233

Rilke, Rainer Maria, 79, 85, 164, 165, 236

Rosenzweig, 67

Saint Augustin, 15, 139, 183

Sartre, Jean-Paul, 221

Schlegel, Friedrich, 14

Schloezer, Boris de, 64, 92, 229, 230

Scholem, Gershom, 56, 236

Simmel, Georg, 164, 165, 236

Spinoza, Baruch de, 44, 52, 64, 67, 76, 84, 95, 98, 223

Wahl, Jean, 201, 202, 222, 232

TABLE DES MATIERES

Remerciements 5

Introduction
Ramona Fotiade et Olivier Salazar-Ferrer 7

Françoise Schwab   Jankélévitch et Chestov :
                        Ressembler – Dissembler 11

Ramona Fotiade   Réflexions sur la connaissance et la mort 37

Jean-François Rey   Athènes et Jérusalem :
                        vivre et penser dans la tension 59

Isabelle de Montmollin Jankélévitch face à l'absurde chestovien 69

George Pattison   Chestov, Kierkegaard et le Dieu pour lequel
                        tout est possible 91

Benjamin Guérin   Chestov – Kierkegaard :
                        Faux ami, étrange fraternité 113

Jacques Message   La Division du temps et l'occasion du bien 133

Nicolas Monseu   Singularité et subjectivité originaire :
                        Chestov et la phénoménologie 145

Olivier Salazar-Ferrer Variations sur le silence et la nuit chez
                        Vladimir Jankélévitch 161

Anna Yampolskaya   *Le problème du don et de l'échange*
                       chez Jankélévitch ....….....   177

Toby Garfitt   *Jean Grenier entre Chestov et Jankélévitch :*
                       L'instant, la liberté, le choix, la création   199

Jürgen Brankel   *Le paradoxe chez Jankélévitch et Chestov*   215

Bibliographie ....…·   229

Index ....…....   237

ÉDITIONS
UNIVERSITAIRES
EUROPÉENNES

Une maison d'édition scientifique

vous propose

la publication gratuite

de vos articles, de vos travaux de fin d'études, de vos mémoires de master, de vos thèses ainsi que de vos monographies scientifiques.

Vous êtes l'auteur d'une thèse exigeante sur le plan du contenu comme de la forme et vous êtes intéressé par l'édition rémunérée de vos travaux? Alors envoyez-nous un email avec quelques informations sur vous et vos recherches à: info@editions-ue.com.

Notre service d'édition vous contactera dans les plus brefs délais.

Éditions universitaires européennes
est une marque déposée de
Südwestdeutscher Verlag für
Hochschulschriften GmbH & Co. KG
Dudweiler Landstraße 99
66123 Sarrebruck
Allemagne

Téléphone : +49 (0) 681 37 20 271-1
Fax : +49 (0) 681 37 20 271-0
Email : info[at]editions-ue.com
www.editions-ue.com